让外贸邮件说话

读懂客户心理的分析术

第二版

International E-mails Can Talk

蔡泽民（Chris）/著

中国海关出版社有限公司
·北京·

图书在版编目（CIP）数据

让外贸邮件说话：读懂客户心理的分析术 / 蔡泽民著 . —2 版 . —北京：中国海关出版社有限公司，2023. 2

ISBN 978-7-5175-0620-1

Ⅰ. ①让…　Ⅱ. ①蔡…　Ⅲ. ①对外贸易—电子邮件—研究　Ⅳ. ①F75

中国版本图书馆 CIP 数据核字（2022）第 242052 号

让外贸邮件说话——读懂客户心理的分析术（第二版）

RANG WAIMAO YOUJIAN SHUOHUA——DUDONG KEHU XINLI DE FENXI SHU（DI-ER BAN）

作　　者：蔡泽民（Chris）
责任编辑：邹　蒙
出版发行：中国海关出版社有限公司
社　　址：北京市朝阳区东四环南路甲 1 号　　邮政编码：100023
编 辑 部：01065194242-7530（电话）
发 行 部：01065194221/4238/4246/5127（电话）
社办书店：01065195616（电话）
https://weidian.com/?userid=319526934（网址）
印　　刷：北京铭成印刷有限公司　　经　　销：新华书店
开　　本：710mm×1000mm　1/16
印　　张：14.5　　字　　数：220 千字
版　　次：2023 年 2 月第 2 版
印　　次：2023 年 2 月第 1 次印刷
书　　号：ISBN 978-7-5175-0620-1
定　　价：45.00 元

前　言

我在刚进入外贸行业的时候，也和很多人一样迷茫，甚至都不知道该怎么用商务语言跟客户沟通。我无法用英文写作里的语句向客户介绍产品，跟客户进行价格谈判，解释交期。周围的同事也不愿意过多地分享他们的经验，甚至不愿意多说话。因此，我做了很长时间的“门外汉”。但是，生意场上是不会同情初学者的，因为买家付出的是实实在在的金钱，他们不会为我的初学买单，更不会宽容我的不专业。

如果单从谈判来说，我失败的次数比很多人都多，我在入行阶段甚至都不知道面对客户询价和沟通的时候要说些什么，更不知道客户在思考什么。但是，一次次错失机会后，我开始总结谈判失败的原因——外贸邮件并不仅是简单地把知道的或者想知道的用英文表达出来，而是要透过客户邮件中表面的文字去理解深层次的含义，分析出这些线索让邮件回复在恰当的时机，并表达出恰当的意思。在特定的谈判场景下通过邮件打消客户的疑虑和担心，用专业的文字和表达赢得客户的信任，将谈判自然地过渡到订单。所以我格外珍惜和客户沟通的每一个机会，思考并转变表达方式和内容；也开始注意客户的措辞、语气甚至是标点符号等，从中分析客户的心理、了解客户潜在的需求，给客户最想看到的回复，掌握谈判的主动，引导客户，推进订单。

第一版《让外贸邮件说话——读懂客户心理的分析术》出版后帮助很多人打开了外贸谈判的思路，让越来越多的人开始主动思考如何通过邮件挖掘出客户的心理变化，提前洞察这些微妙的变化，及时作出调整应对，让谈判尽可能地向达成合作的方向推进，提高成单率。收获最多的评价是："原来外贸还可以这么做。"很多当时的外贸新人现在已经成为团队管理者，他们将这本书作为外贸团队邮件书写及培训教材。

在广大外贸人的认可和推崇下，我想将自己的经验传授给更多的外贸人，让大家少走弯路，提高邮件开发效率。再版的《让外贸邮件说话——读懂客户心理的分析术》仍然沿用原有的邮件开发案例，真实还原从询盘到成交的邮件来往过程，将读者带入邮件谈判场景，随着每一个案例的完成，读者仿佛经历了一次外贸谈判的"实战"。

全书分为四章。第一章从宏观层面介绍"互联网+"时代邮件对于外贸的重要意义；第二章从邮件写作基本功角度介绍在当下外贸行业不景气的情况下，广大外贸人应该如何抢占商机；第三章从实务层面介绍我的开发信写作秘诀，告诉外贸人如何撰写、发送开发信，吸引客户眼球，提高回复率；第四章完整地展示了与客户往来最原始的文字，包括原始询盘、邮件标题、邮件发送时间、称谓、客户的表情符号、在线聊天实况等，让每一个读者身临外贸一线，随着真实的邮件跟进外贸询价、发样品、谈价格、谈付款方式、达成交易等环节。同时，我将展示我如何利用自己积累的大量经验，分析客户邮件里隐藏的"蛛丝马迹"，跟大家分享分析邮件的思路、方法。本书的读者可以是国际贸易相关专业在校学生，可以是刚进入外贸领域的新人，可以是在邮件开发、邮件回复等方面遇到瓶颈的外贸"老鸟"，也可以是亟须对邮件开发进行提高培训的外贸企业。本书从邮件的格式、条理、表达、措辞上给大家提供借鉴，让大家的条理更清晰，表达更到位，细节把控更全面，进而规避谈判中的风险，把握客户心理，提高订单成交率。

需要注意的是，外贸面对的是全球客户，而每个国家（地区）的客户对英文及词汇的应用和掌握程度并不相同。由于书中的邮件及聊天记录完整、真实地展示了买卖双方谈判的过程，所以在语言表达方面不可避免会存在一些问题，但这也是在实际谈判中真实存在且每个外贸人都必须面对的，我们要从客户的错误表达中揣摩其真实意图。

外贸邮件一直是外贸人最重视也最希望寻求突破的基本功，因为邮件的好与坏直接影响订单的成败。面对日益复杂的国际形势，外贸人更应该不断打磨好这项基本功，去迎接新的挑战和寻找新的可能。很荣幸我能有机会再次修订《让外贸邮件说话——读懂客户心理的分析术》这本书，让我又一次回顾了外贸路上几笔重要的订单和心得，以“快进”的方式重新体验了我外贸职业生涯中一个阶段的思路、心态。

每一个外贸人都想和买家成为真正的朋友，因为买家总在我们快要放弃的时候用一封简短的邮件点亮我们的希望。然而，每当我们和他们建立了一定的信任基础以后，我们又不得不打破这种平静的氛围将感性的沟通直接转向利益的较量，这也是外贸最残忍的地方。因此外贸人注定是孤独的，但是我相信每一个外贸人都会在这样的孤独、委屈、坚强、责任中成长。外贸人也是幸福的，因为外贸路上，只要我们坚定信念，不仅可以获得业绩，也会收获无数的友谊。所以，加油吧，外贸人，让我们一起扬帆远航。

最后我想特别感谢中国海关出版社有限公司能让《让外贸邮件说话——读懂客户心理的分析术》修订出版，帮助外贸新人找准方向，让外贸高手们重拾信心，让外贸企业的老板们真正地重视外贸人，给予外贸人更多的支持。

感谢一直以来支持我的朋友，感谢我的梦想，让我走到今天！

蔡泽民（Chris）

2022 年 7 月

目录

Contents

第一章
E 时代外贸的中枢——邮件

目前全球进入移动互联网时代，电子商务因其新颖和便利的特性成为时代的主题，外贸在此种形势下开始了外贸 + 互联网的转型。

外贸作为一种跨境商务，处于国际市场的最前沿。20 世纪末人们已经开始广泛地利用互联网邮件与客户沟通。21 世纪，移动端便携设备——手机不断更新、优化，极其便利，在人们的生活和工作中扮演着越来越重要的角色。它对外贸领域最为显著的影响是使更多的外贸人使用手机即时聊天软件 WhatsApp、LinkedIn、WeChat（微信）等与客户沟通。而这种简便、短小的文字沟通其实也可以归属到邮件的范畴，再简短的文字也是考验外贸邮件功底的，同时也可以作为商务洽谈的字据。因而，每一个外贸人都必须重视邮件的功用。

第一节　邮件——展会的有效助攻

展会作为传统外贸开发客户的重要方式之一，在外贸早期阶段因其提供给买卖双方最直接的面对面沟通的机会，在外贸领域备受认可。每年都有无数的出口企业乐此不疲地参加国内外相关展会，甚至将全年的业务重心完全依托在展会上。

诚然，在外贸的初级阶段，这种开发方式确实最有效地解决了买卖双方的信任问题，更有利于出口企业直观展示自己的产品和企业的实力，买方也很乐意观展，去了解行业的现状、行业发展的潜力，进而结合自己的市场制订采购计划。在这个阶段，出口企业参加展会取得的效果很明显，来访的客户大多是行业直接的客户，潜力巨大，服务好一两个大买家就完全达到了参加展会的目的。这个时期，传统的外贸人更倾向于面对面地用口语交流，意向强烈的买家当场就会签订PI（形式发票），谈判会直接进入订单的细节。这样一种外贸方式实际上是信息交换，少了主动开发和跟踪的过程，外贸交易链条比较短。

在网络时代，人们可以更简便及时地获取想要的任何信息，这样的变革必定会打破依靠传统展会建立生意伙伴关系的贸易方式，买家不需要漂洋过海地往返于洲际之间寻找产品，只需要在互联网上进行搜索就可以借助文字信息、图片、视频等精确定位自己需要的产品，甚至可以及时获得产品的价格，而这个过程也许仅仅需要几分钟。其实，多年来买家已经渐渐了解国内某些行业供应市场的规模、质量、成本、产能、交期等情况，甚至有些供应商的产品线升级和管理系统的构建都是在买家的悉心帮助下达成的。在这样一种成熟的模式下，展会对于买家的吸引力下降，买家对于展会逐渐趋于理性，这也导致现在展会陷入了一个尴尬的境地。买家仍然会参加重要的展会，但观展的意义会由以往最直接的寻找供应商转变为寻找产品线的替代或补给，以及了解新型产品和技术、判断行业趋势等。这样一来对于出口企业来说耗费了人力、物力、财力筹备了很长时间的展会，效果却大打折扣，观展人数越来越少，有效客户越来越少，客户要求越来越高，谈判周期越来越长。因而，有些人甚至开始怀疑外贸是否进入了衰退期。

从外部因素来看，全球经济的萎靡和需求放缓对国内的传统制造业造成了强烈的冲击，出口企业被迫转型升级，有一些传统行业甚至面临着洗牌的危险。在这样一个大背景下，控制成本成为企业应对经济萧条最有效的方法。买家也不例外，为了减少采购成本，他们开始借助互联网进行采购活动而放弃频繁的展会采购。在这种形势下，买卖双方都开始重视更经济、便捷、新颖的开发方式——网络开发。

网络开发相比展会有很多优点，但是缺点也很明显，买方虽然可以很轻易地获取准确的信息，但是文字、图片等网络表现形式的真实性却让买家担心。再加上买卖双方无法进行面对面的沟通，双方的担忧就会倍增，所以网络开发亟须解决的问题就是找到一种比面对面沟通更容易建立信任感的方法。

两个陌生人要在网络中建立信任感，我们必须利用一种可以媲美面对面沟通的方式——邮件。在某种程度上邮件比展会上面对面的沟通更正式，因为不只中国，国际社会对于“白纸黑字”的认同也是一致的，毕竟“口说无凭”。邮件带给了买卖双方一种“隐形”的契约感，正是这种契约感增加了买家对于邮件沟通的信任。除了信任，邮件给予了买卖双方充足的思考时间，因为它并没有像电话、面对面沟通那样要求彼此立即进行正面的答复，而是用最冷静的方式陈述彼此的立场、需求、条件等问题。比如买家在确定采购数量之前可以充分考虑市场的需求，在价格谈判时充分调研市场的消费能力等；而卖方也会有充足的时间去核算最合适的价格，确定最有利的交期，提供最好的起订量等。这样一来沟通的内容会越来越清晰，针对性会越来越强，沟通的措辞也会越来越严谨，而正是这种严谨让沟通更加专业，由专业再催生出信任。

面对面沟通和邮件各有利弊，为了最大化地利用展会，取得预期的效果，外贸人必须将展会和邮件巧妙结合，让邮件成为展会的有效助攻，提高订单的成交率。

一、邮件邀请——展会准备必不可少的工作

邮件就好比“请柬”一样，信息不多，却能带给人尊重和亲切的感觉。一封好的邮件不仅可以给买家传达展位信息，更可以赢得客户的好感。作为买家，越是经验丰富，越懂得如何处理好与供应商的关系，他们知道买卖双方良好的互动关系绝不仅仅由订单来维持，而是靠沟通。

对于展会的准备来说，给客户发一封正式的邀请邮件是一项必不可少的工作。特别是在今天，当客户对展会逐渐趋于理性，而我们花了半年的时间筹备展位设计、布置、产品展示、目录、报价、团队服装、名片等事项的情

况下，如果没有及时做好邮件邀请工作，很有可能会错失很多潜在的机会，因为在市场透明的情况下，买家的参展思维也发生了变化。

网络时代带给了买家无尽的便利，他们可以通过网络随时了解供应商的一些信息，但是有些潜在客户或许因为这些信息中的不确定因素而暂停了对供应商的深入了解。这个时候一封正式的邮件邀请有极大的可能会打破僵局，不需要太多的解释和描述，简明扼要地邀请客户来观展可以表达出友好与自信。这种自信通常可以最大化地激发或者重燃买家观展的兴趣，而这个兴趣很多时候就是意向的开始。

同样，对于已经有稳定合作关系的老客户，一封正式的邀请邮件价值也很高，它会带给买家一种亲切感。通常对于相对稳定的老客户的维护，很多外贸人会把重心放在日常的订单详情、生产、质量控制等产品细节上而减少和客户的情感沟通。此种情况下，一封正式的展会邀请邮件会让老客户倍感欣慰，弥补其被忽略的情感，而短暂性地忘掉因为日常订单而与供应商产生的隔阂和距离感，无论客户最终是否会参加展会，都可以在一定程度上提升客户对于我们的信任感。

除了正式的形式，邮件邀请的内容同样也会激发买家的观展兴趣。比如在邀请中注明展会的亮点——一项新的专利技术、一次技术革命、一种新的服务模式、一种新的材质、一种新的设计款式等都足以激起客户对产品的兴趣。我通过多年的总结发现，在产品需求疲软的空档期，买家对于产品搜索用得最多的词是“novelty”（新奇和新颖的物品）。这很好地证明了客户对于新技术和新产品无止境的追求。我们如果能够在邀请的内容里简短地诠释出展会的新意，就可以更好地激发买家对于新鲜事物甚至是新型服务模式的向往，就会最大限度地提升展会的效果。

二、邮件确认和补充——辅助面对面的沟通

通常在展会上买卖双方的沟通时间会很有限，所以无法对买家关注或者有疑虑的问题展开详细的磋商和讨论。而不同买家关注和有疑虑的问题是我们无

法预测的，即使展会准备得再充分，也会碰到无法当场满足客户需求的情况。

比如不同的国家（地区）的客户对于产品的材质、产品的认证、产品的包装等会有不同的要求，像欧美客户对产品质量的要求相对较高，会对产品材质的使用、产品的认证或是工厂的审计、包装的方式等做重点的谈判。那我们对于客户需求的材质的标准、认证的可行性、产品的包装方式等需要做好记录，以正式的邮件形式对客户的问题进行明确的答复。再比如，不同的买家对于产品的价格、产品的交期、产品的起订量等会有不同的需求，那我们就需要对买家进行明确的分类，制订针对不同买家的培养或是合作计划，用邮件的方式以最灵活的方法与不同类型的买家进行价格、交期、起订量的确认。最后，不同的买家对于付款方式或是定金比例也有不同的要求，例如大买家通常会要求对他们有利的付款方式，我们可以当场表明自己的付款方式，但是基于对优质买家的争取，可以在详细地核算成本、规避好风险以后再对付款方式进行邮件补充。

当然还有一些展会的突发状况是我们无法通过面对面的沟通解决的。我记忆犹新的是曾经长达一小时的“无声”沟通。当时我们在开发南美市场，有一个客户，在观展以前，我们一直是借助“Google Translate”（谷歌翻译）将西班牙语和英语互译进行沟通的。由于在线沟通翻译得比较及时也相对准确，所以我和买家交流得毫无障碍，但是和买家见面以后我才发现客户不会英语。而客户似乎早有准备，打开平板电脑，借助翻译软件，我们逐字逐句在平板电脑上对价格、交期、运输方式、售后服务进行无声的沟通。沟通结束以后，我对客户关心和存有疑虑的问题进行记录，并以邮件的形式给予西班牙语和英语的双语回复，之后的合作就水到渠成了。用邮件对沟通的内容进行确认是一种专业素养，会让彼此在展会上的口头交流很自然地向专业的商务谈判过渡。

在展会中，很多客户的想法是新奇和发散的，我们不能因为暂时无法实现而选择性地忽略这些新奇的想法。作为买家，他们有充分的理由对产品的品质、设计、工艺提出任何想法或建议，因为这些建议很有可能就是行业未来的发展方向。我们最好的处理方式是对这些建议进行整理，通过对现有的生产和工艺进行分析，对品质进行鉴定，对设计进行试验得出最终的可行性建议和方案，以邮件的形式对买家的方案进行有理有据的回复，再根据可行性的方案做正式的陈述，这样专业和正式的工作态度才是新时代外贸人处理问题最正确的方式。

三、展会后的跟踪是争取合作的关键

展会提供给我们的是一个直接获取买家资源的机会，这些买家通常都是行业最相关的人，但是随着买家对展会越来越趋于理性，直接导致买家对展会中接洽的供应商依赖度越来越低。他们参会更多地侧重于把控整个供应市场，维护与现有供应商的关系，调研行业发展趋势。即使我们在展会后按照客户的要求整理出来报价、产品明细、新产品开发方案，甚至是认证、DDU（未完税交货）价格等，客户的回复率也是越来越低的。在这种情况下，邮件跟踪就成为争取合作的关键。

面对当今的外贸形势，我们要结合时代的特点以及自身的优势作出最有效的改变，这种改变首先需要从对买家的分类开始。有很多外贸人习惯性地将展会收集回来的买家资料进行分析和分类，且不谈最终是否会主观地选择区别对待这些买家资源，仅从一开始对买家进行区分就是在心理上对买家进行了筛选，这种心理上的变化会直接影响后期报价、谈判、跟踪等的心态，最后导致在邮件的语气、措辞、思考完整度、报价精细度、跟踪进度等方面产生严重的差异。这些心态的差异在我们自己看来貌似很隐秘，但是作为买家，特别是那些参加展会的职业买家，他们每天可能会处理几百封报价，可以很轻易地从邮件中觉察到每个报价者心态的差异，我们侥幸的心理就会为丢失客户的信任埋下隐患，即使是外贸高手也不例外。

如果按照以往的对买家进行分类的思路，大买家必定会是所有卖家争相跟踪和争取的对象，竞争更激烈，面临的问题更多。卖家产品的价格、付款方式、交期、服务更是需要与其他卖家直接比拼。而我们把时间全都投入在跟踪竞争度巨大的买家上获得的效果往往不尽人意，甚至是零效果。如果我们改变思路，以对待优质买家的精力和态度投入在跟踪中小买家和潜力买家身上，必定会获得意想不到的效果。这种思路就类似于产品在B2B推广中使用“长尾词”，当我们在热门搜索词上没有明显的优势和亮点时，如果能尽量覆盖更多的长尾词，最终获取的效果甚至会超过热门搜索词。类比对展会买家的跟踪开发，如果我们把中小买家都跟踪和维护好，那作为行业的大买家很有可能会主动与我们沟通，我们双方合作的机会反而会倍增。

在改变了区别对待买家的观念以后，首次跟踪的邮件还需要更专业，这要求我们在展会上以更加专业的方式了解客户的真实需求。比如说在展会上与每一位来访客户合影并做好编号和相应的客户需求记录，把客户的需求做最准确、最完整的记录和归档。在首次发送跟踪邮件的时候，我们就可以很自然地附上客户的合影，唤起客户对展会的记忆，来展开商务沟通。同时，在对客户需求做好分析以后，邮件中要以最专业和最完整的方式解答客户的问题，呈现给买家最专业的职业形象。在无法完全满足客户的想法、建议和创意时，可以罗列出2～3个可以初步满足客户需求的可行性建议，这些可行性的建议可以传达给买家一种服务意识，也可以让发散的产品思路更自然地转向实际的业务。

随着展会买家的回复率越来越低，邮件的跟踪时间、频率、方式等需要结合网络开发的跟踪思路进行调整。通常首封跟踪邮件会在展会结束后，或是买家回国后，买家工作恢复正常（展会结束1～2天）之后，选在周一或者周二以合影作为附件，以详细的、正式的报价、方案、答疑、条款等作为邮件正文，给客户正式回复建立联系。如果首次报价无回复，3～5天内跟进一封邮件，确认客户是否收到正式的报价邮件；继续等待7天内再无回复，以默认客户收到报价但无回复的思路去做跟踪邮件，邮件内容以对于报价是否有任何疑问为主导；再等待10天后如果还无回复，开始通过对客户公司的了解寻找突破口，整合客户现有的产品款式以及展会留下的需求信息进行相应的推荐；继续等待15天，客户无回复，就需要结合客户的主打产品做其他产品的推荐；接下来的跟踪周期可以借助节日，给买家发送节日祝福等，始终维持活跃的互动氛围。这样一种跟踪的频率和方式会给买家最宽松而又最礼貌的跟踪体验，买家有充分的时间进行思考和比较，而我们在整个跟踪过程中，越往后的阶段客户一旦回复，最后达成合作的概率会越高。

此外，我们需要对跟踪进度建立一个完整的档案并及时更新客户的回复内容，一方面可以准确地掌握客户的跟踪情况，分析客户潜在的回复和不回复的原因，另一方面也可以对比出不同类型客户回复的情况、关注点和采购习惯。这样的跟踪积累对于争取周期较长的买家会有很大的帮助。

第二节　开发客户，邮件是永恒的主题

随着展会的效果每况愈下，网络开发的方式逐渐被推崇，通过谷歌（Google）开发到优质买家的案例层出不穷，很多人都逐渐将重心从线下转移到了线上，这样一种转变不仅是为了顺应时代的变化，也是为了让外贸日常工作得以常态化开展。外贸人不用苦苦依靠展会，可以通过搜索引擎、社交平台、论坛、B2B 等渠道找到行业客户的邮箱地址进行主动的邮件开发，省时而又高效地找到行业的相关买家进行邮件推广，还可以将网络营销的思维运用到邮件推广里，让自己的外贸事业再上升一个新台阶。

一、邮件——网络时代节约、高效开发客户的首选工具

邮件营销的起源还得追溯到 20 世纪 90 年代，一对从事移民业务的夫妇，把一封“绿卡抽奖”的广告信发到他们可以发现的 6 500 个新闻组，在当时引起疯狂的下载与转发，吸引来了 25 000 个潜在客户，其中有 1 000 个转化为新客户，他们从中赚到了 10 万美元。除了网络通信费用，营销的成本几乎可以忽略不计。从此，邮件营销的方式在各行各业推广开来，特别是在国际贸易中。从买家的角度来看，他们迫切地需要一种新型的方式让他们省去漂洋过海的奔波，却仍然可以寻找到合适可靠的供应商；而从卖家的角度看，我们更需要抛开对于展会的依赖，寻找一种更节约的方式去找到更多的买家资源建立联系，同时也让外贸业务工作日常化，维持一

个持续稳定的业务周期。

随着互联网的兴起和搜索技术的发展，外贸人可以通过各大搜索引擎Google（谷歌）、Bing（必应）、Yahoo（雅虎）等输入产品或者行业的关键词找到对应的买家邮箱，再通过开发信的形式介绍和推广产品，在邮件里进行客户的开发。这种方式通常能取得意想不到的效果，其中因为Google在全球的搜索引擎市场有着绝对性的优势，所以开发的效果也更为明显。以Razor为例，搜索的方法主要有以下几个方面：

（1）产品主要关键词：Razor；

（2）长尾词：Disposable Razor，Plastic Handle Razor；

（3）产品名称+不同买家类型：

Razor+Importer/Buyer/Distributor/Company/Retailer/Supplier/Vendor；

（4）国家（地区）名+产品名称：US Razor，Chile Razor，Brazil Razor；

（5）国家（地区）+关键词+买家类型：Brazil Razor Importer/Distributor/Company；

（6）在各国（地区）Google域名下用当地语言的关键词进行搜索，比如在www. google. com. uk域名下用Razor搜索，也可以在www. google. com. pe域名下用Afeita搜索；

（7）Google Maps、Google Images里用以上方法搜索。

当然这些方法同样适用于Bing、Yahoo以及其他国外当地的搜索引擎。

通过搜索引擎找到潜在客户的公司主页，寻找到联系方式或者是通过邮箱进行邮件推广，这样的开发方式不仅有效地节约了传统外贸的开发成本，也从形式上将被动等待展会的方式转变为主动开发，让卖方可以更为自主地去寻找行业的相关客户。

但是，网络开发在最初的接洽阶段会因为缺乏面对面的沟通而在建立信任方面遇到难关，因此邮件作为买卖双方沟通的主要媒介就显得尤为重要。只有邮件可以让买家看到卖家的谈吐、措辞、耐心、条理性、专业度、服务，甚至是人格魅力。换句话说，邮件可以反映一个人的综合素质，而买家可以通过这些综合素质推断出公司的实力、文化等，再通过长期的沟通逐步地建立信任，有了信任，就会有生意。

二、邮箱是 e 海里唯一的身份标志

在网络的世界里，人的姓名可以一样，地址、公司名等都可以一样，几乎所有的联系方式都有可能和其他人重复，只有邮箱地址是唯一的，是买卖双方进行有效沟通的桥梁。所以，邮箱地址就是 e 海里个人身份唯一的标志。对于每个外贸人来说，我们找到了行业内相关客户的邮箱，也就相当于多了一线机会。所以，搜索行业客户的邮箱地址一度成为我们每天的工作重心。

我记得有一天我接到了一个电话销售员的电话，当他打通我的电话进行推销的时候，我问他："你从哪里得知我的电话的呢？"那边的电话销售员很实在地说："我是从 158 × × × × 开始拨打，一直打到你的号码的。"我顿时肃然起敬，一个能够将重复而又机械的事情做到这样地步的人，确实值得佩服。我们作为外贸销售员又何尝不是这样呢？我们每天都在寻找客户资源，通过各种渠道获取行业内客户的邮箱，进行精准的营销，而实际上我们获取客户准确邮箱的方法比这个电话销售员要更容易，因为我们可以通过搜索引擎等找到客户的公司名、客户的电话、客户的域名，再通过这些相关的信息精确地找到邮箱。当然我们还可以通过社交网络去找到客户的主页建立联系，然后发站内信获取客户的邮箱，我们还可以在网站上发布自己的邮箱地址，让相关的客户主动找上门。这一切都是基于网络 ID 的性质。

在明确了邮箱地址的唯一性后，我们可以发挥的空间就很大了，只要邮箱存在，在互联网里必定会找到这个邮箱地址被使用的痕迹，找到使用的痕迹，我们就可以通过这些痕迹定位到邮箱的拥有者，进而通过拥有者的名字等信息去确认行业、公司等情况。所以，也可以说邮箱的唯一性是我们能够进行邮件营销的基石。

三、邮件改变了业务员被动等待的宿命

即使是传统的展会，在形式上也多是被动等待的，我们会翘首企盼，等待行业内有购买意向的买家拜访展位。但是全球市场是巨大的，参加展会的客户毕竟只是其中的一小部分，而且所有参加展会的参展商都有机会分享到同一批客户资源，从这个角度来看，如果完全把重心放在展会上，全球这个大市场并没有得到完全的开发，邮件恰好可以弥补这一部分空缺。

让我们用传统的思路来理解“买卖”，先有买才会有卖，意思是先有购买需求才会产生买卖，但是这个条件是建立在信息透明的情况下的。对于国际贸易来说，国际社会对中国国内的产品市场并没有很清晰的了解，所以，即使买方产生了一定的需求，也不知道如何去寻找相应的产品，更别说满足需求。如果我们能够主动地把自己的供应信息告知行业相关客户，就可以弥补这一类客户对于国内产品信息的空白，一旦扫除了这个盲点，公司的产品信息就可以由点到线，再从线到面地在国际市场进行扩散，对于公司产品甚至是公司形象的推广可以起到很多意想不到的作用。目前，我们公司有很多新兴的产品就是通过这种渗透的方式打开市场的。

邮件可以用最正式的方式主动地把我们的产品信息、公司信息以最安静的方式发送给客户，不需要像电话营销一样打扰到买家，甚至要求买家一定要作出一些反馈，也不需要远渡重洋进行定向的登门拜访，花费高昂的费用。客户可以很轻松地打开邮件，也不需要急于回复，甚至可以很简单地把我们的邮件放在一边，但是通过邮件客户已经知道我们产品和公司的存在，供给的信息也已经传达给了客户，如果客户恰好正在做相关产品的采购，就会顺理成章地过渡到产品报价、商务谈判等阶段。如果客户暂时有了正在合作的供应商，我们正好有一个展示自己各方面能力的机会，突显出自己的优势，从品质、价格、交期、沟通能力、服务意识等方面都做到最好。哪怕竞争对手优势巨大，我们也该竭尽所能地展示自我、提供服务。在这个看似毫无希望的服务过程中，我们可以通过发现自己与竞争者的差距来提高自己，还可

以用自己的勤奋和用心去争取客户。

四、邮件开发的优势

（一）邮件抵挡了无数的正面拒绝，保护了我们的尊严

外贸业务员也是销售员，但又区别于一般的销售员，因为我们面对的客户是国外客户，所以绝大多数情况下是不会直接面对面地和客户沟通的，这就要求我们既要像内销人员一样能言善道，同时也要心思更加细腻，能够依靠自己敏锐的观察力“察言观色”，去发现客户的真实需求。但是，实际情况往往是有一颗敏感的心的人自尊心都极强，而销售行业每天都有可能直接面对客户的无情拒绝，让人屡屡受挫，但邮件的方式正好可以很好地保护到这一部分人敏感的心思。从邮件里听不到客户拒绝的声音，也看不到客户冷漠的表情，保护了很多心思细腻而敏感的优秀业务人员的尊严。

总有人说销售员就是要脸皮厚，因为脸皮厚了，就可以消化和克服掉一切负面的情绪，比如客户的拒绝、冷漠等。在这里，这个“脸皮厚”其实是一种主观意识上的对负面情绪的无视。但是，外贸销售员不一样，我们除了要学会自己消化掉这些负面情绪外，还要时刻保持清醒的头脑，甚至要把客户表达出来的负面情绪进行分析和整理，找出原因并归纳总结。所以，外贸业务员需要心思细腻、逻辑思维缜密。

客户在书写邮件的时候，必定是抱着最冷静的心态来写的。在这种冷静的状态下，客户再冷漠、再无情，透过邮件，冷漠和无情的分量已经降至最低，所以我们看到这些文字的时候，邮件本身已经将原本“冷酷的表情”甚至是无情的眼神进行了模糊化，呈现出的是比较理性的婉拒，最常见的可能就是“No, thanks.”。这种情况下我们可以不受影响，仍然继续我们的开发或者跟踪。如果换作电话沟通甚至是拜访，客户一个上扬的语调都有可能让拥有一颗敏感的心的业务员在被拒绝后挣扎很久。从这个方面理解，在开发过程中，邮件确实保护了我们的尊严。

（二）邮件是最礼貌的“打扰”

任何没有预兆的开发方式都会在一定程度上对客户形成“打扰”，占用客户的时间，甚至会给一部分反应比较强烈的客户带去极大的反感。

我们时刻都要清醒地意识到我们正在做的是开发，是从我们主观的角度去想问题。我们要深信不疑我们是在给客户提供更好的产品，更好的服务，更多的机会，不是在占用他的时间，也不是在打扰他，但是这都是我们主观的想法。客户有自己的思考方式和选择的权利，我们在开发过程中强迫客户必须给予回应这种方式本来就不妥，因为客户有权利选择是否要听我们的介绍。但是，无论是拜访还是电话营销，形式上就要求着客户必须作出正面的回应。

拜访客户的时候，无论我们是否有要求，客户总会安排接待，通常会对我们的拜访作出一些回应，哪怕是“需要再做协商，再做讨论”也是一种对于来访者的态度。如果我们的产品确实是客户所需的，那拜访当然受到客户认可，但是，对于当今的外贸来说，客户很轻松地就能够找到所有供应商的联系方式，那我们将所有的开发方式集中在主动拜访就更值得商榷了。

电话营销也是一样，当我们拨通客户电话的那一刻，其实我们已经是在强迫客户对我们的来电作出正面的回应。客户很有可能都不太确定远在电话另一头的我们是在哪个国家，哪家公司，做什么产品的，但是他必须正面给出回应。因此，我们唐突的电话或多或少地打扰到了一部分希望有选择自由的客户。

绝大多数的国外客户是希望自由的，他们希望可以自由地选择是否对我们的公司介绍进行回复，自由地安排回复的时间、回复的方式等。而邮件正好吻合客户这样的习惯，当我们选择了邮件，我们就选择了将“打扰”最小化，用最礼貌的方式进行开发。当然客户有可能会忽视我们的邮件，所以最好的方式是给客户建档进行后续的长期跟踪，而这种礼貌正好是最适合客户当下的习惯的。

（三）邮件是无声胜有声的谈判艺术

生意的意义在于双方利益的最大化，所以生意最精彩的是谈判。当我们面对面谈判的时候，我们可以察言观色，可以直抒胸臆，可以将双方的要求开诚布公地畅谈。但是现在大多数情况下我们无法看到客户的样子，无法知道客户的年龄、阅历、习惯等。可我们有邮件，我们可以通过客户的邮件语言、措辞、写作习惯去揣摩客户的思维习惯、个性、脾气，可以通过邮件的风格去推测客户的综合素质，可以通过邮件的条理性梳理出客户的处事方法……

邮件的谈判艺术在于当双方因为一个问题僵持不下的时候，双方都可以有足够的时间去考虑。买方可以有足够的时间去做市场调研，去核算采购成本，甚至是对比其他的供应商；而卖方也可以充分考量客户的条件、客户市场的开发、产品的推广等。在你来我往的邮件谈判中，谈判的内容越来越细致化，这种细致化的交流对于彼此深层次的了解是远远胜于面对面的谈判的。

邮件谈判的艺术在于服务，客户除了考量供应商公司实力、产品质量、交期、价格等，还会特别关注我们的耐心，无论我们在面对面的沟通过程中展现给客户多么精美的报告或是多么详细的产品目录，做生意还是要靠日常的沟通、谈判和妥协。在邮件的谈判过程中，我们的专业和耐心都将是客户信赖我们的基础，脱离了这些，长久的生意难以保证。

邮件谈判的艺术还在于细心，很多时候客户可以考虑到的方面只能占到交易细节的 80%，而这剩下的 20% 是客户难以控制的，毕竟一个人的思考能力是有限的。而邮件却可以做到完全的把控，因为我们可以在日常的邮件沟通和谈判中很清晰地看出客户在哪些方面不是很确定，或者在哪些方面容易产生懈怠，进而用我们的细心去补足客户 20% 的疏忽，征服客户。

（四）邮件是温馨的问候

当我们真正地将邮件作为主要的沟通方式后，我们会开始习惯于用邮件的思维去建立和客户的关系，而这种关系的建立不仅仅只是在工作上，因为生活是工作的润滑剂，邮件问候的方式通常是最温馨的。

当我们感受到客户每天都处于紧绷的工作状态的时候，我们可以选择在客户的一个法定假期发去一封祝福邮件，预祝客户有一个完美的假期，这样的祝福邮件不需要太多的言语，只需要将我们最直接的期许带给对方，客户自然会感受到我们的真诚。

在感恩节来临前，我们准备好一封感恩的祝福邮件，客户会很欣慰地知道我们心里一直对他怀有感恩，因为一个有着感恩的心的人肯定是善良的，也是值得信赖的。所有合作中的不愉快以及所有合作中出现的困扰会随着这封感恩邮件烟消云散。心系客户，客户才会用真心回馈。

邮件带来的温馨是相互的，我印象深刻的是 2011 年温州动车事件发生以后，有很多客户发来邮件慰问，希望我们一切安好。当时的客户主要集中在南美地区，比如巴西、智利等，我记得客户纷纷发来邮件对事件表示关心，这种问候是最温暖人心的，让我们感觉到我们可以一起做生意，也可以做朋友。

第三节　B2B 与邮件的密不可分

电子邮件发展到今天，邮件的展示、邮件的思路、邮件的营销与 B2B 模式下产品的展示、产品推广的思路、产品的营销在某种意义上是一致的。

B2B 弥补了传统邮件开发方式的滞后性，以平台的形式将买卖双方的信息进行及时有效的“匹配”，而电子邮件弥补了 B2B 平台“线下”沟通的不足，在信息匹配以后以邮件谈判的方式与客户深入沟通，最终达成订单。

一、B2B 的产生与现状

1998 年到 2008 年是外贸的黄金时代，中国商品涌入世界这个巨大的市场，让世界各国都知道在遥远的东方还有一个地方有很多价廉物美的商品，那个时候信息不匹配，买家如何找到心仪的卖家，卖家如何找到合适的买家成为外贸的主题。早期的外贸人做得最多的就是让客户知道有一个符合他要求的供应商存在，能够提供他所需要的商品，并且将采购的商品安全地运到他手中。但是，时代在发展，当今的外贸已经回不到以前“躺着”挣钱的日子了，它迎来了最有挑战也最有意义的时期——电子商务时期。

随着互联网的兴起，新的沟通方式慢慢地改变了一些买家传统的商务习惯，由展会、传真、电话、拜访等，转向了更为快捷和高效的线上沟通，Email、MSN、Yahoo、Messenger、Skype等即时通信工具盛极一时，人们似乎开始倾向于这种文字的沟通方式，并乐此不疲，世界因此联系得更紧密了。沟通会拉近人与人的距离，也会逐步地建立人与人之间的信任感，买家开始愿意去相信远在彼岸的外贸人，开始尝试用线上的洽谈方式成交订单，在节约时间和采购成本的同时，还可以随时对生产情况和进度进行远程即时把控，外贸由此进入井喷期。邮件随之成为彼此建立联系的重要工具，把沟通、谈判、讨论、商议的内容做最正式和清晰的阐述，也可以尊重彼此，给予对方足够的思考空间，还可以用最安静的方式去维系情感。

如果说互联网是一个虚拟的世界，这个世界必须有集市，这个集市的交易必须建立在人与人之间有充分的信任感的基础上，而B2B就是在此形势下产生的。B2B主要分为付费B2B和免费B2B。

（一）付费B2B

在电子商务的初期，最突出的问题是买卖双方信息的真实度无从考证，而B2B平台的诞生正好完美地解决了真实度的问题，邮箱地址的唯一性保证了买家发送询盘的信息质量和有效性。

付费的B2B平台对于卖家的准入通常会有严格的验证，正好契合了双方的意愿，解决了卖家苦于找不到真实买家的开发渠道，又解决了买家找不到真实、诚信、有效的卖家的担忧。另一个不可忽视的隐藏因素是买家对于付费B2B平台的信任也是基于平台见证了双方的接洽过程而自然地成为担保方，一旦买卖双方出现纠纷，平台会进行有效的调解和处理，这是给客户心理上的一种保证，也是B2B这种商务形式得以稳步发展的基础。久而久之，付费B2B积累的流量越来越多，买家的信任度越来越高，吸引的新买家越来越多，而供应商就会更倾向于在付费 B2B 平台进行产品展示，最终形成一个互联网的“主要集市”。

当今国内访问量最多的付费 B2B 平台就数 Alibaba（阿里巴巴）和 Made-in-China（中国制造网）了。

1. Alibaba

在 Alibaba 的起步阶段，这个 B2B 网站就被纳入了大学电子商务的教材，那个时候 Alibaba 的主页只有很简单的界面。当时所有人都没有料想到这个网站会成为影响中国对外贸易的标杆网站。随着 2014 年 Alibaba 在美国的上市，它一跃成为世界第二大互联网公司。

Alibaba 的成功在于它的“变”，互联网的世界唯一不变的就是“变”，Alibaba 一直围绕着数据和用户的体验度做改变，才使它稳定地保持住用户的黏度，保证网站的流量，也正是这种纯粹的互联网思维才让这家互联网公司走到了今天。

（1）拿数据说话。

Alibaba 一系列的改变不是盲目改变，而是基于对平台积累的数据的分析作出的升级。比如从“曝光”“点击”“反馈”的数据分析，可以帮助供应商准确地诊断出公司产品展示的问题并提升产品质量。一般来说，高曝光、低点击的原因可能在于关键词涉猎的范围很广、很充分，所以很容易让买家搜索到产品，但是图片处理不好或者其他问题让买家缺乏点击的冲动。而高点击、低反馈可能的原因在于买家点击进入了页面，但是产品描述信息不够专业和详细，导致客户在最终询盘的时候选择了放弃。除此之外，Alibaba 会及时有效地统计卖家网站的访问量、访问产品、访问关键词，及时对产品排序，帮助卖家高效地了解网站的访问情况、产品的被喜好程度、关键词的覆盖程度等。卖家产品信息质量的提升必定会提供给买家更好的访问体验。同时，网站会显示卖家注册年限、企业类型、销售记录、热销产品记录、认证记录等真实信息供买家参考选择。

（2）流量的引入。

Alibaba 多年以来一直致力于多方面引流，在各大知名搜索引擎投放广告的费用是巨大的，在谷歌的推广费用更是高得难以想象，加上 Yahoo 与 Alibaba 的战略投资关系足以成就 Alibaba 成为访问量最大的 B2B 网站。

（3）科学的排序规则。

Alibaba 对于流量的分配一直是有其独特的分配法则的，橱窗产品——固定排名——P4P——顶级展位，每一个层次都反映了各个时期卖家对于流量的重视程度，直到点击付费 P4P 的产生，终于将流量直接以金钱来计算。

（4）目标市场与产品类型。

Alibaba 偏向于轻工业产品，目标市场大多数集中在欧美及部分第三世界国家。轻工业产品大多属于贴近大众生活的日常用品，所以在需求数量以及采购周期方面会提供给卖家更好的效果。比如更多的询盘数量和更详细的询盘内容。

2. Made-in-China

付费 B2B，除了 Alibaba 平台以外，还有一个一直默默经营的平台——Made-in-China，这个网站多年来的界面风格、后台操作风格、发展方向都以稳步、清新、简约为主，而这种简约的风格也备受一部分买家和供应商青睐。

（1）传统的作风。

很多人说中国制造网是后起之秀，但是它的创立时间却是早于 Alibaba 的，只是多年以来以其低调的作风和传统稳健的运营方式才慢慢地被大众熟知，Made-in-China 在整个 B2B 市场的份额与 Alibaba 还是有一定的差距，但是多年以来，它一直坚持默默经营，提供免费会员注册制度，提供给外贸新鲜血液更多的希望和机会，在国内外享有很高的声誉。

（2）规则简单易于操作。

对于卖家来说，在发布产品、排序规则、费用计算等方面 Made-in-China 都更简单而且直接，所以对于大多数刚开始做网络营销的公司来说，这个平台是一个更容易接受也更容易发挥作用的平台，比如花费固定的广告费用就可以获得随机排列 2 ~ 10 位的排名机会。对于新加入的卖家来说风险控制会更好，因为他可以随机享受到优先排名的机会。

（3）产品目标市场。

Made-in-China 在东南亚、中东、非洲和南美洲有相当大的吸引力，它的产品偏重工业、机械、设备类产品。这种类型产品的特点是采购周期较长，而产品的稳定性和售后服务是重点，所以平台的询盘数量和内容效果会逊色于 Alibaba，但是客户的潜质会很大。

（4）Made-in-China 情怀。

Made-in-China 因其响亮的域名总会让人想起中国制造走向世界的豪言壮语。虽然从表面上看它的流量和网站推广运营都比 Alibaba 逊色一些，但是在国内外仍然有众多的用户。中国制造网虽然没有在美国上市的轰动效应，也没有把触角伸向更广的方面等，但是它每天仍然有很稳定的流量，这是支撑它走向成功的必要条件。中国制造网完全有能力在恰当的时候站出来去改变 B2B 市场的格局。

（二）免费 B2B

免费的 B2B 由于网站的知名度和访问量较低，一般不需要收取任何费用，所以对卖方的准入没有严格的要求。但是，通常每个免费的 B2B 网站都会有自己的主要目标市场甚至是目标国家（地区），而且网站在主要目标市场会有专人进行网站的营销和推广。如果卖家尽可能多地去注册免费 B2B 网站发布产品，除了可以节约推广成本以外，还可以把这些看似零散的营销渠道整合成一个庞大的营销平台，这样的营销平台对于提高公司的知名度和公司网站的点击率有极大的好处。

二、免费 B2B——不花钱的引流工具

免费的 B2B 一直被人忽视，其实，免费 B2B 对于企业在整个互联网搜索领域里的权重有很大的益处。这里的权重包含的概念很广，比如企业网站在各大搜索引擎的排序，企业产品信息在相关关键词下的显示优先级，产品图片的显示优先级等。免费 B2B 是各大搜索引擎的搜索原则自然判定

企业网站或者企业信息权重的相对重要的指标。权重的高低通常是互联网世界判定企业实力、形象、诚信度的依据，企业网站的权重越高，在各大搜索引擎显示会越优先，最重要的是在一些关键词项下的搜索结果会直接将企业的网站推送到最优先的地段，将它作为此关键词的代表公司，这样对于任何一家企业形象和实力的打造都是最完美的。因此，我们必须利用好免费 B2B 这个引流工具，让它帮助我们提升企业和产品在互联网世界的权重，取得更好的宣传效果。

网络的世界离不开搜索，任何搜索引擎完成用户的搜索，首先都要把网页存在自己本地的服务器上，这靠的是“网络爬虫”。它不停地向各种网站发送请求，将所得到的网页存储起来，在经过复杂的算法排序以后按照与搜索关键词的相关度高低进行排列。如果弄清这些网络爬虫的搜索方法，我们就可以利用免费的 B2B 发布让这些“爬虫”的触角可以触碰到的信息，整体上提高网站在整个互联网搜索领域的权重。

权重越高，企业的优先级就会越高，获得的流量也就越多，长期的流量积累对于企业网站的整体形象会有一个质的提升，对于企业的资信和长期的客户资源积累会有很好的效果。很多企业对于网站的权重并不看重，因为它的即时效果远远不如当今几大付费 B2B 网站，但是企业需要有一个长远的发展目标，权重的积累是需要从点滴做起的。

现在大大小小的免费 B2B 网站有几百个，其中很多 B2B 网站会对某一个国家或者某一个区域进行深度的开发，正好弥补了几大付费 B2B 可能无法深度覆盖的缺点，如果利用得好，能创造出意想不到的收获。

眼光长远才能做好外贸，很多人只顾眼前的利益，急功近利，他们宁愿在一段时间内抢占市场甚至垄断市场，赚取暴利，等到市场稍做调整的时候就撤出，这种不负责任的做法只会让外贸情势更加严峻，也会错失很多机会，得不偿失。而免费的 B2B 的信息会随着时间的流逝越来越珍贵，它们帮公司及其产品积累了权重、流量，以及诚信，这种诚信会使企业经久不衰，可持续性地不断壮大、不断发展。

三、B2B——产品在网络市场的展位

如果说展位是外贸企业在线下向目标客户全面展示产品的平台，那么B2B就是产品在网络市场的展位，企业所有的产品都可以在B2B这个展馆里展销，而且B2B的展销形式较传统的展会更经济、更人性化、更特色化，因为网络的世界是天马行空的，我们的心有多大，发展的空间就有多大。

B2B平台的卖家，为了让产品更能俘获客户的心，在展示的产品标题、产品图片、产品介绍上下足了工夫。例如，将线下的广告宣传术语搬到线上，拟定一个足够吸引人的震撼的标题等；在图片处理上，开始讲求色彩的搭配，色调的舒适度，产品与背景的协调度等；在产品介绍上更是会深度介绍产品的规格、属性、功能、附加功能、售后等，服务更加贴心。而买家不需要浪费时间和采购成本漂洋过海地赶往展会，只需要在平台上进行搜索和筛选，或者发布自己的采购需求，成千上万的供应商会很乐意对这些采购需求进行整理、报价，并提供购买方案。

B2B造就的这种新的采购习惯最大限度地改善了以往的信息不对称，以前无人问津的采购需求现在接收到了无数有价值的反馈，而苦于无处发掘客户的卖家也可以凭借自己的综合优势去满足客户的采购需求，达成一种完美的信息匹配，更为人性化，也更为高效。

然而，电子商务的“电子化”终究只是一种形式，最重要的还是商务。无论B2B的匹配功能多么智能，也永远不可能匹配到所有客户最真实的需求，无论B2B的交易系统多么有保障，也永远无法让远在地球另一面的客户100%安心地付款，因为商务最重要的还是沟通，只有沟通才能获取充分信任。邮件恰好充当了这个“线下”沟通的角色，完美地形成电子商务的闭环。

四、邮件全面展演B2B贸易中的产品与服务

在B2B平台上，如果买家看到了适合自己的商品会向卖家发起询盘，而

卖家看到买家的采购需求也会予以回应。对于 B2B 网络来说，询盘和回复是至关重要的。B2B 网络抢占了互联网市场上绝大多数的“商业情报”，同时也汇聚着中国成千上万的供应商，但是外贸绝不仅仅是简单的信息匹配，因为它还有买家与卖家的相识、沟通、分歧、谈判和达成共识。

（一）报价——最正式的“会面”

B2B 平台类似于一个引荐人的身份，为买卖双方提供真实的联系方式，卖家在 B2B 平台收到询盘以后，通常会保留 B2B 后台的询盘格式，以邮件的形式对询盘的内容进行报价，这份报价是以最正式的方式让买卖双方相识，也将询盘转向实质的生意接洽。

（二）沟通——由生疏到自然

买家收到报价以后，通常会及时表达自己对于报价的疑问、意见和预期等内容，而卖家会做详细的回复。在这个过程中卖家会以最专业的态度在邮件中详细地讲解产品知识、产品属性、产品价格、市场情况等，买方会在他关注的方面进行深入了解。来往的邮件会让双方像朋友一样地畅谈，消除陌生感。

（三）分歧——信任感加深的过程

有沟通就会有分歧，但是有分歧，生意还是需要继续进行的，买卖双方会对分歧进行探讨并作出调整或是妥协。这个过程是最难熬的过程，通常卖家会通过邮件跟踪去联系客户，了解客户的想法。这是最关键的过程，迈过了这个坎，买家对于卖家的信任感会倍增。

（四）谈判和达成共识——生意场上永恒的艺术

经过前面三个阶段，双方对于公司情况、产品信息甚至是彼此的风格都有了一些初步的了解后，必定会走向最终的谈判。利益是生意的核心，买卖双方通常会因为价格、交期、起订量问题，多次进行邮件谈判并最终达成共识，这个谈判是生意场上的艺术也是邮件的艺术。

B2B 网络推动了外贸事业的发展，它带来的改变绝不仅仅只表现在开发渠道的拓展上，更多的是沟通方式的改变。买家只要发送询盘就可以知道所有他想了解的信息，他可以进行比较和分析，筛选出符合自己要求的供应商和产品，而这一系列的采购行为基本上都是建立在邮件的往来之上的，因此，如何处理好和买家的来往邮件就显得尤为重要了。

五、邮件水平的高低决定订单走向

中国自古以来就有“文如其人”的说法，意思是说一个人的谈吐或者文章完全可以体现这个人的心态、思想、为人处世的作风等。是的，一个人的内心世界是完全可以通过文字来体现的。在当今的外贸事业中，邮件水平的高低直接向客户展示着不同人的能力和素质的差异，从看似很平常的语气、时态、称谓、用词甚至是标点符号的差别都可以看出邮件人的心态和履历。邮件的长短句、词汇量、句型、主旨等方面更能明显地反映出我们的文化水平、处事风格、责任心等，所以我们应该把这个“文”写好。

在外贸市场日趋透明化的今天，我们如果还只是停留在研究怎么计算利润点报价，怎么去节约生产成本，如何完整地回复客户，如何竭尽所能地满足客户的要求这些方面，那么在开发客户的思路上就已经处于弱势了。

客户往往只要点击一下鼠标就可以得到他所有想要的信息，甚至现在的 B2B 平台还可以对不同供应商的产品进行综合比较和分析，给出建议，但是绝大多数的客户不为之所动。因为他们有自己的市场定位，有自己的预算空间，有自己的产品调研，有自己的采购方向，有自己的质量要求，也有自己对于行业发展方向的理解。那对于外贸人来说，我们必须作出思路上的改变去理解客户宏观上的需求，去适应客户的采购节奏，打消客户的疑虑，在关键的时刻引导客户，帮客户把控好潜在的风险等。而这些宏观的把控，要求我们从一个传统的“salesman”（销售人员）转变成为一个复合型的外贸服务人员：“sales + professional + service”（销售 + 专业 + 服务）。

在新的外贸背景下，邮件的内容不仅仅只是简单的报价、回盘、做 PI、催付款、出货等信息，因为任何一家供应商都可以做到这些。想要立于不败之地，需要我们在邮件里加上自己对产品的专业认识和对于客户的服务理念，去征服客户，让他知道产品只是生意的开始，值得信赖的商业伙伴才是长期合作的基础。

什么样的邮件才是专业的邮件？远在异国他乡的客户可以最直接地通过互联网上的信息找到属于他的产品，但是信息的可信度、质量的保证、公司的诚信度、服务理念等在互联网上缺乏有效的验证，必须由邮件进行补充说明。在这种情况下，一个销售员的品质会直接地影响客户对于公司的判断，从传统的报价到谈判、样品、付款方式、交期等都将是销售员展示自己品质的机会。一个专业的销售员会在针对澳大利亚客户报价的开头自然地加上“G’day mate”（澳大利亚俚语，意为“你好”），在向西班牙客户报价时开头加上“hola amigo”（西班牙语，意为“你好，朋友”）去主动拉近和陌生客户的距离；一个专业的销售员还会在谈判中做到有理有据，客户的不合理要求，可以坚定大方地说“No”，而客户合理的要求会竭尽全力去满足；一个专业的销售员知道该怎样去跟客户清楚自然地谈样品，知道怎样去说服客户采用双方都满意的付款方式，知道怎样去把握跟踪的频率，还知道怎样去化解客户的负面情绪。

怎样用邮件体现服务？这种服务的体现是指即便在各种外力因素的干扰之下，依然可以很清楚地区分事情的主因、诱因、外力，寻找到能协调各方问题的最佳解决方案，用成熟而又精练的邮件去向客户陈述原因，提供方案，甚至是用邮件寻求客户的支持；还体现在客户无法作出抉择的情况下，主动地去分析客户的市场喜好、价格等因素，提供有效的建议；还体现在预判可能会对客户造成的潜在问题，进而予以规避，并及时地向客户汇报；还体现在积极正面的售后服务态度，解决客户的后顾之忧，寻求长期永久的合作，这样的邮件展示的才是业务员的成熟、魄力和魅力。

只有这样的邮件才可以从客户收到的众多的报价、谈判邮件中脱颖而出，因为它不仅是一封邮件了，更重要的是一种生意人最向往的素质——真实。

第二章
外贸人如何在行业不景气的情况下抢占商机

第一节　推荐产品型号的精与巧

在和客户的初期沟通中，产品型号的推荐是一个很值得考究的问题。我们换位思考，作为职业买家，他们每天都在做“选择题”和“思考题”。思考题通常是在问题发生以后寻找最合理的解决方案，这些问题通常会发生在履行订单的过程中，处理起来会比较棘手也会占用绝大部分时间。如果供应商再把新产品型号选择由选择题变成思考题，买家对于供应商的印象会大打折扣，他们更需要我们把思考题做好，提供给他们若干选项。如果我们能够通过对产品的了解，主动地引导和巧妙地推荐产品往往能够事半功倍。

一、推荐产品要“精”

推荐产品要“精”，这个“精”指的是我们通过对客户的喜好、销售市场、价格水平、消费能力、交期等的适当把握，锁定推荐产品的范围，再结合自己的综合考虑做一下筛选，精准地将最后的款式推荐给客户。

比如在和客户进行几个回合的谈判以后，我们发现客户只在意价格。我们首先就需要将价格锁定在他可以接受的范围内，再在这些价格水平上选择几款跟客户的需求类似的款式，比如设计相似、尺寸类似等。这样的产品推荐可以最大限度地符合客户的心理预期，并且将谈判内容引入更为实质的方向。

又比如客户特别在意产品的质量，就应该大胆地推荐欧美客户认可度比较高的产品，因为各国客户对高品质产品的欣赏水平都比较接近。在大致确认了一批产品后，再结合客户对于产品的偏好，基本上就可以锁定应该推荐的产品款号了。

也有一部分客户先看价格，再讲求质量。这一种类型的客户大多是经验丰富的老买家，他们往往会以价格作为突破口，并在此基础上要求产品拥有好的质量。他们其实是首先将卖方的价格压到最低，再以低价为基础寻求其他因素的最优化，比如质量、包装、交期等。针对这类客户，我们需要有清晰的思路来明确客户的意图，再准备一类基本款 B 和一类优质款 A，谈判初期以基本款 B 为导向，在客户的要求清晰以后逐渐转为优质款 A。

向客户推荐产品要“精”的前提是我们心中要对现有产品有透彻的了解，知道产品的价格区间，了解产品的受欢迎市场，知道不同价格项下产品的差异，也要能大致知道目标客户的消费能力、客户类型、客户风格等，这样才能准确地把握住客户的真实需求和意愿。

二、推荐产品要“巧”

很多时候，即使我们将推荐的产品锁定在一个范围，甚至是细致到几个特定的款号，仍然无法获得客户的青睐，导致谈判中止，客户无回复或是简单回复。这就需要我们巧妙地推荐产品。

比如在确定客户的国家（地区）以后，主动地推荐公司已经打开过该国家（地区）市场的款式。这样一种推荐会让客户产生信任感，这种信任感会慢慢转变为购买兴趣，由此打开生意的大门，由已开发的款式转变为新款。这种推荐的巧妙之处是抓住了客户在信任的基础上产生购买兴趣的心理。至少 30% 的客户产生采购新产品的意向是由于之前看到过类似的产品。我们推荐已开发的款式不一定是要靠这个推荐款式达成合作，而是增强客户的购买欲望。相比较完全忽略已开发的款式，主动地推荐已经进入客户市场的款式，成交的概率会大大提升。

又比如在客户对于款式始终不确定而专注在2~3个款式上面的时候，我们首先要从全局考虑。这个阶段通常是有一定的开发基础的，比如寄送过样品，或者是对于款式有比较深入的了解。客户迟迟不选择款号的原因很有可能是缺乏一个让他做决断的理由。我们在明白这个意思以后要巧妙地提出一个让客户放心的理由。比如我们通过这几个款式分析出客户可能比较看中的产品特质，再通过这几个产品的价格区间去归纳客户的心理价位，得出一个建设性的产品建议。在平时的沟通中旁敲侧击地提到这款产品，让客户在这款产品上给出多的印象分，产品款式的确定就指日可待了。

又比如在沟通了无数个来回以后，客户确定了款式，但是由于价格太高客户始终无法作出抉择。这个阶段是很重要的，因为客户通常会有两个决定，直接进入订单的流程，或者进入谈判终止的流程。进入订单流程自然是皆大欢喜，但如果因此而丢失订单就会令人悔恨不已。

在客户主动提出价格问题以后，我们需要密切地关注客户的措辞变化。如果邮件内容比较少，语气也缺乏以往的感情色彩，我们就要得出一些信号，把重心放在价格上。这个时候要主动地建议一些同功能、同设计、同性能的低价产品了，要让客户感觉到这个替代的产品不是质量导致的低价格，而是专门针对入门级的客户，或者是简约版的款式。除了款式类似以外，当然还要发掘出替代产品的闪光点，让客户了解到，退而求其次也是个不错的想法。

第二节　主动制造“分歧”寻求希望

一个正常的业务过程，如果一切都是按部就班的一问一答，那这个业务过程始终是不完整的。因为这笔业务缺少一种人为的导向，也就是说，如果换作另外一个可以给客户满意答复的业务员，那客户可能直接就和他合作了。这样一种业务形式说到底拼的是谁能够获取或是先获取客户的询价，这往往是由公司的平台决定的，对我们自身的业务能力的要求反而少。即使我们在第一时间拿到了客户的询价，并且完成了订单，客户的黏度依然会很低。原因是，我们没有给客户留下深刻的印象。

如果我们能主动地给客户一些参考意见或是制造一些“分歧”，让整个沟通谈判的过程有来有回，业务员的灵性和热情就能完全地体现出来了。客户往往对这样的搭档有更好的印象，也愿意给予我们更多的信赖。这样的一种自发的推荐不是盲目的举荐，而是在完全了解客户需求以后作出的一种专业的引导和分析。

比如在包装方式上，当客户对于产品的其他信息有了大致的了解，并且对包装已经有了初步想法以后，我们完全可以满足他对于包装的要求。但是如果我们了解到客户的类型、市场等信息后，我们可以大胆地提出一些积极的建议让客户考虑更符合他的目标市场的包装，这样的建议并不是让业务谈判“节外生枝”，而是让整个谈判过程从问答式转向互动式。这样一种主动制造“分歧”式的推荐的前提是我们对产品和客户市场有着准确的把握，可以为客户提供更有利的推荐方案。即使这种专业的引导最终被客户否决，我们在客户心中的专业印象也会有大幅提升。在以后的沟通过程中，客户会更放心，即使在谈判后期遇到僵局，只要我们能作出合理的解释依然可以打破僵局，达成合作。

又比如，很多人认为价格是业务谈判中最头痛的问题。很多外贸人在面对客户压价的时候，采取一让再让的处理方式。实际上我们已趋于成本价或是低于成本价在争取客户了，但还是会让客户觉得价格水分很大。这样一种逆来顺受的处理方式可能会暂时地争取到一些客户，但是损失是很惨重的。一方面，这让我们的谈判处于劣势，一旦之后的谈判出现任何可以协商的问题，我们会失去协商的资格。另一方面，价格的节节退让会让客户认为我们的报价水分很大，担心产品的质量。一旦后期在付款方式、交期等方面无法达成一致，客户的不信任感会加倍，失掉订单的可能性反而更大。最后可能面临的是公司给出了特价，客户还是把订单给了别人。如果我们在客户压价的时候主动打破前面和谐的谈判气氛，会让客户对于这个价格的真实度产生很强的信心，因为对于绝大多数客户来说，如果前面的客户关系建立进展得顺利，有充分的沟通基础，到最后的价格谈判僵持不下，我们在价格上“推”一把，相当于在客户心里“拉”了一把。另外，让客户看到我们也是有原则和底线的。在能够为客户争取的地方，我们全力以赴，而在原则和底线的问题上我们和客户是平等的。这样一种职业素养通常会让客户逐渐地对我们产生尊重。价格确实是很敏感的问题，但是，如果在处理这个问题的时候缩手缩脚，反而很容易让客户察觉到我们的不自信，而让客户对我们的印象大打折扣，我们如果能坦然而大方地面对价格问题，会让整个谈判过程更加顺利。

第三节　用海量的知识储备勾起客户关注的欲望，突破零回复

一、客户为什么不理“我”

很多人总是苦恼，为什么我花了这么多的心思在开发信上、报价上、样品上，为客户争取一切有利的条件上，客户就是不回复，还是觉得产品价格高、交期长等。

绝大多数外贸人都能把写开发信、制作报价单等外贸工作做到近乎完美，但仅仅是这些还是不够的，我们必须发掘出更能走进客户内心的方式。尝试了解客户的心理，并有针对性地攻破。

想要获取客户的回复，首先我们必须了解客户为什么不理我们。如果大家前期的沟通工作做得很好，但客户一直不回复，大致可以从这几个方面去寻找原因。

（一）客户没收到邮件

客户不回复邮件，第一种较为普遍的原因是没收到邮件。客户的邮箱每天会有无数的报价、介绍信、产品推广、正在进行的订单等，邮箱满的可能

性很大。这个问题如何排除和解决呢？我们在保证自己的邮件可以顺利发送的情况下，检查客户是否收到邮件，最简单的方式是从自己的邮箱是否有退信来判定。一般发送失败，最有可能是客户的邮箱已满或者邮箱空间不足，这些可以从退信的报错编码来判断。

邮箱已满报错的编码会类似如下内容：

User is over the quota

552 <[email]xxx@xxx.xxx.xx.xx[/email]>...Mailbox is full

550 <[email]xxx@xxx.xxx.xx.xx[/email]>...Can't create output

552 Requested mail action aborted: storage allocation

编码里的"Over the quota"和"Mailbox is full"等已经很清晰地告知了我们客户邮箱已满。

客户的邮箱空间不足的报错编码会类似如下内容：

552 Message size exceeds fixed maximum message size（5000000）

552 Message size exceeds maximum message size

552 Message size exceeds fixed maximum message size: 5242880 bytes

客户的邮箱趋满会自动设置收件大小，如果这个时候发送的邮件附上报价单、图片等格式较大的文件会被自动限制接收。所以，你可以看到"Message size exceeds maximum message size"等报错信息。

邮箱满了，最直接的解决方法是在客户的工作时间内打电话告知客户所发的邮件被退回。这种情况下，主动提醒客户邮箱满了反而可以增加好感，因为客户也会担心是否会因为邮箱满了而无法接收到重要的信息，这样的电话是合理的而且是体贴的，客户不会产生反感。最棘手的情况应该是在开发信的阶段遇到了客户邮箱已满的情况，因为我们只有客户的邮箱而找不到其他联系方式。不要着急，此时可以根据客户邮箱的域名找到客户公司网站，再在CONTACT页面找到公司的电话进行电话拜访，善意地通知客户他的邮箱已满，还可以顺便简短地介绍一下自己和公司。一般客户会及时清理邮箱以免漏掉重要的信息，所以最好在电话沟通的第二天再以邮件的形式联系客户。

邮箱空间不足，最好的方式是去掉附件，告知客户因为邮箱空间不足导致附件发送失败，等待客户清理邮箱以后再单独发送附件。另外，我们也可以尝试将附件进行压缩或删减再发送。

还有一种情况是没有收到任何邮箱的报错信息，但是客户没有回复，这时候就有可能是客户或者客户的邮箱运营商设置了过滤器，导致邮件被屏蔽，报错代码类似于如下内容：

554 Connected to remote host, but sender was rejected.

554 Connected to remote host, but failed after I sent the message.

客户无法查看到我们的邮件，此时跟踪的重要性就体现出来了。我们运用逆向思维去推测反垃圾过滤器一般会屏蔽哪些词语，然后进行 1 ~ 2 次跟踪，更改邮件中过于明显的推销用语，最后选择备用的邮箱地址发送同样内容的邮件来确定是否是原来邮箱地址被客户屏蔽。

如果到了这一步，客户还是没有回复，那基本上就可以适当地减少跟踪的频率了，等待客户主动联系你。因为他接收到了邮件，只是没有回复而已。

多年以前，我有一个玻利维亚的客户，我和他的沟通一直很顺利，他回复邮件的时间有时候是 3 天后，有时候 5 天或 10 天后，有一个简单的规律。凭着对客户国家（地区）的工作习惯、跟进节奏和客户个人回复时间的把握，有一天我强烈地预感到客户会在这段时间回复，回头去看整个谈判过程可以说是有条不紊且并没有任何明显的分歧点，可是收件箱里不见任何信息，我总觉得莫名其妙。于是我翻遍了邮箱中的邮件，终于在垃圾箱里发现了这个客户确定订单数量的邮件，我赶紧将邮件添加到收件箱里并将客户邮箱增加到白名单。幸亏我用自己对客户的判断及时发现了这封邮件，挽回了 20 000 多美元的订单。

有些情况下，并非是客户不愿意回复邮件，而是一些客观原因导致他错失了邮件。在我们不明白缘由的情况下，需要结合自己对客户的把握及时有效地将邮件内容转达给客户。这种情况，只有当我们真正掌握了客户的心理，才可以准确地把握。

（二）客户没看邮件

在大致了解对方的身份以后，我们可以通过调查了解一下客户每天的工作内容，手头需要紧急处理的事情，例如付款、确定订单、回复报价、回复争议、讨价还价等。假如客户每天都有上百封邮件需要处理，那么在他的心中会有一个处理邮件的优先级，如果我们的邮件被归类为次优先级，客户就很有可能不点开我们的邮件。

很多人应该都碰到过这种情况，也有很多人尝试过威逼利诱等方法。其实，我们大可不必采取这样过激的方法。知道了客户将我们的邮件归为次优先级，大体可以推测出客户的采购意向暂未明确或者是我们已经在建立联系的最初阶段就落后于其他供应商了。

采购意向暂未明确的明显表现是客户不会及时回复我们的邮件，而是在没有征兆的情况下告诉我们他还在等他的客户消息（no reply from customer），或是还在讨论报价（Discuss your quotation now），还在调研市场（Test our market）等。我们需要做的是耐心的等待，通过客户“不经意”地发来邮件的时间推测他可能在每个星期的哪一天甚至是某一天的哪个时间相对比较空闲，同时去了解客户的国家（地区）、网站、产品、假期等。在客户空闲的那一天去发送一封标题为客户国家（地区）大事、客户新品上市、假期祝福等相对宽慰的邮件。接下来就等待客户的主动联系吧！

如果客户已经在和其他的供应商联系，我们需要用最大度的心态去和客户保持联系并成为朋友。除了采取上面的跟踪方法以外，还要在客户遇到问题的时候帮他解决，哪怕是他和已经洽谈的供应商之间存在协调问题时仍可以大度地帮其解决。

还有一个情况是客户在休假或者出差，没有机会查看邮件。这个时候就要求我们对客户所在国家（地区）的假期和客户的行程有一个初步的了解，避开在假期中频繁地发邮件催促客户。

邮件不被查看的其他原因可能就要归结到客户个人，比如客户生病，或者家里有突发情况，再或者客户已经离职等。这种情况下，我们该把重心转向跟踪其他客户，等客户的事情处理完以后会主动联系我们。

（三）客户不愿意回复邮件

很多时候，客户习惯性地阅读了我们的邮件，但是不愿意回复，这种情况的可能性占到80%。遇到这种情形大多数人都比较困扰，有的人选择不断地跟踪，不断地询问；有的急性子的人直接问客户为什么看了没有回复。其实，我们没有要求客户一定要回复我们邮件的权利，因为在客户还没有判定我们的报价是否有价值以前，他完全可以忽略我们的邮件而优先处理其他事情，这是无可厚非的。在这个时候，我们不能只靠频繁地催促来“逼回复”，而是要寻找突破点。

1. 了解客户公司信息

我们可以通过了解客户的公司信息找到突破点，例如客户的主营产品，每年的主推产品，客户在各大网站发布的需求信息，客户每年出口的数据等。比如我们在整个搜索的过程中，可能找出客户的新款产品、年度目标、采购数量、当年参加的展会等信息。对这些信息进行分析后，我们就可以为客户找到更适合他的采购预算、采购数量的产品以及款式。下一步当然是写一封包含精美图片的最合理的报价方案、采购方案等内容的邮件了，等客户点开以后必然会了解到我们的用心，提升订单的成交率。

2. 搜索客户的社交平台资讯

搜索客户的社交平台资讯，通过客户发布的文字、照片、视频等信息了解客户的生活，这样做不是要去打探客户的隐私，而是在与客户僵持不下时找到我们与客户的交集，与客户产生共鸣，先做朋友，再做生意。

记得有一次我有一个客户在MSN上发布了一句“life is bathing in the rain”（人生犹如在雨中沐浴，引申义为“人生好比苦中作乐”，表达一种乐观积极的生活态度）的签名。一般人可能会认为客户想表达的是乐观积极的人生态度，但是我却从中体会到了一丝无奈。于是，我在一次邮件沟通中在邮件的结尾加了一句“I like your words as life is bathing in the rain.”（我喜欢你的文字，因为我也认为人生应该苦中作乐）。自从发了这封邮件以后，我明显地感觉客户变得积极了，对我的态度也变得更加热情。

在互联网时代每一个行业都是瞬息万变的，所以我们每一个从业者都要适时地为自己充电，适应行业的变化。对于从事外贸行业的人员来说要求更高，我们需要随时补充各行各业的知识，从专业性知识，如语言技能、搜索技能、互联网技能、营销策略、谈判技巧，到其他五花八门的知识，如商务礼仪、各国（地区）风土人情、各国（地区）消费习惯、消费方式等，甚至还包括全球经济、政治、军事等。通过这些信息了解客户的喜好，推测行业的发展趋势。这些知识会为我们找到客户、成交订单铺就“康庄大道”。所以，外贸人一定要学会用海量的知识储备吸引客户的眼光，提高订单成交率。

二、如何与客户保持良好的沟通

机会只留给有准备的人。这种准备不仅仅靠满腔的热情，更重要的是我们要循序渐进地从各个方面提高自己的综合素质，包括专业技能、沟通技巧、为人处世等。在外贸行业，我们需要储备的就更多，如客户的市场，客户所在国家（地区）的经济政策、文化、商务礼节、习俗等，方方面面都要了解，只有这样才能做到知己知彼，百战不殆。

相信大多数人有过因为产品款式、价格、需求量、交期、付款方式等问题而失去客户的经历。因为一个环节的分歧导致客户无回复，沟通中止，非常可惜。为了避免这样的失误，要预先了解客户的市场定位，分析出客户对于产品的品质、价格、需求量、采购周期、付款方式等方面的需求。在谈判过程中更有信心，更有针对性地去推荐更适合客户市场的款式；制订更好的价格条件，给出双方互赢的价格，避免谈判的重心过多地偏向价格；在需求量和采购周期上制订恰当的跟踪计划，既不能频繁沟通让客户反感，又不能跟踪进度过慢导致其他人“乘虚而入”，或是让客户认为我们对于他的采购需求不在意、不关心；在付款方式上要能提前预判对方意向，寻找有效的方法，做好协调准备，不至于在一切条件都谈妥了以后因为付款方式的问题丢掉客户。

在对客户的市场有了一定的把握以后，如果我们能积极主动地了解客户的文化、习俗、商务礼节、商务习惯等，就能够在处理客户问题的时候出奇制胜。但是我们一定要注意知识的活用，如果只是机械地记忆这些，会导致原本很丰富、精彩的内容黯然失色。因为它带来的不再是丰富的资源，而是一种负担。任何事情变成了一种负担以后就会变得举步维艰。我曾有的亲身经历可以和大家分享一下。我刚进入外贸行业的时候，一个伊拉克的客户来中国参加行业展会，顺便到我公司拜访和采购。客户简要地描述了他的需求和目标价格以后，我相对应地推荐了一款适合他的产品以及相关的耗材配件，并在他的要求下做了一个 PI。随后客户说要在中国待到展会结束，问我能否帮他换酒店。我在公司附近找了一家比较舒适的酒店，也帮他跟酒店谈妥了合适的价格。第二天，我想起应该询问一下客户住宿情况。那天天气特别热，我买了一些中式的午餐和饮料，打包带给他，客户见到后非常惊喜。但是他打开午餐后似乎不是很喜欢，仔细询问后我才明白，原来菜里的油是猪油，他们对猪油忌口。我意识到自己做了一件很唐突甚至很冒犯的事情，于是赶紧向客户道歉。客户很大度地说没关系，不知者无罪，而且非常感谢我的好意。

第二天，客户早早地来到公司，跟我更深入地谈了关于产品的问题，并邀请我去一家印度餐厅吃午饭。一路上客户向我介绍他的公司、产品，他的国家以及家人，并询问我的工作、生活、发展规划、梦想等。我们像朋友一样，聊得非常愉悦。

在之后的展会上，客户按照之前签订的 PI 金额以现金的方式付了 50% 的定金，要知道在展会现场数着一张张美金对来来往往的客户来说无疑是最好的信任背书，更别说同行们羡慕的眼神了，很明显客户是抱着感谢、捧场的心态来的。

这么多年来这个客户每次来上海都会邀请我一起吃饭，每次吃饭他提的最多的是“We shared the food.”（我们曾经一起分享过食物）。只有我心里明白他的意思是在他独在异乡时，有我这样一位朋友给了他关心，客户是被我的真诚和友好打动的。外贸人每天面对的问题都是“崭新的”，没有人告诉我们该如何去处理事情的时候，我们需要做的是用自己的真心当标尺，用心对待客户。同时这件事也让我明白了只有真诚是不够的，还必须了解客户，学习该国的文化礼仪、风俗习惯。不懂的地方一定要事先跟客户确认，再进行下一步计划。如果当时我能够考虑到风俗习惯的问题，或者提前询问一下客户，结局一定会更完美。客户对我个人以及公司的印象会加分，增加合作的机会。这些细节是最容易被忽略而又最容易得分的。

第四节　信任感来源于专业，只有成熟的心态才会拥有专业的形象

“先做人，后做事”的道理应用到外贸行业就是要有成熟的心态。在处理客户需求和疑问的时候能够给出最合理和最专业的解决方法，这是获得客户信任最好的方式。

在外贸谈判中什么样的心态才是最专业的呢？

一、珍惜客户的每一句话，每一个眼神，每一个期望

如果我们都深刻地体会过一天发 500 封开发信却没有收到任何回复的那种心情的话，就会珍惜每一个客户的询价，就会觉得客户来询价是一件幸福的事，哪怕只是询问我们的相关产品也会感激涕零。拥有乐观的心态是一个外贸业务员最基本的素质，正是这样的心态让我们可以珍惜每一个机会。

（一）珍惜客户的每句话

客户由不回复到回复一个简单的“No”，说明客户开始认可了我们的执着和努力。如果我们坚持不放弃，得到客户新的回复“No, thanks.”，对这个新的“Thanks”，我可以认为我们的执着赢得了客户的尊重。如果我们还在坚持，获得的回复可能是“No, not for this time.”，这就将最开始的不可能变为一线生机，下一次可能就是“OK, send me the price list.”。

只要客户做了询价或回复，我们就要用最乐观的心态迎接机会，即使付出饱满的热情得到的是拒绝、无回复、无反馈，我们也要在客户需要的时候给出最满意的答复。外贸人对客户是投入感情的，可是这样的感情并不一定能够获得客户的反馈，最成熟的心态是要能坦然地面对拒绝、无回复，以最饱满的热情迎接客户的下一次询价。

（二）读懂客户的眼神

很多年以前，一个白俄罗斯客户只身一人来中国采购，他的第一站就是上海，我们在公司沟通了两个小时，后来客户说想让我帮忙带他去附近的营业厅购买一个中国的手机号码。简单的沟通以后，我向营业厅工作人员描述了客户的需求，我无意中看到客户质朴的眼神中充满了信任和感激，也夹杂着一丝担心。他的手机号买好了以后，我立即用他的手机给自己的手机打了个电话并告诉客户，以后在中国有什么困难可以打我的电话，我会尽全力帮助。客户回国以后直接就下了 3 万美元的订单。

（三）全力满足客户的期望

大多数客户在向我们提出他的期望时都是充满了信任的，对于远隔重洋的客户，每一个期望都是他的一种寄托。有很多时候客户的一个看似简单的要求会让我们在执行中遇到无数的困难。但无论多么艰难，只要有一丝可能，我们都要全力以赴，这个过程可能会让很多外贸人心力交瘁，但客户终有一天会感受得到。

二、永远不要有“大客户”和“小客户”之分

在如今的外贸形势下，我们已经没有理由把客户分类，无论大客户还是小客户都需要我们付出百分之百的努力去对待。如果我们在和客户沟通以前就对客户进行了区分，心理上就已经产生了懈怠，这必然会影响处理客户问题的心态，甚至直接或间接地影响后期谈判的语气。从客户的角度来说，不

同客户会有不同的风格，有一些客户在最开始沟通的时候会把订单数量说得很大，试探产品的底价，再到后来逐渐地缩小订单量，看似是行业内的大客户，其实只是一种谈判的方式。也有一些客户在最开始试探性沟通的时候说明需要数量不是很大，也不承诺未来数量或订单量，但其中不乏一些大买家，他们用最低调的行事风格考察公司实力、办事效率、沟通能力以及外贸人的个人综合素质。如果我们持有最饱满的热情和最认真的态度，呈现给客户最优质的服务，一样可以得到大客户的青睐。

作为外贸业务员的我们改变了“大”客户、“小”客户的观念以后，更重要的是把这种观念灌输到整个公司，要让公司认真对待每一个看似很“小”的客户，认真聆听客户的需求。细致入微的服务意识才是争取大买家的关键。很多公司愿意把更多的时间和更好的服务给大买家，但是在这个信息透明的国际市场上，客户可以很轻易地获得所有供应商的价格、质量等信息，谁都无法保证明年、明天是不是还能继续维持和大客户的合作。特别是在经济萧条的情况下，很多大公司面临资源整合或者被并购的窘境。如果我们完全把希望寄托在大客户身上，一旦客户的处境发生了改变，给我们造成的损失是难以弥补的。

每一个行业都需要加入新鲜的血液，如果我们一味地将重心铺在大客户上，忽略了中小客户的诉求，这在某种程度上制约了行业的发展。只有敞开大门接纳新的客户进入行业，才会有源源不断的买家，才会培养出更优质的大客户。

三、永远保持激情，保持耐心

在最初接触产品、接触客户、接触询价和沟通的时期，我们多少对产品和客户会有期望，对平台的好奇，对和客户直接沟通的渴望，就能够让外贸人保持高昂的业务激情。可是随着对产品的了解，对平台的深入认识，接触到实际业务中的各种问题，我们会发现处理每一个订单的过程都好像是经历了一次崭新的人生。在这个人生里有数不尽的困难、等待、惊喜、汗水和泪水。每一个外贸人都是孤独的，因为我们孤独地忍受着客户不理睬的失落，忍受着客户带来的失望或担忧，忍受着客户的抱怨和生产部门的埋怨等。

在每天都经历希望和失望之后，业务激情难免会退却，从而失去耐心。这样一种消极的心态会直接体现在正常的业务中，更严重的是让客户感觉到业务员的怠慢。交流体验不好，产品再好也无法得到客户的青睐。

在全球经济低迷的大环境下，作为一名外贸销售人员，必须时刻保持对产品的兴趣和信心，用最饱满的热情把这种信心传达给客户。哪怕对于产品，对于公司，对于供应商有着难以言尽的复杂情绪，也一定要以最饱满的热情迎接客户询价。

四、永远保持感恩的心

当深入外贸行业数年以后，我们对行业有了一定的认识，可能会有各种各样的情绪，比如觉得公司的平台不完善，公司的资源不充足，公司的产品没有竞争力，公司的领导太死板等。这个时候我们需要怀着感恩的心回想在我们刚入行的时候公司给我们的机会。可能那个时候我们对于未来一片茫然，但是公司愿意接纳一个满怀信心的外贸新人。也可以回想在初次面对客户不知所措的时候，有一个前辈愿意指引你如何专业地迎接客户，和客户打交道，甚至是各国（地区）的商务礼仪、谈判风格、商务习惯。还可以回想面对客户的索赔一筹莫展的时候，你的外贸经理引导你如何梳理思路，冷静地谈判，将损失降到最小，如何保持一颗不卑不亢的心去和客户谈判。我们更应该回想一下，在我们因为疏忽而无法达到客户的期望时，客户是如何用他的大度包容我们的。

处于当今的外贸形势，我们如果还是停留在“把产品卖出去”的思路上，会变得举步维艰。我们需要转变思路去思考，尝试用优秀的品质感染客户。交易流程是为了让客户看到我们的为人，看到我们处理问题的思路，看到我们的责任心、我们的工作态度、我们的服务意识等。没有任何人天生具备这些优秀的素质，而这些素质都是从团队、前辈、同事、老板甚至是客户身上学到的。只有永远保持一颗感恩的心，才会更容易发现平常人看不到的闪光点，这样的闪光点是最容易和客户产生共鸣的。

第五节　从生意伙伴发展到朋友才是最完美的生意

每一个外贸人都听过一句话："和客户成为朋友，做一辈子的生意。"生意是残酷的，真正能和我们做成"朋友"的客户少之又少。生意是在利益的基础上建立起来的，买卖双方在很多时候是需要用最客观的态度去争取各自利益的最大化。能把生意伙伴变成朋友才是最完美的生意。

一、坚持一定会有回报

在公司的实力和排名没有优势的情况下，我采取了随时随地回复询盘的策略，争取其他人可能由于假期遗漏掉的询盘。我还记得最开始收到客户的询盘是在一个小长假。我习惯性地查邮件，看到一封看似很泛泛的询盘。该客户用南美客户习惯用的大写字母发给我简要的一段话"PLEASE SEND ME PRICE OF THIS MACHINE, TKS. "，我坚持用最专业而又详细的报价做了答复。

小长假过后的第一个工作日，我激情满满地起了个大早来到公司。正好收到这个南美客户在 MSN 上发的添加邀请，于是我和他谈了两个小时，从价格、运输、交期、付款方式到试单、代理、OEM（Original Equipment Manufacturer，原厂委托制造）等内容。当时我并没有推测该客户的类型和潜质，因为之前的确碰到过客户想做代理，想做 OEM，但是最后都不了了之的情况。所以在这两个小时的在线沟通中我始终以平稳的心态给客户做了 1 万多美元试单的 PI，最后客户以南美招牌式的笑"jejejeje"结束。

回过头来看，通过这个"jejejeje"的笑就能感受到客户是认真的。

二、"是我的，终归是我的"

老板似乎看出了这个客户的潜质，提出让这个客户直接跟他沟通。当时我并没有反应过来老板为什么这么做，只是简单地说客户准备付款了，老板才默许我继续跟这个订单。现在回想起来，公司可能是不信任我的沟通能力以及维护客户的能力，担心我不能维护好这个客户而丢失一个潜力买家。

在服务客户方面，我一直秉承着客户至上的原则，从来都是有求必应。特别是在这件事情过后，我更加相信“是我的，终归是我的”。

三、为朋友，有泪不轻弹

外贸人有时是很痛苦的。我们想为客户争取最大的利益，而公司却着眼于维护客户从而获得最大化的利益，由此产生的矛盾通常由外贸人来化解。

试单过后客户开始返单，一次性购入 10 台机器。客户出于对我的信任，一次性付清了全款。备货的过程以安装和调试机器为主。客户国家需要 110V 的电压，所以我在下单的时候明确地说明了这一点。为了引起重视，我还以邮件的形式再一次提醒相关人员。机器安装完成后我确认是否是 110V，老板突然质问我，什么时候说过 110V 了。即使我把订单甚至是邮件确认都说出来也无济于事，责任还是在我身上，所以我没有做任何的推脱，但是弄错电压值这件事不能妥协。

从客户的付款方式上可以看出客户给予了我充分的信任，即使面临再大的困难，我也会忍受所有的指责和埋怨，消化掉负面情绪全力以赴达到客户的要求。

四、互相理解，互相祝福

随着我们从生意伙伴变成朋友，慢慢地，我发现单纯地站在客户的立场想问题也会受到牵绊。所以，有时候我会将自己面临的困难告诉客户，一起协商出最有效的解决方法，这样一来，客户对我们的情况也更加了解，更容易理解我的难处。在这样一种相互理解的氛围之中，我们始终维持着稳定而又愉快的合作关系。在生活上，我们也保持着密切的沟通。客户会告诉我他们国家的通货膨胀、公司的发展计划和当地的风土人情等，我也会告诉他中国的现状、个人的情况、梦想等，彼此祝福。

作为朋友，在关键的问题上我会竭尽全力地顶住压力寻求最完美的解决方案；作为生意伙伴，在争取利益的时候我会让客户了解我的处境理解我的难处。把客户变成朋友，生意才会是长久的，更是完美的。

第六节　听客户七分意思，给客户十分服务

很多时候客户只会说出七分的意思，但是我们需要通过对客户的了解、客户市场的判断、客户的真实需求来分析出剩下的三分。当我们把这三分也做到了，客户自然会“十分”满意。

一、I think it's OK（我感觉还可以）

“I think it's OK. ”的语境通常是我们发邮件向客户确认，客户回复说的。从字面意思来看这句话的意思是“我觉得没问题”。假设这封邮件是向客户确认设计稿：“Do you have any idea about the artwork?”，客户回复：“I think it's OK. ”。

换一种角度思考，如果客户对这个设计确认稿十分满意，他可能会用great、good、excellent、approved、go ahead 等更为直接的词语。而“I think it's OK. ”就还有另外的三分意思没有表达出来。很有可能客户对这个设计确认稿百分之九十是满意的，但是，对是否完全按照原图纸来做，实际颜色是否有色差，实际印刷效果是否会打折扣仍然存在疑虑。

我们读出了这剩下的三分含义，就需要在下一封邮件中针对这些疑虑作出补充说明。比如告诉客户设计稿就是按照原稿编辑的；颜色会最大限度接近他想要的色号；设计师和技术人员沟通过，实际印刷不会有太大问题。这样相比较我们听到客户说“I think it's OK. ”后直接回复“OK, thank you. ”会让客户更放心。

同样，当客户对付款方式、交期延期甚至是价格作出不太肯定的回复时，我们也应该针对客户的疑虑做一个补充说明。

二、Is it possible that you can reduce the MOQ（有没有可能减少起订量）

从字面意思来看，客户询问是否可以降低 MOQ（Minimun Order Quantity，最小订单量）。但是仔细想想客户委婉地用了“is it possible”，说明他对这个 MOQ 有一些为难。实际上客户或许想表达“能否通过调整其他的条件来降低 MOQ”。

在这种情况下，我们可以揣测出可能客户对 MOQ 的概念不是很强，或者是不愿意很唐突地提出一些调整。但是他提出在价格上做一些调整改变 MOQ，所以我们可以肯定客户的意向很强。

对于 MOQ 要求比较严格的公司，在读出客户对产品的兴趣以后，从公司对成本的把控，对于物料的节约等方面进行深入的介绍，可以详细解释 MOQ 的原因，让客户知道我们作为销售人员是完全可以接受他的数量的，但是公司有公司的考虑，之后再与客户进行数量的协商。

而对于可以适当调整 MOQ 的公司，看到客户在 MOQ 上的为难，需要立即对价格、交期、付款方式等内容作出调整以满足客户的数量要求促成订单的达成。

三、I am waiting for my client’s reply（我正在等我的客户回复）

通过“我正在等客户的回复”我们可以很容易地猜测出上一封是跟踪邮件，没有任何感情色彩。这种情况下，对客户内心的把控就需要结合沟通的进度来分析。

如果是处在最初的询价和报价阶段，我们报完价以后进行第一次跟踪的时候，客户说还在等其他客户的回复，我们需要清醒地意识到客户手中有很多不同供应商的报价。这个时候，客户只是出于礼貌告知进度情况，对我们产品的兴趣还无从判定。在这个阶段，所有供应商的产品都处于同一起跑线，我们需要让客户加深对我们的印象，记住我们本人和产品的特质。因为这个特质可能是征服客户的法宝。

如果通过几个来回的谈判，客户已经对产品基本信息有了大致的了解，仍然给出还在等待客户的回复的答复，我们大致可以推测出，客户会优先考虑我们的产品，但是也不排除有其他竞争者的可能，我们的产品能否最终胜出取决于产品的竞争力和我们的服务意识。读懂了这些信息以后，我们能做的就是耐心地等待客户的反馈，不要过于频繁地跟踪，给客户最大的空间去和其他的客户沟通。在跟踪过程中，我们需要及时关注客户在态度上的微妙变化。如果客户对关键点的态度变得不是很明朗，就需要提高对客户的跟踪频率。

如果在价格、付款方式、交期等方面都已经和客户做过很深入的沟通，客户说他还在等客户的回复，这个时候百分之九十是等待客户要求发 PI 了。

四、Have you sold to the EU before（你们向欧盟出口过吗）

这个问题比较常见，很多客户通常会在谈判的最初阶段问到这个问题。这个问题放在谈判的初期会比较敏感，如果没有回复好，肯定会影响交易，很有可能客户就不再做回复了。我们可以分两种情况思考客户提出问题的初衷，剖析出客户没有表达的意思。

（一）打探公司实力

基于某些产品的特殊性，有些客户可能碰到过由于卖方缺少一些资质证明、审计、验厂或者认证等而导致进口清关出现问题。所以客户在和新的供应商谈判的时候会把这些资质证明的问题提到前面以提高谈判的效率。对于欧美这类对资质认证要求比较严格的客户，如果我们主打这些市场，在做肯定回复以后，可以适当提及认证、审计、验厂或者测试报告，对公司实力做一些补充。

还有一些情况是一些国家（地区）对产品质量的要求非常严格，如果产品不够优质，是很难打入该国（地区）市场的。所以客户在问产品是否进入过他们国家或地区的时候，其实是对产品质量的一种初步检验。在这种情况下，我们需要提供给客户产品进入过该国（地区）市场的有利证据。如果给出比较知名的客户做参考的话，就完美地解答了客户抛出的问题。

（二）做代理

对于一些技术性比较强的产品，如果我们的产品已经在业内形成一定的口碑，一些进口商会更在乎该产品是否在他的区域进行过广泛性的推广。因为客户很可能看中该产品在他所在国家或地区的发展潜质，想独家代理销售。在这种情况下，我们就要侧重于如何保护他的市场，保障他的利益不受影响。

五、If not，I have to find someone else（如果不行的话，我只能找找其他人了）

在刚看到这个信息的时候，我们确实会有点自乱阵脚，特别是在谈判渐入佳境的时候，因为某些条款无法达成一致，客户选择了“have to do something”，让原本很顺利的谈判掀起了波澜。通常情况下，仅从“have to”这个词组就可以分析出客户并不是想作出考虑其他人的决定，而是可能有些条款触犯了他的底线，比如在付款方式上、起订量上，或者在价格上给客户带来了无法解决的难题。这个时候我们首先要摸清客户的底线，再通过调整其他可以妥协的因素争取到客户。

还有一种情况是客户在谈判初期就因为某个问题作出这样一种表态。“谈判初期”我们虽然与客户在其他问题上进行过几次简单沟通，但是客户对产品并没有过多的了解。在这种情况下，客户更倾向于试探我们对这个问题的反应。比如在价格上反应很强烈，于是我们作出了很大的让步，客户可能会觉得价格水分很大。如果我们能够坚持住，反倒有可能让客户觉得价格更真实。又比如客户不接受现有的交期，对交期的要求非常苛刻，很可能是因为他目前面临着交期的压力，所以当务之急是交期。我们需要在体谅客户的同时着重协商交期，也可以通过在其他因素上的让步争取到这个交期，尽最大努力缓解他的交期压力。

六、Your price is nearly my landed price now（你的价格已经接近我当前的到岸价了）

有很多客户更加习惯以"landed price"（到岸价）来计算他的成本，这句话的表面意思是我们报出的 FOB 价格（离岸价）几乎等于他的到岸价格。这说明客户已经有供应商在合作而且拿到比较好的价格，言外之意就是我们需要在价格上予以一些让步。这种很直接的说法让我们有一种无法接近的感觉，但其实并不一定表示客户无法接受我们的价格，至少他没有提到是他的"retail price"（零售价）。现在各国（地区）的运费都在降低，即使算上目的港的费用甚至是门点的费用，"landed price"也并非完全没有可能谈判。所以在理清了客户的思路以后，我们可以按照他的思路发挥货代的报价优势报出"landed price"。如果价格在客户的考虑范围之内，问题就可以迎刃而解。

客户已经把谈判的重心转到了最敏感的价格上，我们完全可以不拘泥于"landed price"，而是在产品上作出突破，比如通过产品的质量、包装、交期、客户的采购数量等分析出价格差异的原因。如此一来，也把自己的产品和客户现有产品做了比较，让客户自己发掘出其中的差异，作出选择。价格谈判的时候，客户大多是愿意相信我们的价格的，但是他需要一个说服他的理由。这个理由可能在产品本身、产品售后、公司实力，甚至是我们业务员自身。

七、How about air shipping（空运怎么样）

假设前面一直围绕船运来谈，可能因为一些细节来回确认导致交期有所延误。客户主动提出空运，我们就该意识到交期对他的重要性，也应该迅速地反应过来价格已经是次要问题了。所以在后期的沟通中和生产中要着重关注交期。

再仔细研究这句话，如果客户并没有对空运有过多的言论，有可能只是对空运价格没有概念而随口问问。所以我们在回复航空运费的时候，应该像当初报海运费一样作出专业报价，不做引导性的推荐，避免空运会更贵之类的言论。但我们可以更贴心地告诉客户会尽量提前完成生产。当客户在一些关键性的问题上没有明确的选择和决定的时候，我们要猜到他的担心，告诉他我们会很重视这些问题。但是在解答客户的疑问的时候，我们最好不偏不倚，不要试图左右客户的决定。

有些问题的处理方法也是一样的，如果我们对于这个客户没有十足的把握，在有些问题上最好不要主观地引导客户。因为客户可能有自己的考虑，我们出于好意的引导反倒会增添客户的疑虑。最好的方法是给出最专业的解答，把决定权留给客户。

有了好的平台，有了优质的询盘，怎样才能最大限度地利用这些资源弄清客户最真实的要求，达成订单呢？同样的询盘，为什么有人能获得订单，而有些人却觉得无从下手？这就要归结于沟通能力了。外贸中以邮件方式沟通最为常用，也最为直接有效，那么接下来就是介绍最新的邮件思维。

第三章
用不一样的思维找客户
——Chris 的开发信秘诀

第一节　如何让客户在茫茫人海之中多看你一眼

很多人问我“为什么客户不回复我的邮件”，在发出邮件之前，我们先做好以下几个方面，这个问题在很大限度上就可以被避免了。

很多外贸人发现，我们花了很长时间写好的一封邮件，结果客户连看都没有看，更别提什么实质性的回复了。耗费那么多时间在邮件内容上却因为难以吸引到客户的眼球而输在了起跑线，这是很不值得的。所以我们需要转变策略，先去思考怎样的一封邮件能够让客户忍不住看上一眼，让他有点开邮件的冲动，这才是最重要的一步。

对于商务邮件来说，一封好的邮件并不需要太花哨的辞藻，不需要特别生动的文笔，但一定要把事情叙述完整和清晰，让客户很轻松地知道你想表达的意思。要达到这样一个水平，其实是需要一定的邮件功底的，我们可以从以下几个方面去突破。

一、邮件标题

在商务谈判中，我们需要为每一封邮件设置一个主题，有这样一个主题，整个邮件会围绕主题展开，通常我们会把这个主题列为邮件的标题。标题除了能让客户在收件箱里第一眼就知道这封邮件的主旨以外，还可以让他根据邮件的轻重缓急自由地安排时间来对这封邮件进行回复。这样的一个标题能让买家更加高效地处理邮件，帮助客户节约更多的时间，而这更多的时间是否会激发客户点开我们可看可不看的邮件？答案当然是肯定的。只要客户愿意点开我们的邮件，生意这扇门就打开了。

我们可以系统地把日常业务中经常用到的邮件标题进行分类，大致分为开发信标题、谈判阶段邮件标题、节日标题、紧急情况标题。

开发信标题不同于其他的标题类型，因为开发信主要是为了谋求合作，标题类似于敲门砖，它讲求的是“点击率”。就好比我们在网络上发布产品，当我们有了稳定的曝光率以后，就该提高点击率了。想要提高点击率，自然地就需要让标题匹配客户的需求，而且要主动地展示产品的优势。比如当年做 Epson head 的 Eco - solvent printer（环保溶剂打印机）的时候，我的标题是 Epson head Eco - solvent printer/China。

Epson head 是产品特性上的一个卖点，而 China 同样也是一个卖点，它表示价格会远低于欧美同类型产品。标题很清晰明确，一旦客户是相关客户，回复的概率会很大。

谈判阶段的标题就需要更为专业的表达，比如：

报价阶段，可以用 Quotation to ABC. Inc 做标题；

样品阶段，可以用 Samples of Razors 做标题；

交期，Delivery leading time of Razors；

付款方式，Payment terms；

……

节日标题就要更为直接了：

Merry Christmas & Happy New year；

Happy Thanksgiving days！

紧急情况一般为了提醒客户，标题会添加一些提醒的词，比如 urgent，可拟定的标题如下：

关于提单电放还是正本：Urgent/Telex release or Original B/L?

户名错误：Urgent/Beneficiary name incorrect。

二、邮件形式

一般来说，一封好的邮件除了有一个醒目又吸引人的标题以外，邮件的整体形式也是给邮件加分的一个重要因素。比如在开发信书写过程中，有些人通常会以一封长长的公司或者产品的介绍信来寻求合作，但是收效甚微，因为这一封长长的邮件会花费客户很长的时间去捕捉重点，稍微没有耐心的客户直接就选择放弃了。有些人为了博眼球，将高分辨率的图片插入邮件正文，客户打开邮件缓冲都需要一段时间，就更不用说用手机来翻看邮件了，他们很有可能直接就放弃了。所以好的邮件形式也是争取到客户的重要因素。我们可以从最常规的邮件来列举一些形式。

（一）报价

如果从客户的角度来思考，对于报价的邮件，客户通常是想第一时间就能获取结果，所以我们在写报价邮件的时候需要让客户第一眼就捕捉到重点，价格、数量、包装、付款方式、交期等要一目了然，比如以 razor 为例，我习惯在第一段和客户寒暄几句以后，按照下面的格式做报价：

Hi Steve,

Thanks for your inquiry of our razors; regarding your interested razor item, please find the quotation as follows:

Item: razor #Item B.

Specification: Blue color, lubricate strip.

Price: FOB Shanghai $ 12/pc based on 50,000pcs.

Package: 1pc/opp bag, 500pcs/inner box, 4inner box/carton.

MOQ: 50, 000pcs.

Product Photo area

Payment: 30% down payment in advance, 70% against B/L copy.

Leading time: 30 days after order confirmed.

Looking forward to your reply, thank you.

这封报价的邮件里包含了报价的所有信息，基本上客户在收到这封邮件以后对于产品属性、价格、付款方式、交期等方面都会有一个初步的了解。以下是一个美国客户的真实询价，从询价内容来看，我们可以大体看出自己在做报价的时候要注意哪些方面。

Greetings,（问候）

My name is William.（自我介绍）

I am the owner of a brand called Nature. Our company is selling our natural products in the USA market that can help promote health & beauty, and we are looking to add oral care products. We are looking to source a Tongue Cleaner to start selling it too, and looking for a supplier to start working with.（公司介绍及产品需求）

I'm interested in placing an order for this product after I review a product sample.

I am happy to pay for the sample cost and shipping cost. Please let me know if you are able to take payment through PayPal for the sample prior to shipping or if you require a different method of payment.（样品规则）

We do have some questions:

1) What is your MOQ for a test order?（最小起订量）

2) Do you offer private labeling?（自定义标签）

3) What type of packaging do you offer?（包装方式）

4) Can you please clarify the pricing based on the different quantities ordered?(价格梯度)

5) Can you please share which type of tongue cleaners you have in your company, as there are lots of different types, as well as if you can bundle a few together in one package?Such as cleaners, scrapers, brushes?(产品款式多选择)

6) What would be your lead-time?(交期)

I am available at the following contact details, to be reached: (联系方式)

Phone number: ×××××××××××××.

Skype: william123.

Email: william@ gmail. com.

You can reply via email, or feel free to call me. Alternatively, please provide your number and the best time to call and I can give you guys a call to discuss it further from here. (盼复)

Regards,

William(签名)

(二) 还价

我们在和客户已经有了一定的沟通基础后发现客户的意向比较强烈时，如果客户一直在围绕价格进行谈判，我们可以视情况进行价格上的坚持或者妥协，这种情况下，我们需要结合客户关注的重点以及报价的合理性进行全面的分析。邮件的内容通常需要以一定的篇幅有理有据地告诉客户我们的报价是合理的。

Hi David,

Thanks for your prompt reply.

You can check the last price of each part. I didn't quote you high price and actually for our first order, we nearly have no profits just for expecting a further cooperation with you, so we quote you our best special price in the last email.

As I explained before, this toothbrushes product has little profits, which comes from our cheap labour cost. I wish to quote you the lowest price, but if the price is far below our production cost, it's unfair to our workers in the factory who are operating the molding machines, planting the bristles, cleaning the toothbrushes, package for blister card, cartons, etc. . Each toothbrush will experience these complex production procedures.

So we hope you can accept our last best special price and move on our project, thank you.

If you have any idea please feel free to contact me, thanks.

（三）道歉

我曾经收到一封客户指责我们交货晚的邮件，大致内容如下：

I had hoped to receive my order before Christmas, so parents could put a toothbrush in the Christmas Stockings as a surprise gift.

We started in September, October started with a 9-day holiday. I did not know about. I asked you to hustle and get my job finished, to ship by 20th by the middle of November, arriving in Long Beach the first week of Dec. ; this did not happen and my disappoint of your delay is obvious. As a first time customer, promptness would have been the frosting on the cake! Special with on time service not apologizes.

收到客户邮件后我立即回复了一封致歉的邮件：

Thanks for your honest words of this order, I appreciate for this. Actually speaking I was guessed that you might be able to receive the toothbrushes before the Christmas, so the toothbrushes can be gifts. So I request our production department to take your order in priority, we postponed other customers'regular orders just to offer you the fastest delivery leading time. Hope you can feel my effort for your order and I really did my best. (But the long holiday and logo confirmation delayed the delivery time)

There is an old saying in China, everything is only difficult at the beginning, so after this time, we will provide services on time.

I will provide you with the better condition and better support in the future, thank you.

三、关键人物

有很多人在做客户开发的时候，总是找不到关键的人物，因为绝大多数愿意展示在网络上的联系方式基本上属于公司的销售人员或者客服人员，邮箱地址也多以 sales@ 或者 info@ 接上公司的域名，如果我们直接将开发信发送给这样的邮箱，无回复的概率会很大，因为他们不是负责采购的关键人员。当然或许有一些很专业的客服会在收到我们的开发信的时候转发给相关的采购人员，但经过我反复的尝试发现这样的概率不大。如果我们换一种思路，比如在找到客户的 sales 或者 info 邮箱地址以后，确定公司的域名，然后用域名搭配关键人员的职位，如 purchase、director、CEO、CFO、manager。

比如找到一家公司的域名是 sales@ abcd. com，我们可以猜测出关键人物的邮箱地址可能为：purchase@ abcd. com；director@ abcd. com；CEO@ abcd. com；CFO@ abcd. com；manager@ abcd. com。

搭配出这些邮箱地址以后，有些人可能就开始动手写信发给客户了，但是这个邮箱地址的有效性没有得到验证，盲目发送，回复率可能依然很低，所以，我们接下来还可以进一步灵活运用搜索引擎，把猜测出来的邮箱地址在各大搜索引擎里搜索。如果幸运的话，正好可以搜出这些邮箱。即使没有出现正确的邮箱显示，通常也会有一些相似的地址，比如 purchase2@ abcd. com 等。这样一来，我们可以把关键人物的头衔确定好，范围锁定好，回过头再去验证就会非常高效。

还有一种情况是我们确认了关键人物的邮箱地址，但是不知道如何与客户建立有效的联系，导致即使找到了关键人物的联系方式，也被拒绝。下面我从联系人的角度，通过两个案例分析这个问题。

公司收到一个自称是中间商的电话，说有国外客户询价我们的产品，他需要联系我们公司外贸负责人，这个电话首先被转给了采购部，这个人跟采购员说了很久，主要谈论的内容是国外客户委托他采购产品之类的，具体是什么产品没有说，客户的要求也没有，我们公司同事本着不放弃客户的原则，把电话转给了我。

我接到电话，问什么情况，他说客户要采购礼品，问我们做什么产品，我说我们不做礼品，不是很相关。他接着跟我聊起来问我们做得怎样云云，最后问我们做什么平台，我早就已经觉得有问题了，直接问他："你是做什么的?"他说"我们是做环球资源的"，让我们考虑一下与他们公司合作。我虽然有一种被耍的感觉，但是心里还是默默地为这个人点了一个赞，还跟他聊起了环球资源。因为这个人的谈吐不一般，他可以绕过采购员，让我觉得值得和他谈谈，而且通过了解这个业务员的素质我对环球资源这家公司有一些好的印象。

另一个案例，某公司收到一份简历，上面说："想找一份外贸的工作，希望可以先加 QQ 详谈。"公司也觉得可以尝试联系一下。人事专员加了他的QQ，跟他沟通了一下，他说想找外贸负责人谈谈具体的事情，人事把他的QQ 发给我，我加了 QQ，他在确定了我是外贸负责人以后立刻说"我是做外贸客户开发软件的"，我马上删掉了他的 QQ。这种方法，不得不承认确实有效，最后竟然可以通过应聘找到关键的人去联系。但是利用招聘这个事情做挖掘显然是很过分的。同时，找到了关键人物以后他直入主题的方式更显得鲁莽，而且令人反感。这种情况客户考虑的概率基本为零。

两个案例形成很鲜明的对比，我们把这两个人都看作开发者。从他们的开发方式来看，他们都充分发挥了各自的想象力，特别是对于第二个加 QQ 详谈的开发者，他可以想到公司招聘会发布邮箱，可见他也在思考，也在下功夫，但是在找到联系方式以后，他采取的是一种很盲目甚至是机械的接洽方式，会让人感觉很难适应。外贸发展到今天，如果纯粹靠盲目机械的海量发开发信是不足以取得客户的信任的，在关键人物上，我们得思考一下如何让开发显得很自然而且让客户适应，这就更加考验我们的综合素质，我们需要用自己的细心、执着、热情去挖掘客户。

四、邮件的语气和节奏

（一）邮件的语气

至于邮件的语气，最好是采取一种不卑不亢的语气来写，不强势，也不弱势，感觉拿捏的尺度刚刚好，但是要真诚。很多人刚开始做业务的时候，觉得客户是虚无而遥远的，就像上帝一样，所以一定要把上帝维护好，语气极为弱势，类似于恳求，这种情况下也有成单，但效果一般，因为我们的弱势给了客户心理上无限的优势，客户会不断地索取，一步步地施压，双方的合作不是建立在互惠共赢的基础上的。

在积累了一定的客户以后有了底气，业务员知道用自己的专业性去跟客户沟通。如果客户比较强势，我们可以在一些问题上凭借自己的专业和耐心把客户的强势转变为对我们的尊重，这样一来强势的客户也会慢慢地平等地和我们沟通。而如果我们自己采用比较强势的语气，也不合适，因为客户要面子，我们赢了面子，丢了订单，不划算。所以在语气上面，按照最真实的心态去处理邮件，只有最真诚的心态才是最令人信任的。

（二）回复邮件的节奏

邮件的节奏我会按照慢—紧—慢的方式来，初步建立联系的时候，我会适当控制跟踪邮件的频率，但是会特别注重邮件的质量，因为这个时期客户是在筛选阶段，我会给他足够的时间去选择，但必须表达自己的专业度和可靠度。等我知道客户要到下单的实质阶段后，进度会加快，这是我琢磨过客户的心态后总结出来的，简而言之叫作趁热打铁。客户如果提出需求，我会加快频率，最清晰而且最完整地了解客户的完整需求。这样给客户的印象会是干练、专业、可靠的。最后，等待客户付款的阶段，我不会去催，这只是时间问题了，基本上不会有意外，这是一种专业的表现。同时，有时候客户对某些问题有疑问，我暂时解决不了，我会让客户放慢节奏，等我去确认后再回答他。有人可能会问，你怎么确定客户会等你呢？因为我之前用专业赢得了客户的信任，那我告诉客户需要去确认，客户一般不会有任何疑问，这是一种良性循环。适度地调整自己和客户的节奏，对于订单的成交有着重要的作用，我们每一个外贸人都要学着形成自己的节奏。

五、不同地区客户的邮件习惯

俗话说一方水土养一方人，不同地区的文化礼仪都不一样，所以不同地区通常有着不同的商务习惯。如果我们能够对各个地区的邮件习惯有一些大致的了解，在处理上投其所好，那必然会让客户觉得更亲切。我们可以分别选取一些地区的代表国家来分析一下各个地区的邮件习惯。

（一）North America（北美）

提到北美地区，大多数人会想到美国和加拿大，那我们暂且就以这两个国家为代表分析北美客户的特点。

USA

Hi Chris,

My name is also Chris. I am the Senior Purchasing Manager at ABC. I am very interested in your product. Can you tell me the price per unit and the MOQ of your Product #abc?

Thank you and I look forward to hearing from you:)

Chris

很多美国人都是风趣幽默的，这种风格从美剧里可见一斑，他们想法新奇，乐于思考，敢于尝试，勤奋而又上进。对于生活、对于工作他们同样是富有激情的，而这种激情也会融入日常的邮件里。这样一封简单的邮件恰好能从一个侧面看出美国人的想法。“My name is also Chris.”，在得知我的名字以后，客户很主动地打招呼并且在邮件的开头就表达出见到一个同名人的感受。可以看出客户感觉我的名字很亲切，所以忍不住就脱口而出。在不一样的自我介绍以后，客户马上转向了正式的自我介绍，“我来自 ABC 公司，请告诉我你们产品的价格和起订量”。这个基本上可以代表美国人的一些做事方式——平易近人，通常会以很轻松的方式开展工作。但是在工作问题上从来都是一丝不苟，而在双方陷入僵局的时候，通常又愿意去作出让步。比如结尾的一个笑脸符号“ :)”就是一个很好的证明。

Canada

Hi Chris,

Thank you for your email. How are you?

Yes, fortunately we finally found a supplier. She is willing to comply with the requirements. If I need any assistance, I know to contact you.

Regards.

这是一封加拿大客户告知我他已经和另外一个供应商合作的邮件，原因是我们的工厂有严格的起订量要求，而客户在起订量上无法作出妥协，其他的工厂可能在起订量上可以满足客户的要求，所以客户选择了另外一个供应商。

加拿大的客户通常比较专业，会严格遵守合约以及规定，而对于一些可以协调的问题，协调余地并不大。

（二）South America（南美）

我以巴西客户作为例子。

这是一段我和巴西客户在 Skype 上聊天的记录：

Brazil: Like you told me the dental floss has different size, right? So before sending the samples make a small PI with the prices and sizes of this 4 models than tomorrow. I will decide which sample, and I will choose OK!?

Chris Cai: OK.

Chris Cai: I haven't receive your email yet.

Chris Cai: I will check.

Brazil: I know that.

Brazil: But it is just to be easier to decide which sample we will choose.

Brazil: Understand?

Brazil: For example, I need 4 items which you said has different sizes.

Brazil: So make a file with this 4 items and their different variations or sizes and I will check and choose.

Brazil: OK?

Brazil: With a file and picture it is easier for me and my customer not to have any mistakes.

我列举这样一个在线聊天的例子是因为聊天的语言可以真实地反映客户的心态，南美客户不会吝啬标点符号，他想要强调一件事情，会很直接地打上感叹号，而有任何疑问都会第一时间最直白地问。在处理邮件上，他们也是一样的。

这个例子里的问题其实很简单，客户看中了几个款式的牙线，想要样品，但是有个别款式是有不同尺寸的，所以客户有一点迷糊，让我做一个样品的PI，并做一个报价单附上不同的尺寸。客户发了好几封邮件，我都没有收到，所以客户直接在Skype上反复地强调了他的问题。

同时，还有一个问题需要注意，南美的客户很热情，也很活泼，他们把生活质量看得很重要，享受生活是第一位的，所以他们对于工作的看法和其他地区不一样，我们经常发现，我们一直有条不紊地跟踪着客户，突然有一天他没有消息了，那他有可能又放假了。

（三）Middle East（中东）

Dear Chris,

It has been a long time since last contact with you. I hope everything is OK with you and your family. I watched the pollution news in Shanghai and I'm worried about your health and all your staff, hoping everything goes well with you.

I'd like to inform you that the freight has delivered and we began to distribute it. Mr. Fassa asked me to convey his greetings and gratitude to you for your patience and for sending the freight before the Balance transfer completion. We hope to return new orders to you in near future.

Best Regards.

对于中东客户来说，他们最看重的是合作的这个人，如果他对合作的人产生了认可，生意会完全放心地交给这个人。

如果中东客户得知我们的产品卖到过他的国家或地区，也受到当地的好评，客户又证实了，就会很放心地和我们谈生意，因为他会认为既然当地其他的人都很放心地和我们做生意，他也没必要担心。所以，建立起最初的信任是突破中东客户最关键的一步。

上面这封邮件是客户收到货以后发给我的，当时上海的空气污染指数很高，客户看了新闻以后进行了简单的问候，之后就是感谢我们愿意在余款没有收到的情况下发货。有很多公司在做中东订单的时候都是款到齐再发货的，因为中东局势不稳，为了更加有保障，很多公司会倾向于款到齐后发货，而凭着我对客户的信任，在只收到30%定金的情况下就把货发出去了。所以信任是相互的，我们对客户有多少信任，客户就能回报多少信任。

（四）Europe（欧洲）

Hi Chris,

It looks very"Chinese"low quality do you have some better Pictures?

Thanks!

有一些欧洲客户在中国采购的时候会有一些优越感，所以，邮件里的语气偶尔会让人感到不舒服，因为他不愿意花时间去修饰自己的语言，就好像这个写邮件的客户已经是我的一个老客户了，他不止一次强调过他需要的是高质量的产品，“apple quality”（像苹果公司产品质量一样）。在看到他发的邮件的时候，作为中国人都会心里不舒服，但我们要做的不是和他辩论，而是用自己的专业知识改变他的偏见，告诉他中国同样可以生产出高质量的产品。还有一些欧洲客户对于合约条款特别重视，会罗列出很多条款，一切也都按照条款内容来，显得生硬而难以接近，但是只要我们悉心地解答他所有的问题，一样可以获得信任。

（五）Africa（非洲）

Sir,

Ur msg was understood. Let’s work out and see how it work, u can still do something on the price unless u don’t supply African nations especially Nigeria. Bcs the kind of suppliers to Nigeria every mkt must meet its competitive stand.

很多非洲客户给我印象最深的是他们的英文水平都不错，而且语法运用熟练，所以我会习惯性地在和非洲客户沟通的时候多注意语法以及用词。

非洲大多数客户对于价格比较敏感。我们通常需要花更多的时间向客户解释产品如何物美价廉，然后让客户真正明白他花这个价钱买到我们的产品是赚到了。在邮件中客户的回复大意是，“我明白你的意思了，但价格上你是否可以做一些调整来做非洲市场？除非你们不做这个市场，特别是尼日利亚，因为能打进尼日利亚的供应商都必须能适应价格战”。客户用了一些缩写：

Ur: Your

msg: Message

u: you

Bcs: Because

mkt: market

（六）Southeast Asia（东南亚）

Hi Chris,

Thanks for your prompt reply. I’m happy to inform you that we have evaluated 3 companies and have selected your company's product to submit for the tender on Monday.

Would appreciate if you can advise how many pallets are needed for 375, 000 PCs as we need to calculate our monthly warehousing cost.

Our contract with the Hospital will be 2 ~ 4 years. Based on the past few years, what is the average price increase of your product per year?

从邮件的内容来看，东南亚的客户有着良好的英文功底，如果说非洲客户的邮件语法严谨，那这种严谨偏向于英式英语，而东南亚客户的英语就偏向美式英语了，用词比较自然而又准确，言简意赅，语法通俗。所以在和东南亚客户沟通的时候，最重要的是用最准确的语句进行沟通，不需要太过华丽的辞藻，但是要能最直接、清楚地表达意思。此外，对于东南亚的客户，无论是否可以达成合作，他们都是乐于沟通的，所以我们需要做的是耐心地与客户沟通，逐步地建立信任，最后达成合作。

（七）East Asia（东亚）

Dear Chris,

I'm very sorry I couldn't contact you sooner.

I need to ask a couple of questions.

– Can you show us your product's images?(50pcs bulk packed per polybag, with cardboard header)

– Is it possible for me to private label?Is the change in quantity?

– What is the estimated time of delivery?

Look forward to your reply.

Best Regards,

Kam

韩国人比较精明，会精打细算，货比三家，同时对于产品的质量要求很高，所以在谈判初期往往容易使谈判走向僵局。对于这样的客户，我们通常需要用自己的胸怀去接纳客户任何的要求和质疑，耐心地将客户引回到正确的谈判轨迹上来，而不是仅仅拘泥于价格。

从邮件风格来看，韩国人更注意细节，对每个环节的问题都要做到最好的把控，所以我们在回复这类型的邮件时越详细越好，当然韩国人有时候单方面的想法会更多一些，只要我们能够说服客户，在大多数情况下他们也是愿意接受的。

（八）Oceania（大洋洲）

Hi Chris,

I had your contact details from back in 2014, so hope you are still at Ymoren company.

I'm interested in the long handled dog toothbrushes that I saw on Alibaba. I like the #abc but it may be a little expensive for my application. What I had in mind was a toothbrush with 20 ~ 22cm's long.

As a start can you please send me pictures of your range and a price guide? I will find out from the customer what logo they want to use and how they want the brush packed.

Regards

Mark

我对于澳大利亚客户的印象主要源自多年前一位来访的客户，当时他一定要去看工厂，我全程陪同。去工厂一个小时的路程中我一直在和他沟通，了解他的公司、职员、公司的文化。客户比较健谈而且对中国市场了解很透彻。后来，他对工厂很满意，但是在随后的沟通过程中仍然是按部就班地来安排，节奏相对缓慢。

这封邮件来自另外一个客户，在邮件的开头他就直接询问了我是否还在这家公司，再开始说明他的采购计划。所以我们要适应澳大利亚客户的这种采购方式以及做事不紧不慢的风格。要保持适当的跟踪，但是不能操之过急。

六、多语言

在熟悉了不同国家（地区）的商务礼仪、谈判习惯、邮件习惯以后，我们大致地知道了世界上不同地区的人的一些做事习惯、风格，进而可以更好地拿捏与不同国家（地区）客户谈判时候的语气，跟踪的进度和频率，邮件书写的规范等。如果我们还能够在服务意识和方法上改进，那成交订单的概率又会增加很多。多语言就是能最大化提高成功概率的一种沟通方式。

比如图 3－1 就是我在 TradeManager 上跟客户用西班牙语打招呼时客户的反馈。

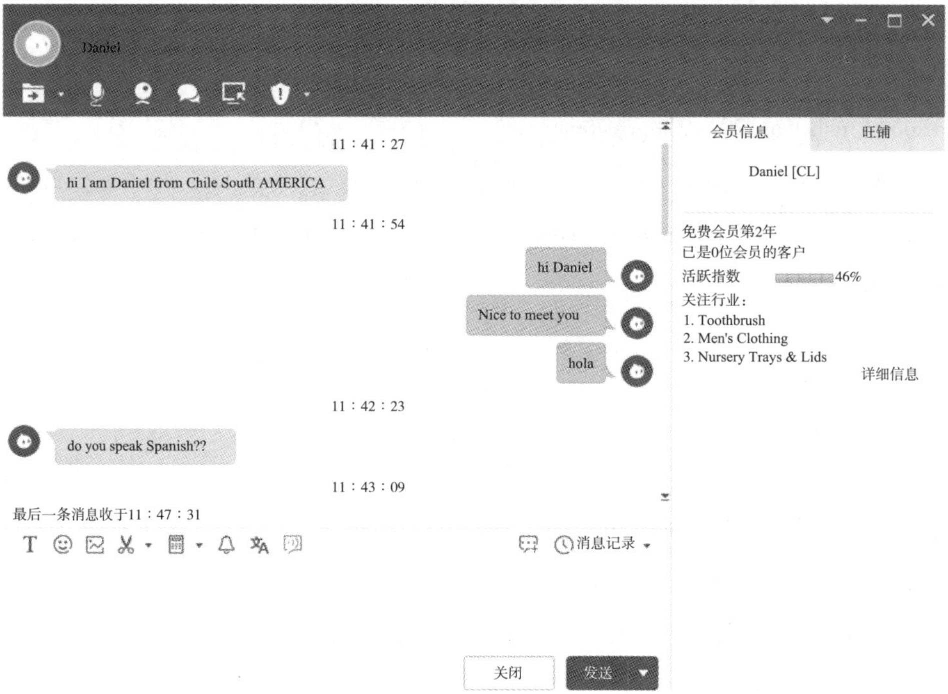

图 3－1

客户在看到他熟悉的“HOLA”（西班牙“你好”的意思）以后，我感觉他整个人都有精神了，从他说的“do you speak Spanish??”这个双问号就可以看出来。面对一个完全不认识的人的首次询价，他看到我们说出的是一个很熟悉的单词，从主观意识上他会更愿意和我们多沟通一下，因为客户下意识里会觉得即使我们只知道怎么和他打招呼，只会最简单的单词，对他们的语言和文化也会比一般人了解得更多。就凭这一点也很值得他和我们继续沟通下去。实际上也确实如此，在我第一眼看到客户的 IP 地址来自智利的时候，我就立刻想到了智利客户淳朴的笑容，想到了每次见面他们都面带笑容地说“hola”，想到他们随性爽朗的性格，想到他们对人的充分信任。所以在客户问我是不是会说西班牙语的时候，我直言不讳地告诉客户，我以前有很多智利的客户，所以知道一些简单的问候语。

如果从服务意识的层面来理解的话，当我们能够说出目标市场的语言，而且愿意去接受他的语言，用客户最熟悉的语言沟通，这在客户的心中会有很深的印象。在我接触的很多客户里，有很多人都有很高的英文水平，但他们仍然习惯用母语，比如西班牙语、葡萄牙语、法语等。如果我们能够适应他们的这种习惯，再加上我们本身的产品专业知识，获取订单的概率比其他人要高很多。

有很多人又有疑问了，这么多国家的语言，我学起来都要花很长时间，耗时耗力不说，即使学好了，也不见得能和客户直接沟通，毕竟是第二外语。除了英语以外，我也会其他的语言，但是即使不会我还可以借助另外一个法宝——Google 翻译。

也许很多人都知道该怎么运用 Google 翻译，比如直接复制到翻译框中，然后翻译过来就可以看到大致的意思。其实如果运用得好，通过 Google 翻译可以很精准地了解客户的意思，对于后期客户的语气、语调、心理的把握都会有很大的帮助。拿下面一封邮件来举例：

Bom dia Chris Cai,

Eu até ao final desta semana vou estar em Espanha em visita aos meus clientes e só regresso a Portugal no próximo domingo 22/11.

Na próxima segunda feira farei o pedido das amostras, através da DHL.

Obrigado pela vossa atenção,

Melhores cumprimentos,

Carlos

这是一封来自葡萄牙的一个客户的邮件，其实我看到这样一封全葡萄牙语邮件的时候，完全不知道是什么意思，但是我把它放入 Google 翻译框里，然后把转换后的目标语言换成英语。转换后的语言换成英语很重要，因为在 Google 翻译里，英语是作为理解被翻译文字的主要载体，翻译的习惯通常是先把被翻译的语言翻译成英语，再由英语翻译成目标语言。转变过程是非英语语言——英语——目标语言。如果我们把被翻译的文字直接翻译成汉语，意思会有很大的出入，比如上面这封邮件，我在 Google 翻译里直接翻译成中文出来的结果如图 3－2 所示。

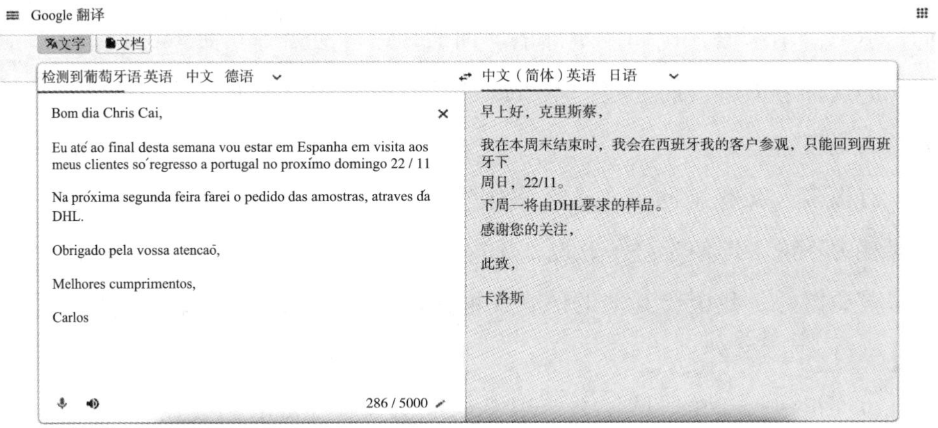

图 3－2

翻译以后有明显的语句不通顺的问题，而不通顺的原因大体是在主动和被动的区分上很模糊。我们或许可以通过这些简要的文字，再结合当前正在沟通的事项大致确认客户想表达的意思，但是如果碰到需要准确确认的问题，这些被动式和主动式就显得尤为重要，一不小心就会把客户的意思理解反，那我们再来看一下直接翻译出英文的结果，如图 3－3 所示。

如果我们翻译成英文，被动和主动的问题改善很多，我们可以很清晰地

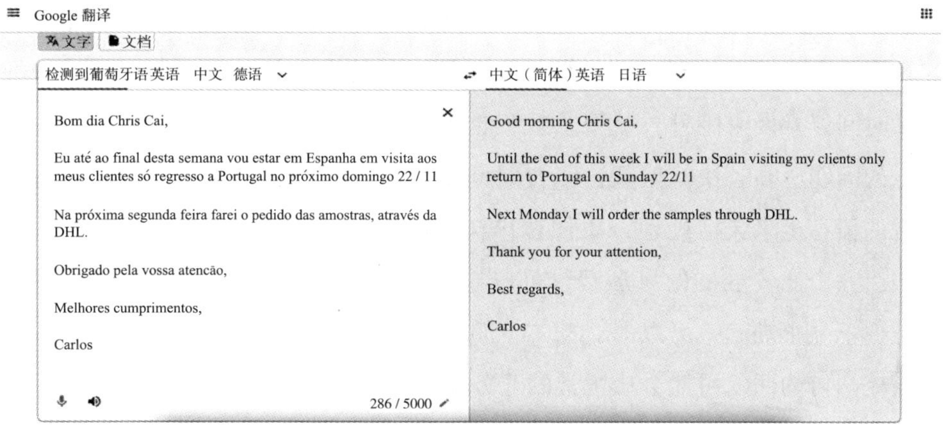

图 3－3

知道客户的意思是“我会去拜访我的客户”，“只能在这周末回葡萄牙”，关于样品客户的意思是“下周一我会要求用 DHL（敦豪航空货运公司）发样品的”。意思比中文更为准确和清晰，翻译的效果显著。

如果在使用谷歌翻译时遇到主被动、人称代词或者关键信息不确定，可以从右侧翻译结果倒推找到该翻译内容里的对应的信息进行前、后换行，往往可以定位到这些模糊的词，从而确定最终的翻译结果。

作为葡萄牙语的门外汉，如果我们能够翻译到这个程度，就可以理解客户 95% 以上的意思了，所以当年做南美市场的时候，我凭借 Google 翻译与一半的客户从头到尾用西班牙语或者葡萄牙语进行沟通。

七、时差因素

既然是国际贸易就不可避免地会碰到时差的问题，所以绝大多数的沟通需要靠邮件，我们回复的邮件客户由于时差不能立刻作出回复，那这封邮件的书写就需要有一定的讲究了。

（一）发送邮件的时间

一般情况下，无论是哪个国家（地区）的客户，如果在我们的正常工作时间里客户发来邮件，我们必须及时回复，因为我们无法判断这个问题对于客户来说会有多么重要，回复得越及时给客户的印象就越好。而如果客户在工作时间以外发来邮件，就要求我们能够及时地查收邮件，以防客户有比较紧急的问题亟须解决。但是，工作时间以外的邮件回复需要结合自己所能够掌握的信息量来灵活处理，比如客户在非工作时间问到了运费，我们如果能够报出一个比较准确的海运费，可以立刻回复。可是，我们如果对客户的市场把握不是很准确，可以等到第二天和货代确认运费后再进行回复。错误的或模棱两可的回复可能会让正常的业务偏离轨道而陷入困境。

作为业务员需要养成一个习惯，在工作时间外查收邮件，当养成了这个习惯以后，我们会在平时的非工作时间平衡好自己的生活和工作。时差问题或多或少地延长了业务周期，因为原本可以及时沟通的问题需要双方你来我往多次确认，但是也正是时差问题让陷入僵局的业务通过双方的冷静思考又重新走向正轨。

（二）按照客户的习惯发送、书写邮件

我们在和客户沟通一些时日以后，或多或少地对客户发送和查看邮件的时间有大致的把握，比如美国客户通常在我们的工作时间上午 9 点到 11 点之间查收邮件，那我们就可以特别关注这个时间段，或许客户会有一些细节需要确认，待到客户发来邮件的时候以最快的速度给以最清晰和专业的回复，打消客户的所有疑虑，这样的回复给客户的专业感最强。当然，除了在这段时间被动等待以外，如果客户中途突然没有了任何消息，也可以在这个时间段里跟踪客户，即使客户当时没有回复，在他的心里也会对我们的跟踪邮件有一些印象，一般情况下会在未来的几天有相应的回复。

在对客户的邮件回复时间有一些大体的把握以后，我们还可以根据跟踪的进度适时地对邮件回复的时间进行调整。比如在与客户初步建立联系的时期，我们可以适应客户的邮件步调和频率；在有了一定的沟通基础之后，我们应该在关注客户的邮件回复时间的同时把重心放在邮件的提炼上，尽量去推进交易进度；而在业务发展到就差“临门一脚”时，我们应该加紧跟踪的频率，让客户在最后的关头仍然能产生十足的信任。

（三）邮件配合即时在线聊天工具

很多时候，我们在白天回复客户邮件以后能够准确地猜测出客户接下来可能要问的问题，但是我们不能主动地把自己的臆测写到这封邮件里，因为这种臆测会让一部分客户感到恐慌。客户可能会想："我还没开口的事情你都已经知道了，会不会不太好？"我们要学会让客户有一种心理上的优势，即使我们猜测到他的意思，也不要直接写给客户，而是静静地等待客户把剩下的问题一个一个地提出来，这是对客户的尊重。就好比一个人在阐述自己的观点，而另外一个人觉得不用听他讲完已经知道大概的意思，就去打断他的阐述，这是很忌讳的。与客户的沟通也是如此，我们可以猜测客户接下来会有哪些问题，准备好答案以后，在客户的工作时间内做及时的沟通，切记沟通前做好充分的准备，能够根据客户可能会问到的问题，梳理出一个中心并围绕这个问题进行突破。比如客户在之前的沟通中一直关注小门幅的机械，有一天他突然问我 3.2m 的机器，我觉得需要给客户做一次详尽的解答，所以在当天晚上我在客户的工作时间在线等着客户，一直等到他出现，我们谈论完了 3.2m 和 1.8m 产品的优劣，我就跟他分析了一下他目前的展厅情况，建议他尝试放一个 3.2m 的机器到展厅，客户原来是根本不会考虑的，但在我的细心解答以后，他很爽快地下了一个 2 万美元的订单。整个沟通过程很愉快而且很舒服，客户的体验也很好，合作一蹴而就。我们的勤奋和努力客户是有目共睹的，所以我们的真心，客户是完全能够体会到的，重点是我们该如何向客户表达自己的真心。

（四）电话沟通

电话沟通对于绝大多数市场的客户来说是不需要的，因为绝大多数的买家都习惯于用最礼貌最安静的方式发展业务，但是，电话沟通可以作为一个重要的工具，在关键的时刻会收到奇效。

没有尝试过用打电话的方式联系客户，是不会真正理解"销售"的含义的。当我们找到了行业内的相关用户，了解到客户网站的产品跟我们提供的产品很相关，但是网页上只有电话没有邮箱时，我们可以更灵活地采取电话联系的方式。弄清客户的工作时间，在工作时间内打给客户告诉他我们打电话的原因，礼貌地询问是否可以简单沟通几分钟。如果电话联系到的确实是关键人物，多半客户会愿意留一个邮箱地址建立联系，那么，打这个电话的目的就达到了。

（五）拜访和展会

随着全球的经济联系越来越紧密，每年抽一段时间去主要目标市场做拜访受到越来越多外贸人的推崇，拜访客户从主动性上来说会略胜于邮件或者电话开发，但是，在拜访以前，我们可以先通过邮件确认的方式告知客户我们会在哪几天去拜访，希望寻求合作。如果客户长时间没有回复，我们还可以通过电话的方式告知其拜访的计划。展会也是一样，如果公司确定参加展会，我们可以发邮件给客户邀请他来观展，必要的话，还可以与一些谈判处于僵持阶段的客户电话联系，通常会有不错的效果。

（六）跟踪

我相信每个外贸人都会碰到客户不回复的情况，有一部分原因是在与客户建立最初联系的时候谈判基础没有打好，比如公司实力、公司产品及价格被客户否定掉了；还有一部分是沟通了很长时间，突然客户完全没有了下文。这两种情况下我们不妨试试打电话，通常在我们说出自己的名字以后，客户都能够马上意识到我们打电话的原因。如果客户愿意解释他不回复的原因，我们就可以视情况解释或调整相关交易细节，努力与客户恢复谈判，因此在跟踪环节用电话与客户沟通对于整个业务发展是有利的。

第二节　如何写开发信/报价

一、Chris 的开发信

开发信发展到今天，国外客户似乎被中国人的聪明打败了，各式各样的邮件层出不穷，让客户应接不暇，比如 Urgent/×××××，营造一种非常紧急的气氛，强迫客户点开，但是一次两次客户可以接受，每天都“urgent”（紧急的），他还会理我们吗？一旦客户发现那只是开发信，而手头事情又多的时候，可能直接就删掉邮件或者把我们的邮箱拉入黑名单了。

再比如免费样品或者促销，就我个人而言，我觉得如果靠免费来吸引客户，即使客户真的要了样品，也谈到订单的细节，客户的黏度也始终无法保障。

所以，就我来说，在我充分了解了客户的产品线以后，我通常会用一款具有代表性的产品的名称作为标题，这个代表性产品的选择，就需要我花心思去揣测客户可能会感兴趣的产品。通过我与很多客户的沟通，我发现大多数客户对于新型的竹炭纤维的牙线都很好奇，所以我直接把这款产品放在标题前面，右面接上 China，如图 3-4 所示。

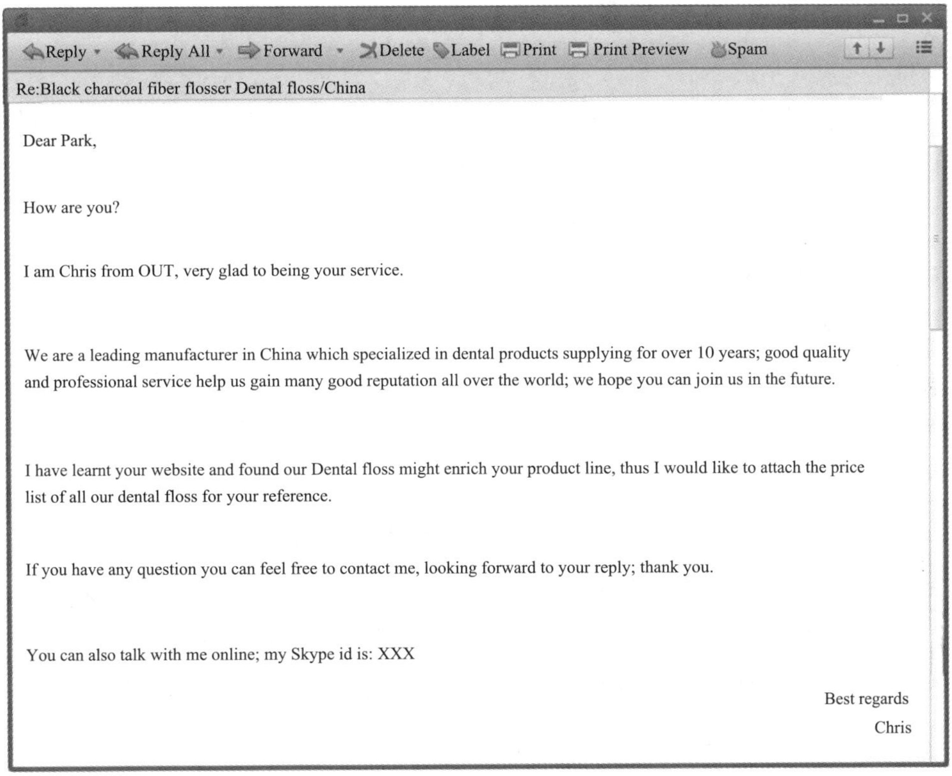

Re:Black charcoal fiber flosser Dental floss/China

Dear Park,

How are you?

I am Chris from OUT, very glad to being your service.

We are a leading manufacturer in China which specialized in dental products supplying for over 10 years; good quality and professional service help us gain many good reputation all over the world; we hope you can join us in the future.

I have learnt your website and found our Dental floss might enrich your product line, thus I would like to attach the price list of all our dental floss for your reference.

If you have any question you can feel free to contact me, looking forward to your reply; thank you.

You can also talk with me online; my Skype id is: XXX

Best regards

Chris

图 3-4

我接上 China 的原因是，当今的外贸格局已经在悄悄地发生变化，中国过去的竞争优势是人工成本低、价格低廉，但知识产权概念模糊，现在则是市场比较透明、规范，人工成本不断上涨，利润空间不断压缩。所以全球市场可能会发生格局的变化，区分为 3 个梯队。

梯队 1：欧美，高端精品市场。

梯队 2：中国，中端技术，价格适中，欧美代工基地。

梯队 3：印度、孟加拉国等，仿中国，走量，质量难保证。

事实上，国外客户对这个格局的认识比我们更深刻。所以我直接告诉客户我是属于第二梯队的，如果他有兴趣，可以点开看一下。

在邮件的开头我用了一句简单的问候："How are you?" 这个"How are you?"的用意比较符合中国一句老话，叫作"伸手不打笑脸人"，虽然我们发这个开发邮件没有错，但是终归是一种推销，特别是在当今的外贸形势下，客户比较反感轰炸式的营销，所以，以问候作为开头，最合适不过了。

接着自报家门，我是来自 OUT 公司的 Chris，很高兴为他服务。一旦开发上升到服务的性质，给客户的感觉会更加有信赖感。

"We are a leading manufacturer..." 这句话已经被客户认定为外贸开发的标配。据说客户对于"我们是业内数一数二的"的反应现在是："我想知道第三和第四的供应商在哪儿？我想和他们做生意，因为我每天都会收到中国第一和第二的供应商的开发信。"所以，对于公司介绍这个方面，我通常不会花费太多的时间去写，因为客户对公司介绍已经开始麻木了。我需要做的只是把公司的主营产品很自然地介绍给客户就够了。

"I have learnt your website..." 这一段话是我会着重花时间去渲染的。我会告诉客户在看完客户的网站以后，我发现我们的产品和他的产品比较匹配，甚至还可以拓展他的产品线，这才是我写这封开发信的目的。今天的开发信不应该是像以前那样毫无章法地推荐和介绍，最后被客户认定是骚扰，而应该以更用心、更自然的方式向客户做推介。

邮件的最后是一如既往的盼复和在线聊天工具 Skype 的联系方式。也许有一天客户对我们的产品产生了兴趣，他就可以直接在 Skype 上回复我，事实上也经常如此。

二、开发信要注意的问题

既然是开发信，我们必须意识到这封邮件具有推销的性质，它要向客户推销产品。任何推销的手段都很有可能让客户产生反感，并且，他会认为邮件是一种骚扰。那我们如何让这样一封推销信更自然，并且让客户产生兴趣，这才是最重要的。

（一）要避免夸大、不真实的标题

很多人觉得标题是最能激发客户点开邮件的，所以不惜以夸张的方式去刺激客户点开邮件，比如“Free sample”（免费样品）、“Big bang...”（重磅上市）这些标题确实很吸引人，但如果仅仅是为了吸引客户的眼球，等客户点开邮件以后发现内容跟标题没有任何联系，反而会让客户觉得自己受骗了，进而对我们产生厌烦感。比如用“Urgent”“do not miss”（不要错过）之类的，我敢保证客户会以一种很认真的态度对待这样的邮件，但点开以后他会有一种被耍的感觉，很难再以平和的心态去阅读我们邮件的内容。客户产生了这样的感觉后，开发就难上加难了。有很多人会觉得“客户只要点开邮件就可以了”，这是一个误区，让客户点开邮件的方法有无数种，如果客户点开邮件以后马上删除了邮件，这个点开就毫无意义。

（二）不要过多渲染产品和服务

很多客户都是行业内经验极其丰富的买家，他们对于全球产品都有很精准的了解，所以我们在开发信里尽量避免强调产品多么优质，而要以产品本身的一个特点去吸引客户，这个特点必须是我们在了解过客户公司，又或者是在和其他客户沟通中探索出来的。提炼好卖点再通过邮件传递给客户，这样一来，会极大地增加客户的信任感。

（三）避免使用邮件过滤系统的关键词

随着互联网对于个人隐私的保护越来越重视，反垃圾系统和过滤系统越来越强大，我们在写开发信的时候需要避开过于敏感的字眼，以免邮件发出去就被拦截。

符号：标题里尽量不要用感叹号、括号等特殊符号。

图片：开发信正文尽量不要粘贴大格式的图片，对于陌生人的邮件有些客户的邮件系统自动屏蔽图片，邮件甚至会被列为垃圾邮件。

附件：价格表最好不要附上所有产品的信息，在对客户的网站以及产品有一些基本的了解以后，可以针对客户的产品做一个比较有针对性的价格表，这样一来，附件不会占用很大的空间，而客户点开以后也会觉得那就是他想要的一类产品。

三、开发信的发送时间及客户习惯

开发信写完以后，如果不注意发件的时间，也会因为没有把握好时间导致客户无暇阅览甚至是直接错过我们的开发信，进而石沉大海。所以，我们有必要总结客户的工作习惯，在恰当的时间去发件，让客户看到这封邮件，增加成功的概率。

如果我们了解周一到周五客户的工作安排，我们会发现大多数客户在周一到周二这两天会非常忙，原因是这两天可能会处理周末或者上周遗留下来的一些问题，又或者是周一到周二有公司的例会，安排接下来一周的工作内容。所以我们尽量不要在周一发送开发信，因为处理我们的开发信是他日常工作范围之外的事情，客户鲜有精力去查看我们的开发信。即使客户点开了邮件，可能也没有时间去做详细的回复。

把开发信安排在周五发送也不是很好，经历了一周的工作以后，客户可能更需要一个放空的心情去迎接接下来的周末，所以我们最好不要选择在周五发信，给客户一个更宽松的空间，当今的业务开发需要更多的人性化。

排除了周一、周五，周二、周三、周四就是我们可以考虑的时间了。通常周二到周三会是一个很好的时机，在这个时间段，客户已经进入了工作的状态，一周的工作任务也基本上安排下来了，如果我们抓住这个契机去突破一下，效果一般会很不错。而周四算是一个比较难处理的时间，客户在这一天里通常会沉浸在繁重的工作里，所以我们可以视自己开发的进度来定。

每周的发件时间定了，那在这个时间里，我们选择在哪个时间点发邮件比较好呢？具体的时间点需要结合客户的国家来定。绝大多数国家，比如欧洲、北美、南美等地区的国家，最好是在北京时间的下午 3～5 点发，这样客户上班以后就可以在他的邮件列表的前列看到我们的开发信了。而澳大利亚和非洲、中东等地区的客户，我们可以选择在北京时间的上午 9～11 点发，亚洲国家的开发信的时间点选择就比较多了，尽量选择在中午以前。

四、如何巧用邮件签名让客户印象深刻

每个人都有一个自己喜欢的签名格式，因为在邮件里，签名是最能体现自己特点的，日常业务中我们也会见到许多客户各种各样的签名，风格各异，比如有带动画效果的、有醒目图片的。如果我们能够形成自己的风格，那在和客户邮件谈判的过程中或许会与客户产生惺惺相惜的默契感。

我沿用至今的邮件签名格式是这样的：

Chris Cai

COMPANY NAME ABC LTD

TEL: 86－021－××××××××　FA×: 86－021－××××××××
CELL: 86－158××××××××

Email: chriscai@××××××. com

Skype: Ymoren_chris

Address: ××××××××××××××××××××××××××

Bathing in the rain

签名的格式很简单：人名、公司名、联系方式（电话）、邮箱地址、Skype、公司地址、个性签名。人名和公司名是最能定位到个人的，所以我把它们放在签名的最前面。接下来是电话、传真以及手机号，再下来是邮箱地址和 Skype，最后是公司的地址。所以，从排列的方式，给人的感觉是这样的：

××

×××××××

×××××××××××；×××××××××××××；××××××××

×××××××

××××××

×××××××××××××××××××××××××××××××××××

××××××××××××

从设计的角度来看，我觉得这种排列的方式不会太密集，通过电话联系方式把公司名和邮箱地址、Skype 分隔开，会让客户一眼就注意到比较重要的信息，比如电话、邮箱地址、公司名。

另外，比较重要的就是个性签名了。我的这个签名是从一位客户的签名里学来的，我觉得个性签名代表着外贸人的心态。我们每天都需要面对客户的拒绝、客户的抱怨等，而我们需要把这些负面情绪以最乐观的心态去消化掉，并将这个理念传递给客户。

有很多客户对于中国的认识还比较滞后，所以前不久有个美国小伙儿拍摄了中国的高铁视频带回美国以后美国人都震惊了，没想到中国能造出如此出色的高铁，所以美国宣布开发超级高铁。而附加一个个性签名就是要改进客户对我们的印象，个性签名对于我们个人的精神面貌甚至是公司的整体形象都是有很大的提高的，因为如果一个国家（地区）或公司连基本的温饱问题都无法解决的时候，精神层面的追求是会排在第二位的。而我们在签名里面渲染出我们的精神追求，除了能瞬间让客户对我们个人产生好感以外，还可以在精神追求的某些层面和客户产生共鸣，展现出我们的实力，这种共鸣或许就是建立联系的开始。

五、不同情况下的邮件措辞如何把握

（一）客户不愿和贸易公司合作

每一个做传统内销的人都有一副伶牙俐齿，这样的才能往往能够在双方的谈判陷入僵局时打破局面寻找到突破口。外贸销售也是一样，我们要善于利用邮件，在不同的情况下，运用不同的措辞将客户往合作的方向引导。

比如很多外贸人会听到客户说："We only cooperate with the manufacturer, sorry."。

这是一个困扰很多人的问题，如果我们真的因为客户只愿意和工厂合作而选择放弃的话，说明我们自己都没有清楚地意识到外贸公司相比于工厂的优势，作为销售员，我们在一些特殊的情况下要懂得扬长避短。通常提到外贸公司，客户都会想到服务意识好，更专业，沟通能力更强，协调能力更强，风险控制能力更强。那我们为什么不能在邮件里通过这些因素来进行突破呢？如果我们细心地做过调研，找到客户的产品在当地的销售价格，我们会发现无论是代理商、分销商，还是零售商，通常都会在我们报价的基础上增加一倍甚至是很多倍，找一个外贸公司的费用大概是利润的20%～30%，但是，客户找到一个专业、可靠、协调能力强的外贸公司，为他创造的价值往往不止20%～30%。

理清了这样一个思路，我们完全可以正视自己的优势去说服客户贸易公司是不输工厂的，但是在邮件的措辞方面，我们要懂得从赞同客户的想法开始逐步地转向劝说：

赞同：Yes, I can fully understand your idea of cooperation with the manufacturer...

转折突破: But we think you can consider more about the risk resistance capacity, the communication, the coordination during the cooperation. We can handle these well.

保持联系: We can keep in touch. Whenever you have any further question we will be waiting here.

我们要做的是树立口碑，所以任何直言其他供应商或者工厂不好的措辞都不能显示在邮件里，只要我们树立了口碑，这条路就会越走越宽。

（二）出现问题客户抱怨

Hey Chris,

Please allow me a moment to be honest. We have been working together for a few months now. Your Customer service is one of the best I have found on Alibaba. I enjoy working with you and your consistent professionalism.

Now you may have noticed I am oriented toward detail. To me, every little thing are matters. I know it's a little obsessive and it makes working with me a challenge.

I mention it now because the stamped numbers on the seal do bother me. I specifically asked in our last E-mail to make sure that would not be there.

At the same time, I don't want to be unreasonable. People and relationships are much more important than things. We are very grateful that you checked on our order and caught the mistake before all the packages were completed.

We are not going to ask you to make any corrections this time and still look forward to receive the shipment. However, please insure this does not happen again in our future orders. Thank you.

Coach

客户的抱怨重心是“I mention it now because the stamped numbers on the seal do bother me.”工厂把批号印在了包装上，会给客户的终端销售带来时间上的压力。在之前的邮件中客户明确指出不能印批号的，我也一再强调，但是工厂依然做错了。这封邮件中客户的条理非常清晰。

（1）“我一直都觉得你的服务是我在 Alibaba 上见过最好的”，承认我的努力和付出。

（2）“我是一个要求很严格的人。”

（3）“有一件事让我觉得很不开心，那就是批号的事。”

（4）“我能理解你，而且你也及时纠正了错误。”

（5）“下次不要再出现这种错误。”

Hi Coach,

Thanks for your honesty and we appreciate your words.

I feel quite sad this afternoon after receiving this E-mail as I gain your trust which also raise me responsibility for all. Actually I must emphasize them to have no number on the bags neither bottom nor top.

The production department mainly engaged on the production and the production will be based on my detailed requirements. The Chinese longest holiday is coming, so there are many things crowded in our company; everyone here is in a high working intensity. I can understand my product manager as he must arrange all things correctly and reasonably, he had to experience many orders with different requirements such as with number stamped or not. So sometimes he will make mistakes, only I can convey your detailed and important request to remind him again and again of production.

Finally, it will be my fault as I didn't make it clearly to have no number during sealing work, I appreciate your always kindly understanding, but please rest assured, we will make notes of any mistakes to avoid this never happening again. After this order, we will make a specification sheet according to your order for future orders and we will update this specification sheet all the time.

We thank you again for your support to helping us improve the communication between sales and production, and I will pay more attention on your every little thing and I am glad to do it.

Thanks.

事实上这个批号的事情我跟工厂强调过，但是工厂做错了，我这个时候把责任推给他们完全没有必要，更何况客户是不清楚我这边的销售和生产环节的，所以我打算自己承担这个错误。问题出现后我们权衡整个事情，然后用最妥善的方法去处理才是成熟的外贸人。那有人会问这不是没有原则了吗？要把握原则就得注意邮件的措辞了。我在回复的邮件中写到如下几点内容。

（1）感谢客户的邮件，客户有建议、有抱怨，说明客户是想让我们变得更好。

（2）我告诉他，我心情很复杂，因为在我获得他的信任的同时，我的责任感也会越来越强，这样的事情本不应该发生才是。

（3）我简要地解释了一下工厂的事情很繁重，而且在节日之前事情较多，所以难免会有一些疏忽。

（4）最后我主动地承认这个错误，因为我没有沟通好让他们在批号这个事情上没有更慎重。以后我会总结所有的问题，杜绝类似的事情发生。

（5）再次感谢他的建议。

在面对客户抱怨的时候，我们要学会去理解，站在所有人的角度去理解各方的难处，用最恰当的言辞去解释各方的难处，寻找杜绝错误发生的有效方法。

（三）客户选择了其他供应商

Dear Chris,

Good day.

Yes, we are still interested in this issue, but your price is a bit expensive. We have cheaper offers from Turkish suppliers.

Thank you.

这个客户拜访过我们公司，来访以后我们也有很深入的沟通，但是客户最终选择了土耳其的供应商，原因有多方面，工厂、价格、样品等。客户选择土耳其的供应商我比较能理解。

这封邮件是在我追踪几封邮件后客户发来的，我明确地知道客户是婉拒的意思，所以我告诉客户：

Hi Gorge,

Thanks for your kindly updated.

It's no problem that let's keep in touch, whenever you have any further interest please feel free to contact me; I will be waiting for your news.

Wish you have a great business!

Chris

生意是一辈子的，不能仅仅因为一两次的拒绝就放弃希望，我们永远要保持乐观积极的心态去面对客户，让客户被我们的乐观和积极感染。所以我告诉客户保持联系，以后可以再合作。

第三节　来自身边的案例

案例一　卫浴产品配件的一个小问题

这里我想分享一个案例，我有一位微信好友是做卫浴五金的，她有一个客户在收到报价以后，回复说："Thank you, but we do not wish to proceed with any of those products." 我看到这个邮件，不是很清楚事情的原委，然后就去询问她和客户沟通的过程。我从字面意思看客户不喜欢这个系列的产品，就问她是否报过整个报价单，以及推荐目标市场比较热销的款式给客户。在沟通之后，我隐约感觉需要追溯原因，因为按照我的理解，在前面沟通很流畅的情况下客户应该不至于说不想要这些产品。于是，我就顺带问了一句，客户所要款式的原话是什么，她发过来客户的原话：“I am happy to receive more information about accessory ranges - pics and prices.”

通过这句话我知道朋友是把客户的意思误认为想要更多产品、更多图片、更多价格，疏忽了“accessory range”这个词。

如果按照这个思路走下去，跟客户的往来就走入了一个误区，给客户带来很不好的体验。这个细节我想着重地谈一下，为什么我在对产品不熟悉的情况下，一眼就能看出这个是要配件的意思。

（一）不要带着负面情绪面对客户

在和任何一个客户开始接触的时候，不要被以往失败和受挫的经历影响，这种失败包含领导或者上级指示的不要被套价格、被骗样品等，也包括自己的失败经历，千万不要被吓倒。开发新客户的时候要抛掉所有不愉快的经历，用最好、最乐观的心态去对待他，这样你就不会用悲观的情绪去猜客户。他是不是不喜欢之前报价的款式，又想要其他的款式、其他的价格？悲观情绪只会影响自己的判断。

（二）不要随意猜客户的用词

案例一中提到的那位好友对“accessory”这个词了解不是很多，所以在判断上出现了失误，把“accessory”的意思延伸到“related”或者“other”。延伸记忆是我以前用的方法，所以如果各位没有用过的话，可以忽略，用过的话，请特别注意在特别的产品上，有些单词的意思是不可以延伸的。

（三）注意积累专业知识

为什么我没有做过五金卫浴还可以准确地判断出“accessory”就是要配件，当好友坚持说他们的产品没有配件的时候，我还是坚持让她问领导。因为我知道在国外，售后是一件很重要的事情，特别是对于大公司来说，售后决定一个公司的形象，而对于五金产品，配件包是很出彩的一项优势，所以我看到这句话大概就能确定客户的意思了。这些产品知识是需要时间去积累的，但是该去积累什么方面的知识，也许真的需要很长时间才能掌握。

（四）敢于直面错误

理解错了意思，该怎么挽回？这个方法，我其实之前也说过了，最好的改正错误的方法就是直面错误："我误会了你的意思，这是那几款产品的配件的价格和图片。"

很多人问："客户要我们的报价单，我可以直接发给客户吗，会不会被套价格？"其实按照现今的形势，同类市场的价格都是很透明的，没有太大必要绕圈子，去套价格，因此，我更倾向于直接发给客户也无妨。

案例二 由货盘展开的服务意识问题

服务意识是需要长期培养的，这种意识是指客户想到的，我们要帮他想到，而客户想不到的，我们也要帮他想到。这里就有一个货盘的案例可以分享一下。

我一个同事 Andy 问我为什么一个月过去了，客户一点反应都没有？

我让 Andy 把客户的邮件和她回复客户邮件的原文发给我，如图 3－5、图 3－6 所示。

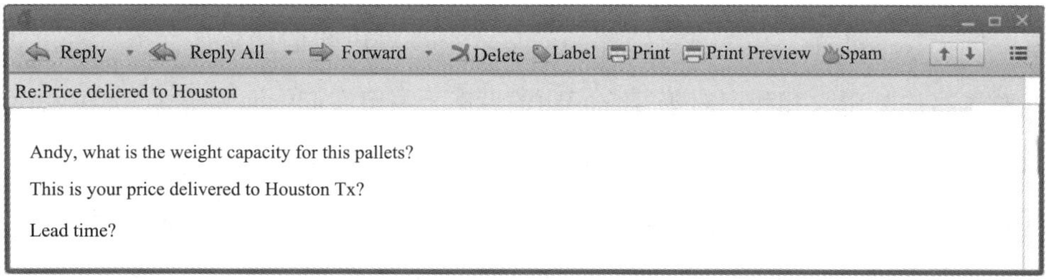

图 3－5

我看了原文后回答 Andy，从客户邮件来看他要知道的是托盘的载重和交期。Andy 发来两个载重量：static load（静态承重）和 dynamic load（动态承重），如果客户对产品不是特别专业，是应该向他解释一下动态承重和静态承

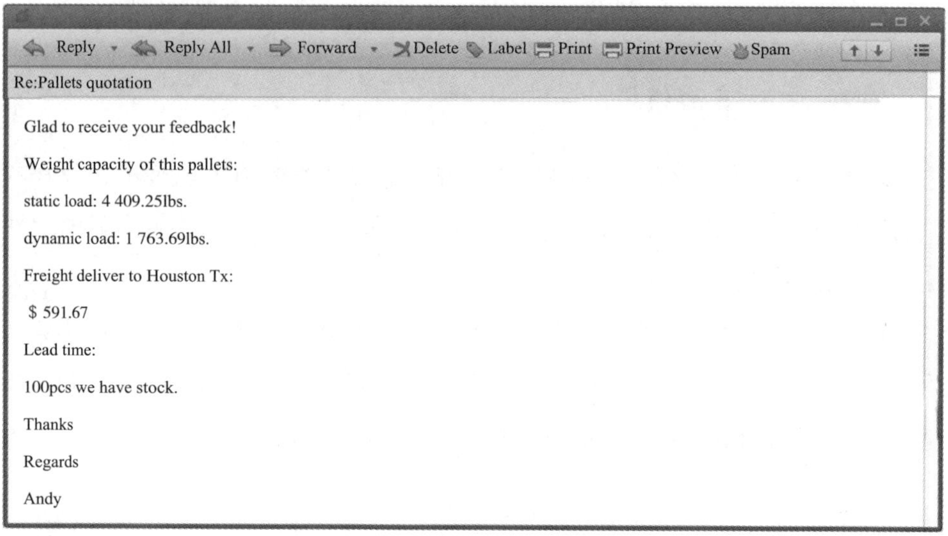

Reply　Reply All　Forward　Delete　Label　Print　Print Preview　Spam

Re:Pallets quotation

Glad to receive your feedback!

Weight capacity of this pallets:

static load: 4 409.25lbs.

dynamic load: 1 763.69lbs.

Freight deliver to Houston Tx:

$ 591.67

Lead time:

100pcs we have stock.

Thanks

Regards

Andy

图 3－6

重的概念的，另外，客户要的是 CFR（成本＋运费）价格，所以，他的意思是问 Andy 之前的报价是否包含到 Houston Tx 的运费？

Andy 回复我说："原来报的是 FOB 价，现在加上运费不就可以了吗？"

我回复 Andy 说："他手头上有无数个报价，他为何偏偏在你的报价上用计算器敲一下，算一个 CFR 价？也许其他人报的就是 CFR 价呢？"

从 Andy 的邮件内容来看，她和客户基本上没有任何互动，双方沟通采取的是一问一答的形式，客户面对这样的回复，很难看出我们的热情，更难看出我们对于客户的用心和我们对于客户问题的理解。一旦我们的回复跟客户想要知道的内容有一些偏差，客户很有可能就没有下文了。换句话来说，我们需要主动地跟客户拉近关系，让客户更多地说出他内心的疑问，而绝不仅仅是一问一答。

从服务意识上来看，如果我们仔细地去理解客户的意思："This is your price delivered to Houston Tx?"。

一个 delivered to，很明显地告诉我们客户是急需知道含运费的价格的，我们这个时候就应该心领神会地跟客户算一个 CFR 的价格，而不应该只是简单地算一个总的运费。把该做的事情做到位，就是服务。客户目前的想法，我们是没有办法得知的，我们如果只是简单地报一个总的运费给客户，而客户是想知道一个 CFR 价格，再来增加订单数量怎么办呢？

反思自己，永远是不断前进的最好方法。

案例三　太阳镜的问题

这个案例中的朋友的英文名也是 Chris.

客户发给 Chris 的邮件如图 3 -7 所示。

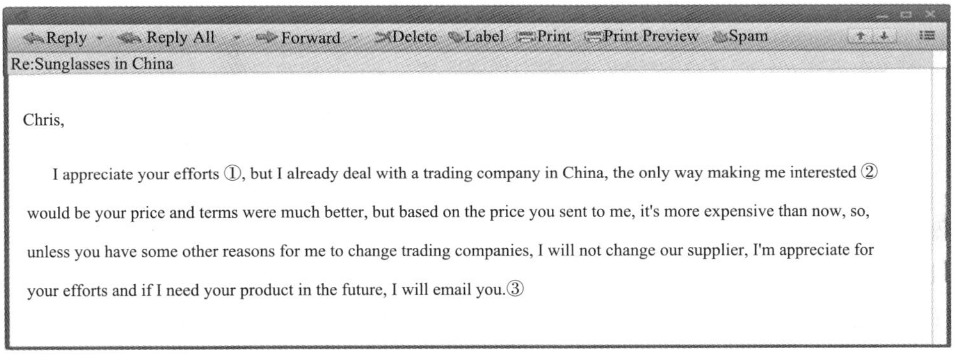
Reply　Reply All　Forward　Delete　Label　Print　Print Preview　Spam

Re:Sunglasses in China

Chris,

I appreciate your efforts ①, but I already deal with a trading company in China, the only way making me interested ② would be your price and terms were much better, but based on the price you sent to me, it's more expensive than now, so, unless you have some other reasons for me to change trading companies, I will not change our supplier, I'm appreciate for your efforts and if I need your product in the future, I will email you.③

图 3 -7

①客户说已经和另外一个外贸公司合作了，这句话代表我们要将客户争取过来不是一朝一夕的事情，先得做好心理准备。

②客户说他对现在供应商的价格和付款方式不是很满意，也就是告诉我们该如何去突破。

③因为我们的报价比他们高，客户还是选择观望，感谢 Chris 的跟踪。这说明我们可以从价格上去做突破。如果我们的产品品质比别人好，那就需要用语言描述出这种好是好在哪些地方。例如太阳镜原材料比一般的贵，那可以解释原材料不同，最后会导致成品有什么不同，或者说设计思维不同，有哪些新颖的地方，让使用者一看就有购买的冲动。

总之，从其他方方面面去突破，不要直接面对他的价格问题。

对于已经有固定的供应商的客户，我们需要找出自己产品的发光点，花时间，用耐心和专业度打动客户。

针对图 3 -7 的邮件，Chris 的回复如图 3 -8 所示。

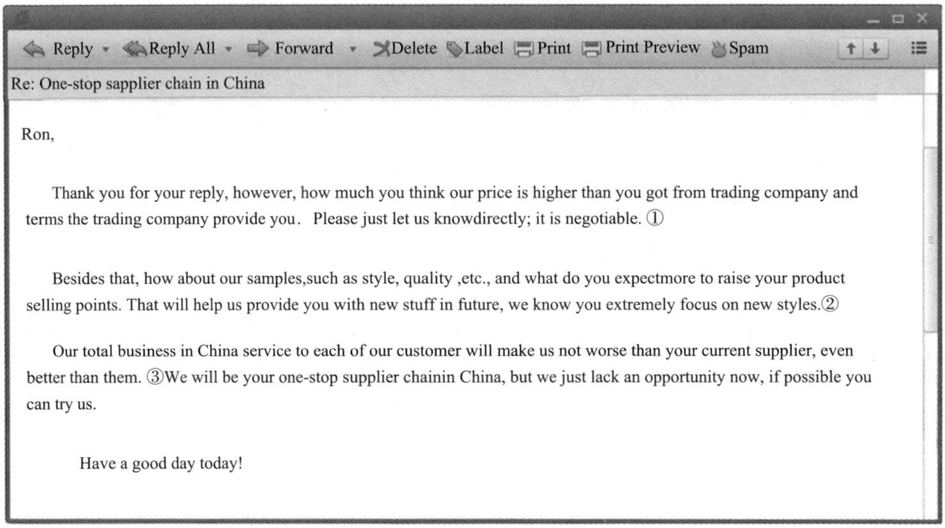
Reply Reply All Forward Delete Label Print Print Preview Spam

Re: One-stop sapplier chain in China

Ron,

Thank you for your reply, however, how much you think our price is higher than you got from trading company and terms the trading company provide you. Please just let us knowdirectly; it is negotiable. ①

Besides that, how about our samples,such as style, quality ,etc., and what do you expectmore to raise your product selling points. That will help us provide you with new stuff in future, we know you extremely focus on new styles.②

Our total business in China service to each of our customer will make us not worse than your current supplier, even better than them. ③We will be your one-stop supplier chainin China, but we just lack an opportunity now, if possible you can try us.

Have a good day today!

图 3 -8

①如果客户不是故意压低价格的话，就真的是觉得你的价格没有吸引力，此时，若我们去问客户另外一家供应商的价格比你高多少或另外一家的付款方式，给客户最直接的感觉是，我们对自己的产品没有信心，想通过降价来争取订单。一般情况下优质的客户会比较提防这么直接的竞价，不会告诉我们他手上的供应商的价格的，因为这样会让他觉得他在违背和已有供应商的契约精神。客户更希望看到的是，我们用真实的数据告诉他产品价格为什么会高。

②这一段话的意图不错，但是如果上一段话接上价格高的原因，再接这一段话，就更好了。这段话的书写完全是中文的思路。我写了一段话供参考："Besides, do you have any idea about the styles and quality of our samples?If any suggestion I will be much appreciated as we are always serious about the new styles too. "。

③不要在邮件里说"肯定比你的供应商好"这种话，客户看了不会有任何的好感，他只会这么认为："难道你的意思是，我没眼光吗?"我建议可以结合客户的实际要求，对"one - stop"作出说明。

第四节　邮件风格塑造

一、邮件第一阶段——用简洁的文字清楚详尽地描述

邮件的主旨是把事情说清楚，每个人的英语能力不同，有四级、有六级，可能还有专业八级的，客户的一封邮件，不同人的理解可能都不一样，而英语水平不是一两天能够提高的，所以单从邮件的角度来说，我们要遵循的第一个理念是把事情表达清楚。很多人说，要把语句写得简洁一些，我觉得这种做法值得考究，因为就客户的同一个问题，不同人的表述能力不同。英语水平一般的人，在弄清客户的问题之后，由于驾驭英语的能力有限，他用简洁的语言根本无法解释和回复清楚，若单纯为了追求简洁和简短，那势必会在客户的某些问题上没能作出正面有效的回复，这是不可取的。语言只是一个工具，不能为了证明自己英文水平高，就故意把字数减少，这样是被语言捆绑了，而不是站在生意的角度去处理问题。而英语水平很棒的人，他们脑海里有大量的词汇，所以不自觉地就会反复思考用哪个词会更加贴切，或者哪个词更加押韵，又或者哪个词完全合乎语法。你觉得自己的邮件是最标准的、最贴切的，但是，需要客户去适应你，这是一种很不成熟的做法。我个人认为最完美的邮件应该是能把事情表达清楚，不矫揉造作，因为邮件始终只是一个工具。

很多人觉得美国人说英语最精练，最恰当也最时尚，所以觉得美式英语最适合作为商务邮件用语。其实，世界上有很多国家（地区）不说英语，如果你的客户全是把英语作为日常用语，而你又不打算开发其他市场，你可以去全身心地学习英语，但是这样一来你就放弃了其他 100 多个国家（地区）的客户，因为他们很多只会说一些简单的英文，我们在遇到这样的客户时需要收敛自己华丽的辞藻，把长句改为短句，用最简单的语句耐心地告诉客户事情的原委。

二、邮件提高阶段——学习客户风格，模仿客户用词，尊重客户习惯

邮件提高的阶段通常是在和一定数量的客户沟通以后才会进入，当然我们最好是能够尽可能多地去熟悉全球每个地区客户的风格和习惯，对于不同国家和地区的客户邮件风格有一个判断，知道怎样通过邮件去分析客户的性格、采购经验、需求、习惯、谈判风格，了解不同客户的谈判节奏，能够适当地把控节奏。

接触客户越多，尤其是成交的客户越多，我们的谈判就会越有底气，因为通过经验可以确定客户对于我们哪种形式的邮件、写法、用词等较为认可，并记住一些好的谈判技巧，在以后的谈判中灵活运用，这样会催生出自信，这种自信也会帮助我们在面对其他客户的时候游刃有余。而当我们更自信时，我们书写邮件必定会用一些更加自信的词语，而这种自信会传递给客户，形成一个良性循环。

在建立了自信以后，我们可以适当地学习和借鉴客户的用词以及习惯性表述，这样的借鉴是为了让自己的说辞更加贴近客户的表达方式，可以让客户觉得更亲切，比如学习客户在邮件开头的问候语，学习客户的节日祝福，学习客户邮件中对于细节的表述，学习客户习惯的时态，学习客户的疑问句等。

刚开始学习的时候是比较困难的，因为我们要改变自己的书写方式、书写习惯、句型、用词等，但是随着这些基本因素的积累，我们有一天会很自然地用这些句型回答客户的疑问，在模棱两可的问题上很清晰地指出问题的关键，也可以在同义词选择上很快反应出使用哪个词更容易让客户明白。久而久之，但凡客户使用一些新的词语，我们就会条件反射地记下来。

三、邮件高级阶段——结合自己的性格塑造出属于自己的邮件风格

2012 年，英国计算机协会杂志《界面》刊登格拉斯哥大学和西苏格兰大

学研究人员的一项新发现——从接收邮件、阅读邮件和回复电子邮件的方式可以看出不同人的性格。

不同的人语言风格不同，不同的语言风格则反映了不同的性格。很多人的措辞是即兴的、潜意识的，但它们的确反映了人的性格。所有人都知道性格是最难改变的，那我们倒不如按照性格塑造出自己的邮件风格，形成邮件魅力去影响客户。

情绪化的人通常表达方式会比较直接，在写邮件的时候往往很少加上修饰词，对于客户的问题一般会有问必答，但是当客户出现一些迟疑、拒绝的时候，心中难免会有一些郁闷，这种郁闷会很直接地表现在邮件上，比如前面的沟通一直很流畅，而且渐入佳境，可是突然客户在某一个问题上不肯让步，情绪化的人多少会在邮件里表现出不理解、苦闷等。对于这种性格的人，亟须解决的问题是在谈判陷入僵局的时候，试着去接受这种反转，在写出过激的语言之前，让自己冷静下来，思考是不是有其他的解决方法，不要被动地用情绪解决问题。任何订单的达成都是建立在双方充分冷静的基础上的。当然情绪化也有情绪化的好处，对于一部分慢热的客户，我们的热情和信心往往可以通过邮件传递给客户，带动客户的积极性，从而牢牢地掌握谈判的主动权，只要我们对邮件内容拿捏得当，客户就会紧跟我们的节奏进行下去，谈判会显得更加轻松，并且更容易将客户发展成为老客户甚至是朋友等。

理性的人在书写邮件时更多的是考虑怎么围绕客户的问题展开说明，会避免主观的推荐，邮件的内容完全从理性出发，将客户的问题分析透彻，有理有据地进行介绍，再交由客户做选择，这样的邮件通常会受到一部分专业客户的青睐，因为邮件的含金量很高，目的很明确，不拖沓，效率高。但是当我们只是机械性地把客户的问题和疑虑进行分解，甚至再进行固定的回复，买家会对我们缺乏一种信赖感和亲切感。买卖双方的信赖感是建立在有效的沟通上的，有效沟通指的是在邮件中加入一些主观的推荐，或者是融入我们个人的一些想法，让邮件看起来更真诚。将这个类比我们在学校里做的英文或者中文试卷，就是说选择题或者是填空题做得再出色，最多只能代表专业技能的好与坏，而真正能反映出思想的题是作文题。因为作文题更能代表一个人的综合水平。再回到邮件，通过一封没有灵魂的邮件，客户怎么愿意多给我们一些信任？

开朗的人在书写邮件的时候一般会更关注客户的感受，跟着客户的感觉走，这是一种正常沟通的方式，但是主导能力会弱一些，完全跟着客户的思路和节奏走，如果遇到比较好的客户，或是成熟的买家，可能会比较喜欢这一类爽朗、乐观而又乐于表达的人。同时，开朗的人会善于调动沟通的气氛，把整个谈判过程变得很轻松和愉悦。但是一旦碰到比较内敛的客户，或者是客户对于活泼的用词并不是很喜欢，那我们就需要适当地收敛一些太过个性鲜明的表达方式，适应客户的性格和节奏，这样才能保证谈判的正常开展。

内敛的人在书写邮件的时候，因为其敏感的神经，会很轻易地发现客户用词的微妙变化，很容易洞察出客户在一些细节上面的想法，往往能够帮助我们在谈判陷入僵局的时候一眼就看出问题所在。这种素质会让客户感受到我们的用心，也更容易和客户产生共鸣。在细节处理以及对客户的服务意识上可以做到旁人远远无法达到的程度，所以有很多客户很青睐与这样内敛、聪明、服务意识强的人合作。但是，内敛的人需要在一些方面改变自己的性格，把生意和生活分开，当我们一直处于紧绷的谈判状态时，客户在邮件里会很轻易地就发现，并被这种不好的状态所影响。

四、形成个人邮件风格，促进业务达成

在我们叹息一代大师乔布斯去世的同时，我们最担心的是苹果公司可能再也不能创造出令人着迷的产品了。人们说乔布斯赋予了产品生命，因为他将个人风格完美地融入产品之中，他用个人的理解力和创造力改变着人们的观念，并且让人心甘情愿地接受他的理念。

邮件的最高级别也是这样的状态，在我们经历过模仿客户邮件以后，我们会自己消化和总结，会发现邮件中有些词是偏个人主义的，客户可能在某一种特定的处境下用专门的词形容他当时的处境或者心情，我们模仿了邮件

的内容却没能领悟到它的灵魂，如果不加以思考和理解，可能造成“东施效颦”的窘境。所以，当我们邮件的内容、语句、时态、用词等积累到一定程度以后，要学会结合自己的理解，发挥个人的创造性，通过邮件营造一种独特的人格魅力，让客户了解到你是一个很有个性、很优秀的人，这样会最大限度地促进业务的达成。这种个性能够让我们在众多的竞争者中脱颖而出，更受客户的青睐。

在邮件中要发挥个性争取订单，这需要有决断力。这种决断力往往是建立在对产品有深入的理解，对出口的每一个环节都很精通，对客户的心理有十足的把握，对自己有充分的信心之上的。比如我们会遇到直接与客户的国内采购公司联系的情况，也就是会出现第三方的情况，一个是我们卖方，一个是采购公司，一个是国外客户。而有国内代理参与的订单会显得比较复杂，在做选择的时候三方的立场各有不同，这就需要我们发挥决断力了。我们可以凭借自己对运输的理解很果敢地建议客户选择最佳的运输方式，也可以凭借自己对于产品以及客户目标市场的把握去推荐相应的包装方式等，主导整个订单的走向，不让订单在三方的沟通中越走越远。这种个性也是一种魄力，是能够在一些比较复杂的情况下征服客户，促进订单达成的。也许下次客户直接就放心地把整个订单安排给我们，不再借助第三方公司。

在邮件里表现得大度一些更容易征服客户。这种大度并不是在价格上作出很大的让步，而是对于一些缺乏耐心的客户，当我们产品的某一个因素达不到他们的要求时，他会直接告诉我们产品有瑕疵，价格太高，品质有问题等，很轻易地中止谈判。客户这种对于产品的质疑会让一部分人难以接受，但是我们要大度地去接受客户的任何质疑、批评，哪怕是讽刺，甚至要在邮件中承认和接受客户的质疑，作出整改。当我们这样做时，在客户心里会树立一个成熟大气的形象，因为最好的解决问题的方法就是面对和接受。我们总说自己的产品质量很好，但是在客户看来邮件中的承诺是缺乏说服力的，只有当客户对产品提出质疑时，我们表现出最积极的处理态度，才会让客户确信我们公司的服务品质是有保障的。客户对我们的服务有了初步的信心后，对我们的产品质疑也会略有减少。因此，心有多宽，舞台就有多大。

第四章 精准把握客户心理，高效成交订单

在互联网外贸中，很多情况下买卖双方都不知道彼此的样子，只是凭着人与人之间的信任保障着一个又一个订单的稳步成交，而我们仅有的沟通大多数是通过邮件来进行的，虽然我们无法每天进行面对面的沟通，但我们仍然可以对邮件进行分析，把握客户的心理、性格、习惯等，对每一封邮件做好下一步的预判，作出最冷静的分析，知道客户想要什么，该怎么回复，怎么服务好客户，怎么获得长久的合作。

接下来我将借助最真实、最完整的案例介绍从简单普通的邮件里分析出的大问题。

第一节　从邮件分析客户性格
——经典 RAZOR 的故事

在外贸订单成交的过程中，很多情况下买卖双方都是通过邮件来进行沟通的，因此，读“懂”客户的邮件对外贸人至关重要。

古语道，“文如其人”，这句话用在邮件上也很恰当。因此，我们可以通过对邮件的分析把握客户的心理、性格、习惯等，那么具体如何去分析邮件，了解客户，进而有的放矢地服务好客户，提高订单成交率呢？下面我以自己

亲身经历的一个 RAZOR 案例，给大家做分析。为了给大家提供最真实的邮件来往的体验感，我填补了客户的名字和部分调整过后的单价，但是客户的名字以我外贸生涯中其他客户的名字来替代。在 RAZOR 案例中，我用自己做外贸以来第一个成交的客户的名字代替。

一、询盘分析

分析询盘是一件很重要的事情，因为所有的外贸生意都来源于此，为了便于理解，我把询盘中所有有价值的信息以粗体显示。RAZOR 案例里的原始询盘信息如图 4 －1 所示：

This message was sent to you only

Registered Location and Message Origin：UNITED STATES

Message Origin：UNITED STATES

Message IP：12. 25. 57. ＊

Razors

Quantity Needed：50,000 Pieces

Hello

My name is Ian. I am going to buy a bulk order of razors，*probably around* ***50, 000 pieces***. I would like to get ***some samples*** to test the quality of the razors first. ***Is this possible***?

Thank you.

Ian

图 4 －1

（一）自报姓名

“*My name is Ian.*”，邮件中客户一上来就先介绍了自己的姓名。同时，阿里巴巴的 IP 显示邮件来源地是美国，凭我多年的经验，这个名字是一个“有效人名”。做过“阿里巴巴”的人都知道询盘分为很多类：有效询盘、垃圾询盘、广告询盘、无效询盘。平常我也会看“非有效询盘”，因为看多了以后我对于垃圾询盘、广告询盘和无效询盘里用过的名字都会有印象，这个客户的名字在我印象里不属于任何非有效询盘，所以我对这个询盘的真实度打了高分。以此倒推，在现今资讯发达，随便都可以通过人名搜索到详细的联系信息，发送各种推销信息的情况下，客户愿意报自己的姓名，说明客户要么意向强烈、要么初次接触阿里巴巴，不管是哪种情况，他是真正客户的概率都非常高。于是，我决定用最好的服务去接待他。

（二）模糊的采购数量

“*Probably around* 50,000 pieces”，客户提到大约5万片的数量，看似这个数量毫无亮点，但是客户用了一个“around”，亮点就有了，这个修饰词让询盘很明确地被归类为有效询盘，因为在无效询盘、垃圾询盘和广告询盘之中发件人很少会用模棱两可的修饰词。换言之，那些非有效询盘里的信息会用铿锵有力的文字去描述，特别是数量上面会很精确，因为这一类人觉得数量越肯定，给人的真实感越强。所以，外贸人一定要学会用逆向思维分清优劣。

（三）样品需求

“*some samples?*”，相信大家遇到过很多样品骗子，所以对样品这个词很是敏感，甚至有时候到了反感的地步。我在这里告诉大家一个自我检测的方法，当我们把一件事情看得很反感的时候，说明我们在这方面的能力还有欠缺；而当我们习惯它的时候，则说明我们成熟了，也能妥善解决它了。回到询盘的这句话中，样品用的修饰词是“some”，那可以同理得出，客户的真实性和不确定性，因为他不确定要几个和不确定要哪些款式，所以用了一个模糊的词语。这时作为外贸人心里就得有一个“批注”了，客户其实在款式方面不太确定，或者是在发样品的方式上面不太确定，所以他用的是“some”。

（四）客户的犹豫

“*Is this possible?*”通过前面（一）、（二）、（三）的分析基本上能够得出这个客户的意向度80%，真实度90%。当他对样品的事宜犹豫的时候，我们一定要给他一个坚定的“YES”。

（五）落款签名

“*Ian*”，签名，这是一个习惯，也是客户对询盘的自我认定，就好比客户说，“我承认以上的询价是由我发出的，有任何问题我愿意承担责任”，言外之意已经很清晰了。

分析询盘是一种能力，它直接关系到对客户的心情、心境、语气、措辞、关注点的了解，影响我们回复客户的询盘，也会间接影响到客户是否有欲望回复我们的报价。

而在产品方面，我尽量淡化产品占的比重，因为在当今外贸形势下，外贸人必须有勇气去挑战不同的产品环境，努力做到面对不同的产品都可以游刃有余。

二、客户回复报价

在针对客户的要求给他提供相关产品的报价以后，客户做了如图 4－2 中的回复。

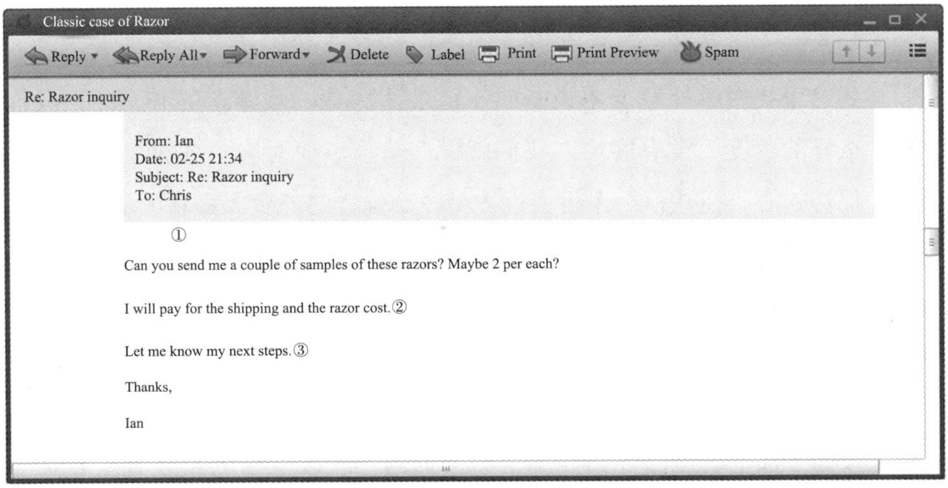

图 4－2

根据此回复，我进一步分析客户的采购意向和习惯。

（一）邮件开头没有称谓

从最初的询盘邮件我们可以看出客户是很有礼貌的，在询盘里会署上自己的签名，再综合美国人的写作习惯，邮件正文中对对方的尊称是一定不会少的。一般会以“Hey Chris”“Hi Chris”“Hello Chris”开始，而这次回复邮件序号①的位置，称谓缺失，这说明客户跟我还有一定的距离感，离真正的生意合作还需要一段时间互相熟悉，目前他只是在试探性地询问样品。

这封邮件中修饰词一样是“Maybe”，但是从这里开始，客户已经从最初的询价慢慢变成了试探，他有所有客户普遍的想法，试图索要样品，但是他又很内敛，不愿意过多地要求。客户的性格初现端倪，可以初步定位为内敛型。

（二）愿意承担样品费和运费

在邮件序号②的位置客户指出“I will pay for the shipping and the razor cost.”，很礼貌地提出由他承担样品费和运费，彰显出绅士风度。即使到今天，我碰到这样的回复，还是会倍感尊敬，默默地下决心会为这个客户克服所有的困难，争取最好的条件。这不是出于自身利益的考虑，而是对一个买家真诚而礼貌的态度的回应，以及对生意的诚意。面对这种客户，我们要收起老练的手腕，用真诚去打动客户。

写到这里我想对外贸老手说一句，请永远保持一颗感恩的心，无论我们做到什么样的程度，没有客户，我们就没有价值。面对客户各种各样烦琐的要求，保持初心，抓住每一个可能性才是一个优秀的外贸人必备的品质。

（三）主动跟进后续工作

“Let me know my next steps.”通过序号③的这句话我了解到客户其实还是想知道接下来的操作步骤的，比方说怎么发样品，怎么付运费等，但是他有点碍于面子加上内敛的性格拉不下脸去询问，所以他用的是复数“steps”。这个词说明他很希望知道接下来的操作步骤。那么在我的回复邮件里，我就得针对 steps 做文章，尽量去引导客户以最正确的方式成交订单。

客户总会在意想不到的地方为我们留下暗号，有些外贸人会很巧妙又干净利落地把客户想知道的事情交代明白，既顾忌了客户的面子，又把事情说得很清楚；而也有一些人对这些细节无感，习惯性地忽略客户的言外之意，这部分人就在不知不觉间丢失掉了机会。

有一种境界叫作“心照不宣”，客户最终一定会选择懂他的供应商。所以，我们要让自己变得敏感起来，哪怕是一个词、一个符号都要注意。

事实上，我刚打开这封邮件的时候，也有一些不确定，怕漏掉了什么信息，也在犹豫需不需要进一步询问。这种不确定不是由于经验不足，而是各种经历会直冲脑海，让问题复杂化。但是总结以上的信息以后，我可以肯定地说，客户还是在试探阶段，这个时候最好的处理方式是“以静制动”。所以，在回复的时候我们要控制篇幅，内容尽量内敛，知无不言但也别多说。在这里我希望那些新老外贸人在处理客户简易的回复的时候，能够冷静思考，依靠自己的经验和分析想出最贴切的回复，突破瓶颈。

三、外力影响怎么处理

收到客户索要样品的邮件后，我们要回复客户相应的内容，我相信所有人都会写样品回复邮件。在上一封客户回复报价的邮件里面，我得出的结论是客户还处在试探阶段，和我还有一定的距离感，所以，我在这个阶段的主要任务是拉拢客户的心，克服双方之间的距离感。

很多人会觉得这是不是太早了点，客户仅仅只是在索要样品，后面样品过不过还是个问题，这时候就和客户“套近乎”是不是有些太过心急。那我想说的是通过前面的分析我已经得出了一个清晰的信息就是客户非常有诚意，他在等待我的表态，所以，接下来的拉拢就是让客户体会到我的诚意的关键点。因而，此时千万不能犹豫，一定要在第一时间让客户感受到你对这笔订单的重视和诚心。至于在这个关键点上如何操作，我相信每个人都有自己的方法，无须我多说。

而要拉拢客户、消除距离感，给客户发送样品的时候，大多数人都会碰到的一件事情就是外力干扰。而在这个订单中我遇到的外力是我公司的老板，在得知有客户想要 Razor 样品以后他发话了："把我们自己开模的那一款（为特殊人群设计的一款产品）也一起发给客户。"一开始听到这消息的时候我心里非常抗拒，因为我知道客户不会要这款适合特殊人群使用的产品。为什么呢？一方面，如果他需要的话，在最开始的询盘中他肯定会提到特殊的要求；另一方面，也是最重要的一点，我知道客户是一个内敛的人，在距离感没有消除以前，如果我主动去推销其他的款式，客户肯定会反感，对于沟通会起到反作用。那在这种情况下，我该如何解决呢？

我没有拒绝领导的要求，首先，因为依靠我个人的力量想要去突破领导这层阻力显得很困难。其次，外贸人要学会适应和服从领导的要求，即使我们能拒绝，也不要在很多事情不确定的情况下拒绝，而要试着从其他的地方找突破口，我们拒绝得了这次，能拒绝下一次，或者下下一次吗？

不能拒绝领导，那剩下的突破口就只有客户了。首先，我告诉领导这件事我得去跟客户商量一下，不能盲目地放在样品里，给自己留一条后路。其次，关于客户会反感的事情，我想好了三个解决方案，第一，在介绍特殊 Razor 的时候，避免主动推销，而是用一种陈述和旁观的口吻说明；第二，利用这个推荐特殊款式的机会向客户证明自己在产品方面的专业性；第三，如果客户很反感，我在下一封邮件和下下一封邮件里面建议客户将特殊产品作为以后拓展产品线的一个方向等。

以上就是在不利的条件下，如何变不利为有利的方法，但是大家一定要注意把握好度，然后在最恰当的时候作出对自己有利的反应。

其实，无论身处工厂还是外贸公司，或多或少都会遇到一些自己无法掌控的事情，这时候我们一定要明白，我们手上永远有两张"王牌"，一张是客户，一张是自己的专业知识。把握好了什么时候运用这两张牌都可以化腐朽为神奇，一切都会朝对自己有利的方向发展，而把握不好，则会变得举步维艰。

图 4－3 就是我给客户回复的邮件。

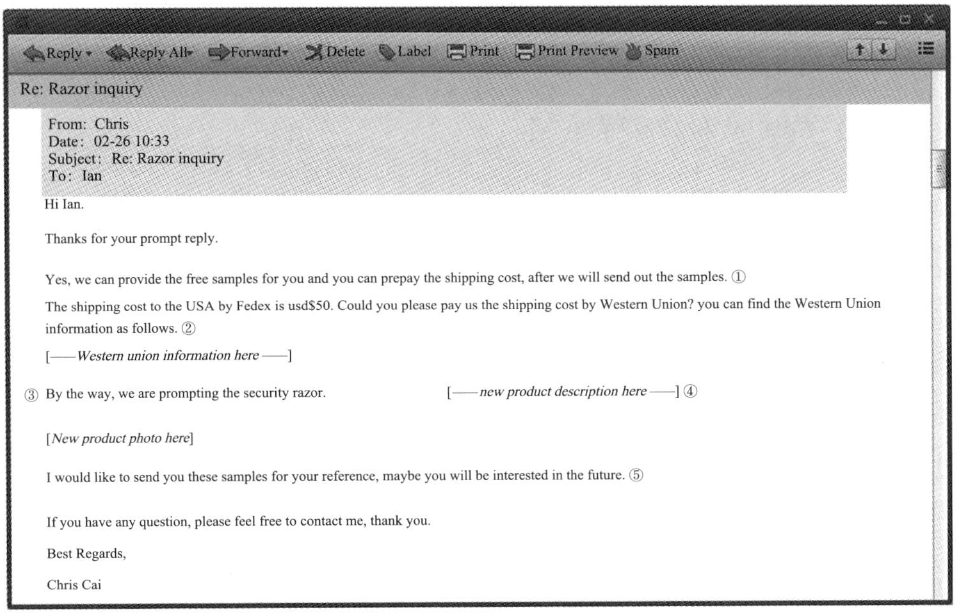

Reply▾ Reply All▾ Forward▾ Delete Label Print Print Preview Spam

Re: Razor inquiry

From: Chris
Date: 02-26 10:33
Subject: Re: Razor inquiry
To: Ian

Hi Ian.

Thanks for your prompt reply.

Yes, we can provide the free samples for you and you can prepay the shipping cost, after we will send out the samples. ①

The shipping cost to the USA by Fedex is usd$50. Could you please pay us the shipping cost by Western Union? you can find the Western Union information as follows. ②

[——*Western union information here*——]

③ By the way, we are prompting the security razor. [——*new product description here*——] ④

[*New product photo here*]

I would like to send you these samples for your reference, maybe you will be interested in the future. ⑤

If you have any question, please feel free to contact me, thank you.

Best Regards,

Chris Cai

图 4－3

（一）简明介绍流程，展现自己的诚意

在序号①那句中，我用最简单的语言介绍了发样品包含的样品费、快递费等问题，让客户明白寄样品是一件很简单的事情，让他对整个贸易流程不畏惧。

序号②那句是告知客户我直接在下文贴上了西联的信息，他可以查看快递相关消息，表明了我的诚意。从一开始联系，客户就比较坦诚，他也想早点看到样品，所以，我直接一点，让客户同样感受到我的坦诚，打消客户所有的疑虑。

（二）淡化推销意向，体现专业度

序号③那句中我用了“By the way”这个词，旨在淡化推销的意味，让客户觉得我推荐这款产品只是一个善意的提醒，既能完成领导交代的任务，又不会让客户产生反感。

序号④是最重要的一句，也就是对特殊款式的描述，这款产品是面对美

国市场的，我将它的开模优势、3D图等附给客户，用最专业的表述让客户知道我们在这款产品上的优势和能力，同时，体现我个人的专业水平。

（三）给客户和自己留空间

序号⑤中我说“in the future”是为自己留了一条后路，再一次提示客户这只是一个善意的提醒，可以作为长期生意的参考。对领导有交代、对客户也提供了最宽松的选择空间，以最负责任的态度处理了这件事。

对外贸人来说，在遇到外力干扰的时候，不要焦躁，要善于利用自己手里的两张“王牌”，在恰当的时候作出正确的处理，这同样是一种能力。作为社会人，不可能“万事如意”，我们必须分清各种因素，恰当地处理危机，而不是抱怨公司不好、大环境不好。

同样，我想建议身处要职的领导以及企业的负责人，请尽可能地给广大的外贸人提供一个自由的谈判空间和开发空间。这个对领导层来说或许很难，因为作为管理层需要掌控所有风险，避免可能的损失，但是有时候抓得越紧，失去得越快。只有给外贸人轻松的空间，我们才会回报更多。可能在给外贸人提供相对宽松的环境这个过程中公司会有损失，但是眼前的损失是暂时的，以后会看到外贸人爆发无限的潜力、无尽的能量。

四、客户付样品费

在我回复以及主动推荐特殊人群用的Razor以后，客户没有回复，这里我就想重点讲一下，客户为什么不回复，是我们的邮件没写好，客户去找别人了，还是客户放假？总的来说可以把大家的困惑分为两部分。一部分是自己的原因，是邮件回复得不好，主动营销造成客户反感，还是语气太过热情显得过于急切，没拉近距离，等等；另一部分是客户的原因，客户没收到邮件，客户放假，客户还在考虑，客户兴趣一般，等等。

这些疑惑都有道理，但可能都不对。如果大家在这个环节出现了怀疑和苦恼，请静下心来，再把之前的邮件分析一遍，我们会发现，根本就不必去猜测，我们只需要跟踪一封邮件，问客户有没有收到邮件就可以了。在我们无法通过已有的信息进行准确的判断时，我的建议是不要胡思乱想，很自然地去询问客户是否收到邮件即可。在我这样做了之后，客户给了如图 4－4 的回复。

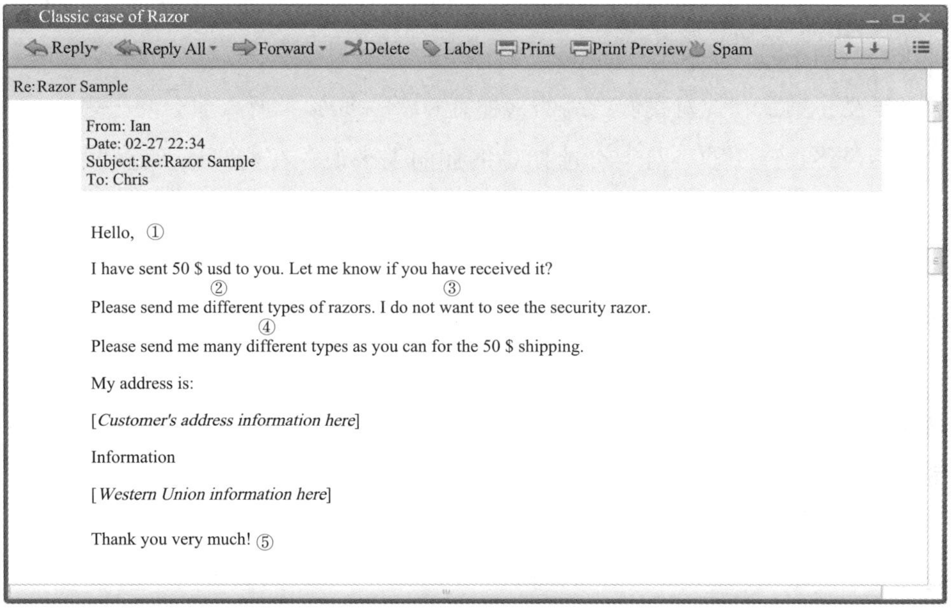
Classic case of Razor

Reply Reply All Forward Delete Label Print Print Preview Spam

Re:Razor Sample

From: Ian
Date: 02-27 22:34
Subject:Re:Razor Sample
To: Chris

Hello, ①

I have sent 50 $ usd to you. Let me know if you have received it?

Please send me different types of razors. I do not want to see the security razor. ② ③

Please send me many different types as you can for the 50 $ shipping. ④

My address is:

[*Customer's address information here*]

Information

[*Western Union information here*]

Thank you very much! ⑤

图 4－4

原来客户不声不响地就把运费付了。收到这封付运费的邮件，我的第一反应就是，客户确实很直率、坦诚，我们之间已经建立了初步的信任。

不过信任归信任，再来详细地剖析一下客户的邮件。

（一）通过称呼推测客户心理

序号①，客户依旧没有写我的名字，只写了“Hello”。做了这么久的外贸，我很重视这一点，因为但凡成交过的客户不可能不记得我的名字，从初步建立信任，到信任感加深，以及最后的依赖，他们都会喊我名字的。有带逗号的，有带问号的，有带感叹号的。不管哪种表达方式，我都能从中读懂客户的心情是喜悦、焦虑，还是担心、愤怒。

这里一个 Hello 说明客户与我还是有一定的距离感，他不愿意这么轻易地相信一个人，言外之意就是即使他付给我运费，也不代表他会最终选择我。

（二）判断客户意向

序号②，“different types of razors”说明客户对款式还没有确定。出现这种现象有两个可能，第一，他想广泛撒网，除了我们公司，他还在其他的工厂询样品；第二，他对我们产品的兴趣有60%～80%，所以他会要很多款式，比较后最终选择一款。对于有选择恐惧症的人来说，在初步地筛选供应商以后，他很少有时间再在更多工厂的不同产品之间做选择。

发现了以上的问题之后，我就有了初步的主导权，可以按照我对产品和对客户的理解推荐给他对应的款式，有针对性地去攻破客户的防线。

序号③中客户说他不想要特殊人群用的Razor，那我就可以直言不讳地告诉领导，客户不想要，这个问题就解决了。事实上，我从一开始就知道客户不会要，但通过这一来一往，我更加深了对客户的了解，更加明确自己的判断是正确的。

其实做外贸最重要的就是把握和掌控客户的心理，让我们的思路和客户的心理一样，并且永远都能想到客户的前面，这样生意才会变得越来越简单。可能有人会说，反正都是Razor，把样品一起寄去，客户不要就不会选，不需要来回分析自找麻烦。但事实是经过与客户的几轮邮件沟通以后，我已经逐渐适应了客户的思路，这种适应并不是我跟随客户的思路做到完美的契合，而是我可以依照这种思路去猜测客户可能会考虑的问题，然后，提前做好准备。

序号④中再次提到“different types”，但是用了“many as...”修饰，结合序号②“... different types of razors.”这句话，我心里已经有60%的把握客户更像第二类人，对我们产品有很大的兴趣，希望在我们的产品中选择一个。为什么这么说，因为客户再次强调并且加上“尽可能多地”这样一个修饰词，这从侧面反映他想购买的强烈欲望，如果他只是漫不经心地询价，大可不必补这一句。再进一步推测，客户在确定样品以后下单会很快，那么我们就得在寄了样品以后不断提醒他。在这个阶段加深印象，效果会好上很多倍。

序号⑤中“Thank you very much!”，客户第一次用了非常感谢来替代签名，这是一种委托，但同时也表达出一个内敛的人想要展示的初步信任，因此，我更愿意理解为客户的意思是“其实我有很多不放心的事情，但是我愿意尝试去相信你，千言万语一句话，麻烦你了”。

五、Hello Chris

在分析完客户支付快递费的邮件后，我给予了如图 4－5 的回复，告知客户我对样品寄送的安排。

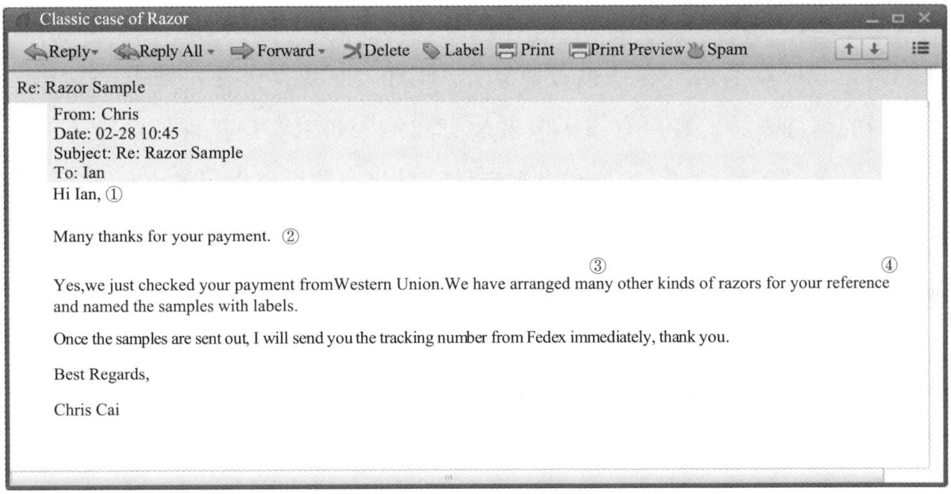
Classic case of Razor

Reply · Reply All · Forward · Delete · Label · Print · Print Preview · Spam

Re: Razor Sample

From: Chris
Date: 02-28 10:45
Subject: Re: Razor Sample
To: Ian

Hi Ian, ①

Many thanks for your payment. ②

Yes,we just checked your payment fromWestern Union.We have arranged ③many other kinds of razors for your reference ④and named the samples with labels.

Once the samples are sent out, I will send you the tracking number from Fedex immediately, thank you.

Best Regards,

Chris Cai

图 4－5

（一）加深自己给客户的印象

开篇第一句，序号①的位置，我先点名跟客户打招呼，提醒客户虽然他在之前的邮件中没有提到我的名字，但我仍然会尊重他，会直接称呼他的名字，让他知道我的认真和执着，同时，也想间接地提醒客户，他忘了在邮件的开头带上我的名字。为什么我一直强调要直呼名字这个问题，因为它是另外一种加深印象的方法，除了我之外还有很多人在争取这个客户，所以我要从人名开始在客户的心里加深印象。

第二句，序号②中我对客户表示了感谢，只要我收到客户的款，我都会在最开始单独一行感谢客户，这是一种礼貌。

（二）分析、引导客户需求

序号③的位置，我对于客户要求的“尽可能多地去安排样品”给予了肯定的回复，但是因为客户之前是在某一个款式下面发的询盘邮件，因此我会以这个样品为中心，再去推荐类似的产品或者更好的产品，所以我用了“other”这个词，意思是提醒客户他最开始询的是哪一款，其他的我只是作为推荐，到时候即使客户看中了其他的款式而放弃了原来询盘的款式，也可以做准确的定位和类比。这也是我埋下的伏笔之一，这个伏笔的目的是让客户注意区分“原始款式”和“推荐款式”，此外，它也是一个心理暗示，因为从前面的邮件来看，客户有很多因素没有确定，如果客户正确地区分了“原始款式”和“推荐款式”，那客户对产品的意向指数可以大幅度提高。

序号④中为了让客户区分不同的款式，我对每个产品都做了款号的标记，对第③点进行补充，让客户看到我的专业性。

这一封邮件其实大家都会写，但是如何用最简单的语句既能自然地埋好伏笔，又让客户觉得我们很专业，对我们留下深刻的印象，真的需要用心去推敲。

寄送样品后，我给客户发送了如图4－6的邮件，告知客户样品寄送的订单跟踪号，以便其查询物流进度。客户收到我的邮件后进行了如图4－7的回复。

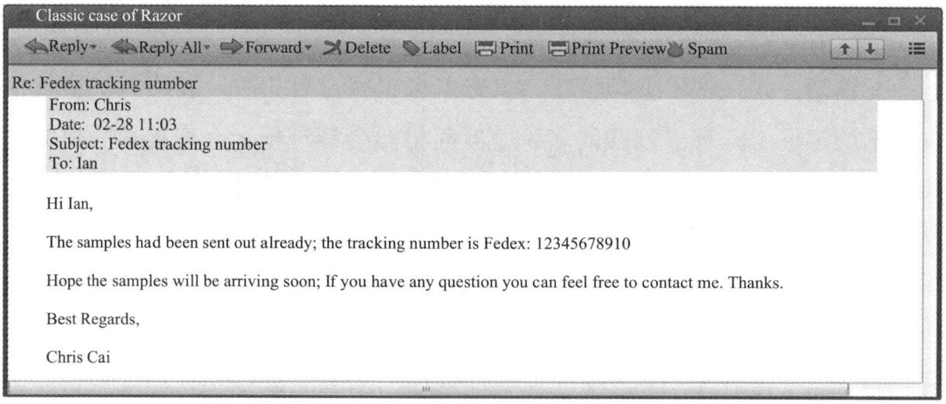
Classic case of Razor

Reply Reply All Forward Delete Label Print Print Preview Spam

Re: Fedex tracking number

From: Chris
Date: 02-28 11:03
Subject: Fedex tracking number
To: Ian

Hi Ian,

The samples had been sent out already; the tracking number is Fedex: 12345678910

Hope the samples will be arriving soon; If you have any question you can feel free to contact me. Thanks.

Best Regards,

Chris Cai

图4－6

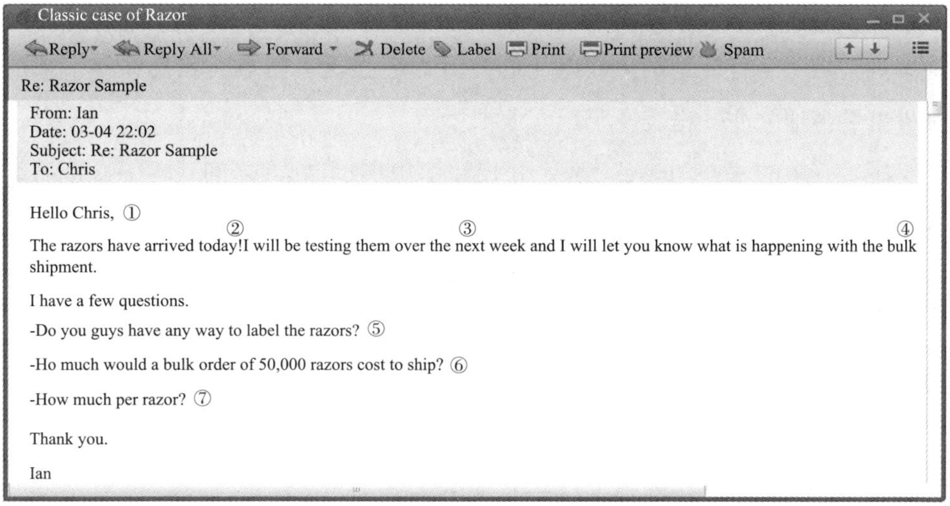
Classic case of Razor

Reply　Reply All　Forward　Delete　Label　Print　Print preview　Spam

Re: Razor Sample

From: Ian
Date: 03-04 22:02
Subject: Re: Razor Sample
To: Chris

Hello Chris, ①

The razors have arrived today!② I will be testing them over the next week ③ and I will let you know what is happening with the bulk ④ shipment.

I have a few questions.

-Do you guys have any way to label the razors? ⑤

-Ho much would a bulk order of 50,000 razors cost to ship? ⑥

-How much per razor? ⑦

Thank you.

Ian

图 4 –7

（三）依据客户的需求调整邮件侧重点

在如图 4 –7 这封回信中序号①的位置我终于看到期盼已久的 Hello Chris，我知道我终于成功地拉近了与客户的距离，一股成就感和幸福感油然而生。因为只有当我的名字被记住了，才说明我真正地被客户接纳和认可了，生意正式开始了。更重要的是让客户记住我这个人，比达成一笔生意更有成就感，因为客户是一辈子的。

序号②中 “The razors have arrived today!”，客户用的是感叹号，我看地出这是一种如释重负的欣喜，像前文描述的潜台词“千言万语一句话，拜托你了”一样，客户此时的言外之意就是，“我没有看错你”。

（四）分析语序，深挖客户需求

序号③和④是客户介绍收到样品之后他的安排和后续的工作步骤。联想到他之前问的“steps”，这里就有可能是他用他的方式告诉我什么叫作“steps”。这种交代已经足够了，因为他甚至谈到了“bulk shipment”（大货安排），虽然我仍有其他方面的担心，但从这里可以看出客户是一个素质、专业度比较高的人，不管是出于他推测出我期望他收到样品之后马上回复，还是他本身就是一个有计划的人。基于客户计划性强这一特点，我会在接下来的邮件里更多地关注日程表。

序号⑤中的"you guys"通常用于亲密的朋友和熟人之间，再一次证明了客户与我的距离感淡化了，语言表达更加亲密化和口语化，那我消除距离感的目的已经初步达到了。

客户问到"label"，虽然我对客户的认知度提高了，但我还是会分两种思路来分析，其一，客户只是试探性地问一下有没有这种可能，因为他需要的产品数量很多，他想做自己的产品推广，也可能是我贴的款号标签无意中提醒了他；其二，客户认真思考过，非常重视这一点，因为他把"label"这一项放在所有问题的第一位，也就是这可能是他最关切的问题。

在序号⑥中客户问到了运费，很多人可能要问，运费都问了，说明客户的意向很明确了，还着什么急呢？其实从客户来说他会及时反馈"bulk shipment"可以分析出，目前离成交订单还有一段距离，所以回复运费的事情不能太操之过急，也得按部就班地来。

有时候我们看过客户的描述以后会忽略掉一些字里行间传达的比较隐晦的意思，而作出错误的判断。如果我们能够仔细地琢磨，那么下一封邮件怎么回复就很明确了，没必要踌躇，因为客户已经给出我们答案了。

（五）分析客户发问方式，有针对性回复邮件

序号⑦中客户问到 Razor 的价格，但是没有提到款号，此时，很多人都会问我发了很多样品给客户，他问的是哪款的价格？或者有人会想，我不是发了报价单了吗，为什么客户还问？有这些疑问之后，我们就得跳出前面做"label"的细节问题，换一种思路考虑。

客户把运费的问题排在产品单价的前面，也没有提具体要哪款产品，而且客户还没有做测试，根本就还没定要哪款产品，所以客户不可能是问某一款产品的价格，而是想要一个总体的预算。此外，在总体预算里面，产品价格其实客户心里有底了，因为有报价单，但是运费他还不知道，所以他想了

解的是大概的运费和产品的价格，或者是一份详细的所有样品单的报价表。不管出于哪种考虑，下一封邮件的思路和语气我心里都有数了。而唯一的疑惑就是款号客户还没定，这就是下一步需要克服的问题，在拉近距离感后，需要让客户尽早确定款号，趁热打铁。

综上所述，客户收到样品以后，首先对样品的处理安排做了详细的介绍，认可了我的工作，接下来是想要确定能否自定义 label 和这笔生意大概的成本。带着这种分析，我开始回复下一封邮件。

六、回复样品问题

（一）根据客户性格选择恰当的词语

通过前期的沟通，我已经将客户的心拉拢了过来，虽然非常欣喜，但是，邮件中还是得稳住情绪。针对内敛的人我要用内敛的词去表达情绪，于是我在如图 4－8 所示的回复邮件的序号①中写了一个“great news”，贴切而又大方，并表示我会静候佳音，然后就直接进入到客户关注的几个重点问题上面。

（二）用恰当的表述方式给客户提建议

序号②直述标签的问题，不管客户是基于被我贴的标签提醒到，还是他自己就有品牌意识，我已经确定了要打消客户这个念头的想法，因为标签通常会以印刷的方式印在柄上，但在那么窄的柄上很难印刷，这个操作不现实，即使我们勉强地印刷了，效果也不会好。可是，我该如何向客户表达这种想法呢？难道我直接拒绝客户说这个标签我做不了吗？当然不会。

我选用箭头的方式在产品图片上面指出每款产品可以印刷的区域，这样，客户就可以自己对照图片去想象如果印刷上会是什么样的效果。同时，我以中立的态度告诉客户，如果印刷的话，LOGO 的尺寸会很小。虽然表面上我没有任何的倾向性，但我在潜移默化地影响客户的判断，当然这种倾向性是基于客户利益考虑的，因为实际情况就是如此。

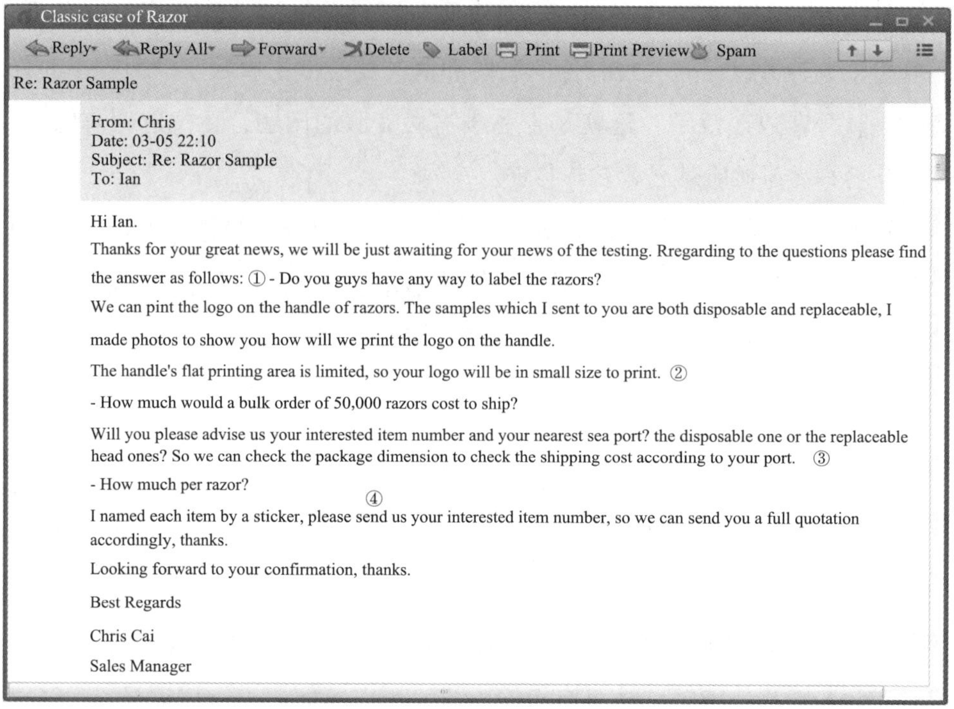
Classic case of Razor

Reply Reply All Forward Delete Label Print Print Preview Spam

Re: Razor Sample

From: Chris
Date: 03-05 22:10
Subject: Re: Razor Sample
To: Ian

Hi Ian.

Thanks for your great news, we will be just awaiting for your news of the testing. Rregarding to the questions please find the answer as follows: ① - Do you guys have any way to label the razors?

We can pint the logo on the handle of razors. The samples which I sent to you are both disposable and replaceable, I made photos to show you how will we print the logo on the handle.

The handle's flat printing area is limited, so your logo will be in small size to print. ②

- How much would a bulk order of 50,000 razors cost to ship?

Will you please advise us your interested item number and your nearest sea port? the disposable one or the replaceable head ones? So we can check the package dimension to check the shipping cost according to your port. ③

- How much per razor?

④

I named each item by a sticker, please send us your interested item number, so we can send you a full quotation accordingly, thanks.

Looking forward to your confirmation, thanks.

Best Regards

Chris Cai

Sales Manager

图 4－8

在采用这种方法的时候大家一定要注意拿捏语气，如果拿捏得不好，有可能让客户觉得我们是在拒绝他印刷的要求，会有反效果，因为绝大多数客户在最初的沟通中，不愿意看到 NO。

（三）巧妙引导客户思路，推进订单进度

序号③回答了客户的运费问题，其实我大可以通过客户的公司名搜索到他的地址，找到最近的港口去报运费，但是这里我想引导客户往正确的思路上走，先确定款号，再确定尺寸和港口，最后报运费，所以我再一次问了款号。这里我做的是引导客户思路，让客户知道应该先确定款号，所以，有的时候外贸人还是客户的领路人。

序号④中客户问单价，而我告知他我对款号作出了标注，第三次让他确认款号，以便有针对性地报价。依我以前主动和积极的思路，我会把所有发给他的样品价格列一个报价单给他，但是这次我坚持不断地问款号，其一，

是为了引导客户往正确的方向走；其二，即使到了这一步，我内心深处对这个客户仍然有一丝丝的不确定，为了测试一下客户对我们的产品是否已经真的动心，我决定先确定款号。

七、客户初步确定款号（ACTUAL STAGE）

在我锲而不舍地三探款号的情况下，客户回复了我的邮件，如图 4－9 所示。

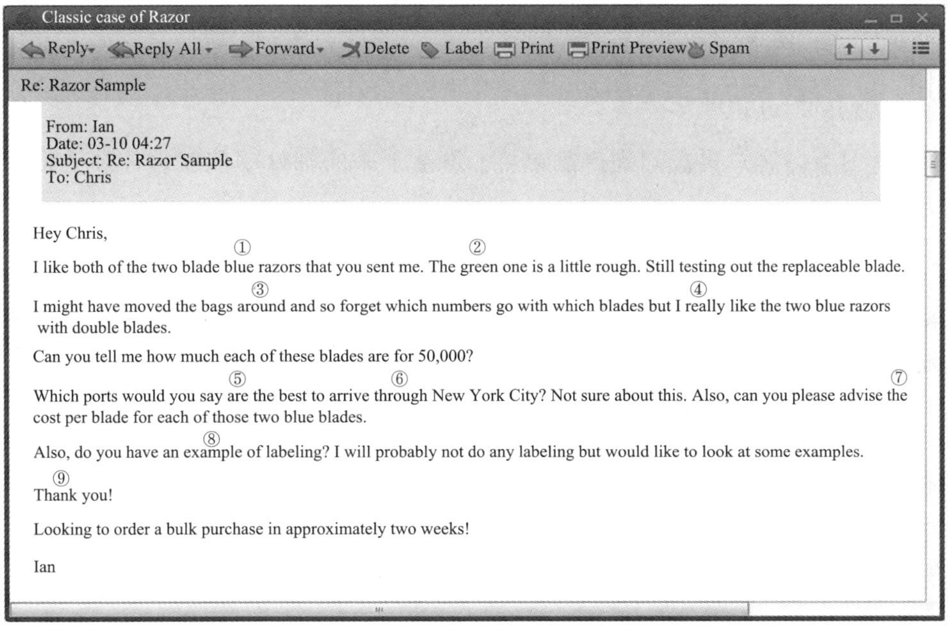

Classic case of Razor

Reply Reply All Forward Delete Label Print Print Preview Spam

Re: Razor Sample

From: Ian
Date: 03-10 04:27
Subject: Re: Razor Sample
To: Chris

Hey Chris,

I like both of the two blade ① blue razors that you sent me. The ② green one is a little rough. Still testing out the replaceable blade.

I might have moved the bags ③ around and so forget which numbers go with which blades but ④ I really like the two blue razors with double blades.

Can you tell me how much each of these blades are for 50,000?

Which ports would you say ⑤ are the best to arrive ⑥ through New York City? Not sure about this. Also, can you please ⑦ advise the cost per blade for each of those two blue blades.

Also, do you have an ⑧ example of labeling? I will probably not do any labeling but would like to look at some examples.

⑨ Thank you!

Looking to order a bulk purchase in approximately two weeks!

Ian

图 4－9

（一）客户确定款号

序号①和②所在语句是客户对三种样品的评价，他说他喜欢两款蓝色的，觉得绿色的比较粗糙，有点跑胶，而常规替换头的，感觉一般，可以不做考虑。这个时候我的心才真正落地，因为客户对我们的产品是认可的。我后面会告诉大家，客户不喜欢样品时该怎么处理，目前，我们还是先继续分析客户。

我发样品的时候，把每个款式分别放在一个透明塑料袋里，然后再在袋子上面贴上款号，客户在序号③中说，他一下把所有样品都拿出来了，现在已经区分不出对应的款号，所以客户只能用颜色做解释。我突然感觉客户除了内敛还有一点“萌”。这也提醒我下次发样品的时候要用更好的方法，让客户对样品的款号记忆更深刻。所以我所说的学习，有一部分是客户告诉我的，有一部分是自己体会的。

（二）简略回答问题，减少客户顾虑

序号④客户再次强调喜欢蓝色的两款，非常直接、清晰地表达了自己的意向。很多外国客户说话都喜欢直来直去，不喜欢拐弯抹角，所以我们在和客户沟通的时候也要多注意。

序号⑤，客户再次问到产品单价，那接下来的邮件中我就得仔细地报价了。序号⑥，客户说不太清楚该怎么运输，这个时候我就要展现我的能力了，我通过之前寄样的地址，报了一个到门点的费用（因为客户不是港口城市）。客户既然说到“Not sure about this”，那我们就要细心地对待这个点，客户越不清楚，我们越不能含糊。为了做到极致，我要直接给他报门点费，而描述也必须极为简单，让客户觉得很轻松。多年以前，我习惯跟客户说“先运到哪里，再运到哪里，再用卡车送到哪里”，每多一道程序，客户心里就多一道屏障和不确定性，兴趣就减一分，我不是说让大家避重就轻，而是用血的经历告诉大家如何少走弯路。

序号⑦客户问了刀片的价格，一般来采购 Razor 的客户很少会要求单独报刀片的价格，我本来想告诉客户我们不单独报刀片，但是我想了想，客户也许有自己的考虑，比如对整个产品各个部件成本的考虑，来计算有没有还价的空间等，于是，我决定按照成本价报给他。

序号⑧，客户把标签问题放在了最后，这也看出来他被我影响了，被带到了对双方更有利的方向，但是他说可能不会要 LOGO，可依然要看一个样品。目前我没有有 LOGO 的样品，可这个已经不是问题了，重要的是客户的思路对了。序号⑨中客户再一次感谢，以及告诉了我他的计划，说他再过两

个星期会下单。这一次的感谢是一种信任和嘱托，我也接收到了。

通过这封邮件，我基本上可以把这个客户定义为“意向”客户了。因为邮件中已经包含了价格、运费、款号，以及下订单的意向等信息。所以外贸新人们需要注意的是，如果在跟客户的沟通过程中已经涉及这几个点了，那么大家邮件的语气和基调可以调整为是面对一个即将合作的客户，克制一下紧张的情绪，更多地考虑如何把自己这一边的事情把控好。

当然，事情不可能一帆风顺，随后也出现了一些意外的事件，让成交的过程变得非常曲折。

八、回复客户对样品的评价——化腐朽为神奇

客户对样品进行反馈以后初步告知了他喜欢的是蓝色的两款，想知道总的成本，以及客户不想做LOGO，但是想看一下LOGO效果的意向。在这个时候，发生了一个意外，工厂突然提高了起订量，要10万个才能起订，而我很清晰地记得客户在最开始的询盘里说他要的是5万个，此时该如何应对呢？

首先在如图4－10所示邮件的序号①的位置我由衷地感谢了客户的回复，展现我的礼貌和无时无刻为客户服务的意识。序号②感谢客户对产品的反馈，客户的每一个反馈都是值得我们珍惜和反省的，所以理应对他的反馈表示感谢。

序号③和④说明我始终记得我最开始推荐的那款绿色Razor。虽然客户对这款Razor做了反馈说它“a little rough”，但是我仍然要针对它给予回复。一般人可能看到客户表明蓝色的Razor是他的最爱以后，就忽略了这个他不爱的产品，而把所有篇幅都给了客户喜爱的蓝色，其实这个时候正是化腐朽为神奇的关键机会。我很详细地在这个问题上再次询问客户，问绿色的Razor是在塑料还是胶上面显得粗糙，我会把这个问题告诉我们的技术人员去进行修改和完善。让客户看到我们公司严谨、精益求精的态度。这就是我前面提到的成熟的人是去面对问题而不是逃避问题，当我们很清晰地意识到这一点以后，做事和思考问题的方法必然会趋于成熟和稳重，这种理念会不自觉地传达给客户，让客户给你打高分，而这正是化腐朽为神奇的最佳方式。

Classic case of Razor

Reply Reply All Forward Delete Label Print Print Preview Spam

Re: quotati on of razors

From: Chris
Date: 03-10 17:22
Subject: Quotation of razors
To: Ian

Hi Ian,

Thanks for your prompt reply. ①

We appreciate for your kindly feedback,regarding to the green shaving razor "#ItemC", ② will you please make us more clear about the rough issue, ③ on the rubber or the plastic PP material? ④ So we can forward this to our technician torecheck the mold of this item to make it perfect but still very glad to hear our two blue disposable shaving razors are of your interest. ⑤

I have made notes of this two blue two blades items -"*Item A* "(with rubber on handle)and "Item B", ⑥ but for this two items, our MOQ of this each item is 100,000pcs at present, so will you be possible to rise up your quantity? you can find the prices as follows:

Disposable shaving razor *#Item A*, FOB shanghai usd$*1.00/pc* based on 100,000pcs.

Disposable shaving razor *#Item B,* FOB shanghai usd$*0.9/pc* based on 100,000pcs. ⑦

Regarding to the shipping way, our shipping company suggest to firstly ship to New york city, after will ship to your Manchester city by truck, it will take one day from the New york port to your city by truck. ⑧

We never quote the blade's price separately, but if you need, each blade's cost is around USD$*0.2/pc.* ⑨

For the labeling on the handle, I do not have a photo at hand to show the printing on the handle right now, but actually we also do not suggest this as the printing area is quite limited and further more the printing will need a flat surface, most of the printing area is narrow and not completely flat for printing, so we are worried about printing quality, thus we always suggest customers not have printing on this razor products. ⑩

I made a photo by myself to add the "apple" logo on the "*# Item B*" handle which might be make you more clearly about the printing. ⑪

Please check all the information, if any question you can feel free to contact me, thanks.

Best Regards

Chris Cai

Item A.jpg 69KB
Item B.jpg 78KB
Item C.jpg 77KB

图 4－10

序号⑤表达出我们仍然很开心有两款 Razor 会受到他的青睐，很自然地表达了自己对进一步合作的期待。序号⑥则告诉客户他不记得产品款号没关系，我自己做了记录，让客户感觉到他疏忽的问题我都可以全权把控，进一步取得客户的信任。两款产品的款号分别是 A 和 B，而 A 和 B 的差别也很明显，但是对于这两款，我们的起订量是 10 万个，可否提高数量。其实 10 万的起订量我完全有信心可以跟工厂谈到 5 万个，因为 5 万个对工厂来说也不是一个小数目，但是既然工厂提出这个要求了，我还是想跟客户提一提，不是屈服于工厂的规定而是因为自始至终我和客户的沟通还没有走入实质的价格或者数量谈判阶段，言外之意就是，我和客户之间的交情还是“君子之交”。

截至目前，我还没有跟客户说过一个“NO”，所以我想以这个数量的问题推进订单的进度，跟客户进入下一个实质的谈判阶段。我选择这个数量的问题，主要是因为即使客户拒绝了这个数量，我还有九成的把握可以把客户再拉回来，而不至于造成客户不理我这种无法挽回的状况。很多人可能会不理解，为什么要多这么一道程序呢？直接跟工厂谈好5万个，然后按照正常的流程走完不好吗？这样当然也很好，但是我们是销售员，我们最终的目的是要和客户建立生意伙伴关系，这个过程中很多人会很痛苦，因为，为了和客户建立感情，我们要为客户争取最好的条件，和工厂以及公司领导不断沟通。遇到各种麻烦，沟通不畅，无法给客户提供最优条件的情况下，还有可能让客户失望，最后丢了订单，事与愿违。所以外贸人在和客户走到谈判这一步时，要有把控能力，让客户有一个心理上的准备，使双方慢慢地从最初建立的朋友关系过渡到生意关系上来。让客户知道做生意要共赢，双方都要有所让步。在Razor这个案例中我就是借用这个数量的意外来加快谈判进度的。

之前的邮件中客户问了很多次价格，因此在这封邮件中我必须正面回应，所以序号⑦中我针对客户选择的款式给予了最直接的报价。

序号⑧是我关于产品运输方式的回复，我查了之前发给客户的样品地址，并针对这个地址找货代确认了最好的运输方式，做了最直接和最清晰的报价。

序号⑨中针对客户询问的刀片的问题，虽然我给了他一个参考价，但是我委婉地告诉客户问每个刀片的价格是不科学的，引导客户有正确的思路，在这个过程中大家一定要注意用词，拿捏要准确，力道也要刚刚好才行。

关于LOGO的事情，我在序号⑩中详细地解释了，告诉客户为什么从实际操作上不建议印刷LOGO，如印刷面积有限、印刷表面不平会导致印刷效果大打折扣。我一直没有说不能印刷，因为我很少在同一封邮件上面两次挫败客户，而这封邮件里第一次挫败客户是在数量上，这个点客户可能就需要消化很长时间，那我在第二个点LOGO上就会尽量地做到通情达理。（“I do not have a photo.”不属于挫败，因为接下来我会自己做一个图满足客户）

为了满足客户看一下印 LOGO 的产品样，我尝试用 PS 做了一个 LOGO 在 Razor 的手柄上面，但我手头没有客户的 LOGO 样，所以我当时找了一个苹果公司的 LOGO 做到了柄上。很多人会问为什么选苹果 LOGO，苹果是电子产品，用在这种塑料制品上面会显得很突兀吧。不要着急，请看我的解释。

（1）曾经有客户直接用“apple quality”来形容他需要全球最高质量的产品，所以我记住了，Apple 是质量的象征，因而我想借此隐喻地告诉客户我们的产品质量很好，可以和苹果比拟。

（2）其实苹果的 LOGO 还有一个典故，大致的情况是当时苹果公司还是起步阶段，但是他们为了拥有自己的品牌和商标，仍然花了很大的代价买了这个被咬了一口的苹果的 LOGO 设计。不知道客户是否知道这个典故，如果知道的话，他会明白我们对 LOGO 非常重视，也有品牌意识，之所以以前没有在产品上印刷 LOGO 真的就是因为效果不好。

（3）我想幽默地告诉客户，即使是苹果这样的 LOGO 印在柄上也不见得好看，更何况是其他的。

好的外贸人不拘泥于形式，用自己对生活的感悟去树立自己的风格，靠自己的灵性和风格去征服客户，并在关键的地方恰如其分地利用和发挥它们。我想这样的外贸人才是未来的主流。

九、客户不同意起订量

上封邮件说过我希望通过订单数量进一步引导生意进入实质阶段，虽然看起来还显得比较早，但是正好有这个机会，我就很自然地提出了起订量的问题。图 4-11 是客户的回复。

果然序号①中客户说他只打算要 5 万个 Razor，10 万个超出了他的预期，但是他确定 5 万个应该是没问题的。所以我想再一次回过头去看一下询盘的信息，确认客户的要求。其实在询盘中对数量问题客户已经说得很清晰了，我们在“读”询盘的时候就得对这些重要信息有印象，方便以后谈判以及做宏观思考。

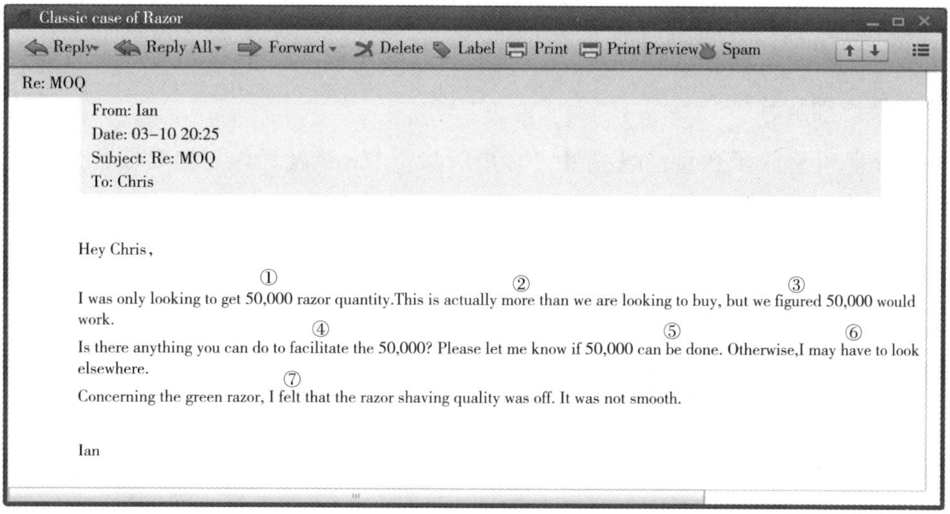

Re: MOQ

From: Ian
Date: 03-10 20:25
Subject: Re: MOQ
To: Chris

Hey Chris,

I was only looking to get ①50,000 razor quantity.This is actually ②more than we are looking to buy, but we ③figured 50,000 would work.

Is there anything you can do to ④facilitate the 50,000? Please let me know if 50,000 ⑤can be done. Otherwise,I may ⑥have to look elsewhere.

Concerning the green razor, ⑦I felt that the razor shaving quality was off. It was not smooth.

Ian

图 4 – 11

如果在考虑很多问题的时候都能想到客户的要求，写每一封邮件的时候也都能够把这些潜在的因素考虑在内，我们就会知道邮件的语气应该是什么样的了。

序号④中客户问有什么方法能把起订量降低到 5 万个？“facilitate”（促成）虽然感觉看起来是个中性词，不包含任何感情色彩，但是细心的人会懂得，一个内敛的人是不好意思开口去求人的，所以他用了一个隐晦的词。但是，客户仍觉得“facilitate”还是有一些求人的感觉，所以他马上以正式的语气问：“请告知 5 万个能否做，不行的话我只能去找别家了。”没有对客户进行性格分析的人，看到这里客户说要换供应商，可能会觉得恐慌，以及生气，恐慌的是到这个阶段，客户不会真的不买了吧，生气的是，怎么说变脸就变脸。但是如果我们仔细地分析了客户前后用词的变化会发现这只不过是客户挽回颜面的一个砝码。在没有成交前客户始终握有主动权，他可以选择买或者不买，因此，他告诉我，我不能强求他买 10 万个，不然他就去找别人做。如果从更深层次分析的话，在没有谈到价格层面以前，客户是不愿意失去他谈判的优势的。因为失去优势对于他价格谈判会很不利。同时，他又以他内敛的方式告诉我他希望能做 5 万个。这个我早已经预料到了，所以我下一封邮件会告诉他 5 万个可以做，但不是马上就说 5 万个可以做，我也要把谈判中客户买家身份的优势降到最低，追求双方的平等。这个我会在下一封邮件中再做详细解答。

在邮件里除了数量信息之外，客户对绿色 Razor 做了详细的反馈，这再次验证我上面说的话，他并不是真心想换卖家，因为如果真的动了换厂家的心思，他就没有必要对这个绿色 Razor 做详细回复。从这里我们还可以看出，我前面看似多此一举地询问客户绿色 Razor 到底哪里不好，反而给了客户一个很好的台阶。

这一系列的心理分析，其实需要很好的英文、心理分析功底，以及很好的察言观色、宏观思考的能力。看似一篇简单的拒绝 MOQ 的邮件，实际上可以发掘很多客户的真实想法，如果我们对语气把握不到位，很容易分析错客户的真实想法，而在下一封邮件里面给出让客户不满意的答复。例如，有很多人听信客户要换别家的说法就开始强硬地说："我们的质量是国内最好的，我们经得起比较。"或者觉得恐慌了，用很弱势的语气直接告诉客户："我们答应了 5 万的起订量，希望还能与你合作。"这个回复短期来看是没错的，但是会让我们在往后的价格谈判中处于劣势。因为客户知道我们很想要这个订单，为了争取这个订单会作出妥协。那最后我们就会落入一个被随意压价，步步妥协的境地。

同类型性格的人在处理问题的时候所表现出来的态度和想法是类似的，而细致的邮件分析会让我们了解客户的性格，从而对和客户沟通、谈判的语气、措辞、方式有一个准确的把握。

十、回复起订量问题

上封邮件中提到 10 万个起订量，客户不愿意接受，而我在前面邮件里也说过了，有把握让工厂让步，5 万个起做，但是有一些人可能会觉得，万一客户不给我让步的机会，直接要从其他地方买。怎么去解释才能安抚客户的心，又能很自然，不会让客户看出我们太急切？请看图 4 – 12 的内容。

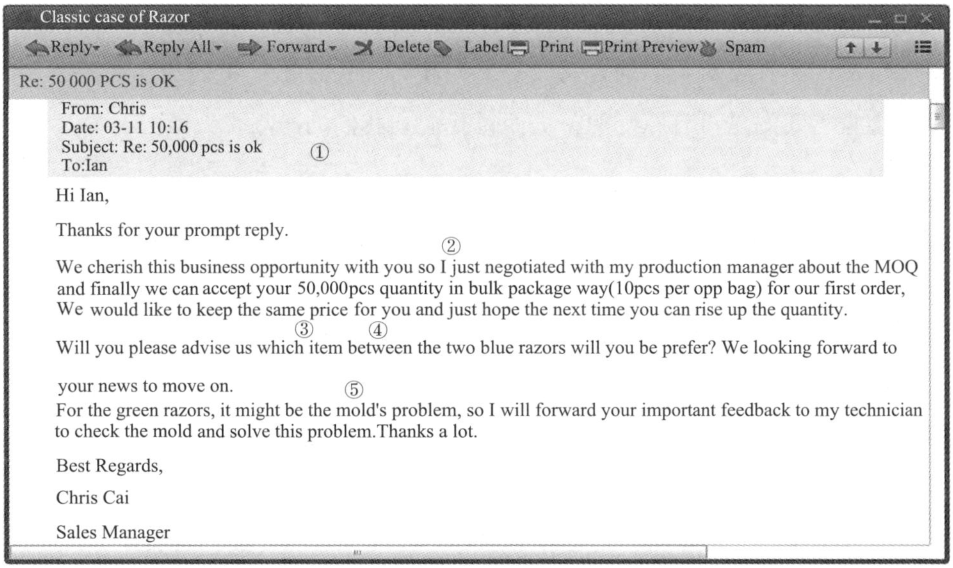

Classic case of Razor

Reply Reply All Forward Delete Label Print Print Preview Spam

Re: 50 000 PCS is OK

From: Chris
Date: 03-11 10:16
Subject: Re: 50,000 pcs is ok ①
To:Ian

Hi Ian,

Thanks for your prompt reply.

② We cherish this business opportunity with you so I just negotiated with my production manager about the MOQ and finally we can accept your 50,000pcs quantity in bulk package way(10pcs per opp bag) for our first order, We would like to keep the same price for you and just hope the next time you can rise up the quantity.

③ ④ Will you please advise us which item between the two blue razors will you be prefer? We looking forward to your news to move on.

⑤ For the green razors, it might be the mold's problem, so I will forward your important feedback to my technician to check the mold and solve this problem.Thanks a lot.

Best Regards,

Chris Cai

Sales Manager

图 4－12

（一）标题醒目，直击客户关注点

对于这封邮件，客户打开之前最关心的不是我的解释，而是想知道确切答案，能否5万个起做，那邮件回复最好的方式就是让客户一眼就知道我可以接受5万个。所以，序号①我的标题就用了 50 000pcs is ok，一目了然不说，还能让客户以一种“总算踏实了”的心态来看我的这封邮件。这是为照顾客户的心态而作出的举动，客户抱着这个心理往下看邮件会有一种如释重负、较为欣喜的感觉。

序号②的位置也是同样的道理，我先表态：“为了珍惜这次机会，我刚刚跟生产部门商量了一下，最终他们同意第一次订单做5万个。”这一句话是对标题进行补充，告诉他经过协商我们5万个可以做，但是我又跟客户强调了这是给他的一个特例，让客户有一种赢的感觉。同时，也让客户知道我们也是有原则的，我们今天违反规定，主要是想给他一个好的条件为日后长期合作打下基础。

这里我想着重地强调一下，我们在与客户沟通的过程中一定要让客户知道我们是有原则和底线的，不能无限制地降低要求，否则，客户会一步一步地压价，让我们处于非常被动的地位，最后也可能导致最坏的结果——客户对我们的产品甚至对我们的公司失去了兴趣，因为在这一系列的交往过程中，客户会觉得我们是没有原则的，进而对我们和我们的产品丧失信心。

（二）适当地让步，争取更多的合作机会

一般情况下，订单数量减少了，单品价格会相应上涨，但是我在序号③中说道："我给你同样的价格，希望你下次能够提高数量。"这是一句貌似很普通的话，但是我在这个时候这样写，主要是想通过不涨价让客户知道我们并不是因为想涨价而提高数量的，而是确确实实有要求要 10 万个起订，现在我们保持原价降低起订量，就是为了有个好的开始，下次能更好地合作。

真正的高手，每一句话都是有用意的，看似拖沓的言语，其实是考虑客户的一些担忧和疑虑而作出的反应，所以我还是希望大家能够反复地查看客户的邮件，很多答案客户都已经告诉了我们，我们需要做的只是用心去倾听并回复。

之前报给客户两个价格之后，客户没有对两款产品的价格做任何的评价，直接谈到了起订量，所以在我告诉客户 5 万个可以做以后，我还是第一时间回到了最重要的问题，确认款号。有很多人可能在回复了客户最关心的问题之后，就没有下文了，所以他会有疑问，客户不回复了，是不是因为他对之前提出的起订量不满而转向别人了？其实不然，有时候我们需要引导和提醒客户走入下一步，告诉客户下一步该做什么，而不是客户来催我们下一步该做什么。

对于绿色那款 Razor 的问题，上一封邮件，无论客户是出于礼貌还是出于不想把话说死的原因提出了问题，我们都应该对问题进行正面回复，这是有责任心的、成熟的表现。世界上任何产品都不是完美的，产品面世就是需要大众检验它的质量，有任何问题都该正面回应，来证明自己比别人专业而且有责任心，进而赢得客户的信赖。

外贸在其他人眼里或许是一份轻松的工作，似乎只要有客户就什么都不用管了。但是我一直觉得外贸是最累心的职业，因为我们要做的是让一个不认识的人付款给自己，要达到这个目的，不仅仅要依靠产品、公司、价格等，最终还要靠我们自己，细心地去倾听客户的声音，解答客户的疑惑，专业地

引导客户，承受和安抚客户的抱怨，等等。所以每一个优秀的外贸人都是全才，是睿智和勇敢的人。

十一、报价

我在回复了客户可以接受5万个的起订量，以及我们很珍惜这次机会，所以愿意作出让步而保持原价之后，客户立即给出了回复，如图4－13所示。

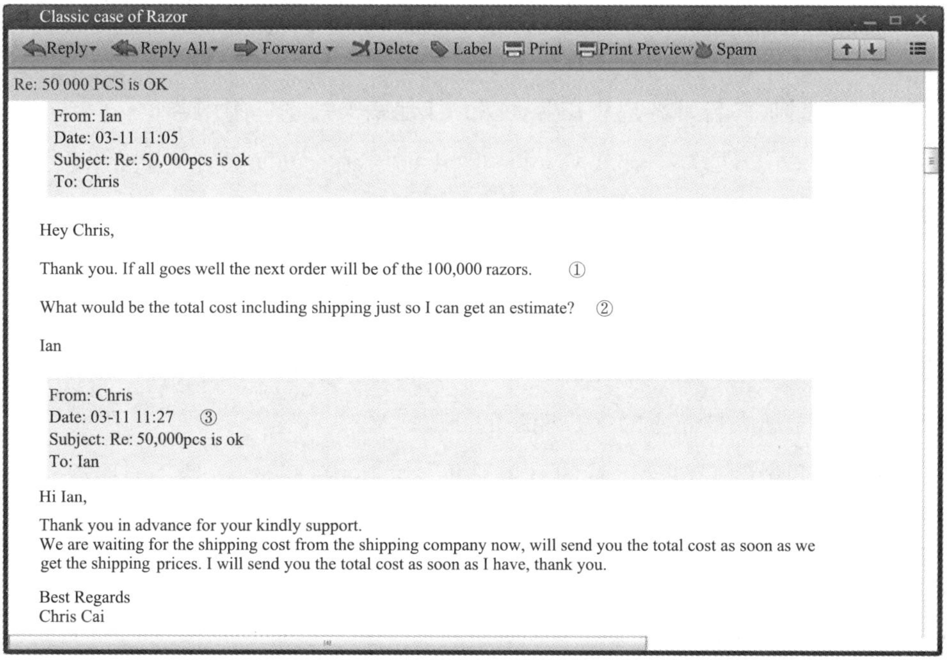
Classic case of Razor

Reply　Reply All　Forward　Delete　Label　Print　Print Preview　Spam

Re: 50 000 PCS is OK

From: Ian
Date: 03-11 11:05
Subject: Re: 50,000pcs is ok
To: Chris

Hey Chris,

Thank you. If all goes well the next order will be of the 100,000 razors. ①

What would be the total cost including shipping just so I can get an estimate? ②

Ian

From: Chris
Date: 03-11 11:27 ③
Subject: Re: 50,000pcs is ok
To: Ian

Hi Ian,

Thank you in advance for your kindly support.
We are waiting for the shipping cost from the shipping company now, will send you the total cost as soon as we get the shipping prices. I will send you the total cost as soon as I have, thank you.

Best Regards
Chris Cai

图4－13

序号①客户很礼貌地表示了感谢，从他的第一句话我们就知道，他心领了我在数量上的让步，所以答应接下来的订单可能会达到10万个的起订量。基于客户一向诚信的态度、内敛的性格，这句话无疑是他的心声。至于以后能否做到，先不去深思，但是客户的心意已经非常清楚了。

这里我想展开一下，很多人觉得跟客户的沟通都是“君子之交”，其实很多时候，我们可以利用看起来不利的因素去制造一些走近客户的机会，其中最好的方式就是由生硬的生意关系转到朋友关系，这样一来，我们的距离走近了，成单的概率就会大大增加，这个起订量的例子就是一个典型。

序号②中客户提出因为他对运费还不确定，所以想要一个总体的价格，方便他核算成本。在数量确定下来以后，就到生意的另一个环节——价格了。请注意，这个价格我们不能简单机械地报给客户，而是要迎合客户的思路和方向，以简单、专业的方式报价。

细心的朋友通过序号③的位置会发现我在收到客户的邮件以后，并没有马上报价，原因是我还没有得到货代的回复，但是我觉得客户此时肯定会很迫切地想看到价格，即使是半夜也在等待回复，所以我在收到邮件后的20分钟内发了一封邮件告诉客户我在等运费，让他稍等片刻，不用着急。

我连续发了两次“send you the total cost as soon as”。一次的人称是“We”，一次是“I”，看起来好像是重复了，但是一个是以团队“We”的身份告诉他我们团队正在核算价格，一旦有了价格之后就会发报价，而一个是以我个人的名义“I”告诉客户我有了报价会立刻发过去，主要是想让客户知道我们正在积极准备报价，让他耐心等待。我很少会单独用“I”，用“I”的情况多出现于私人情感上对客户期盼的回应。

客户要我报的是包含运费的订单总价，而运费是门点的费用，所以货代需要把门点信息报到国外，第二天才会有详细的运费，客户属于内陆点，需要经过NEW YORK转运，这个总的费用就由到NEW YORK的海运费+内陆卡车运费组成。所以我两小时后又给客户发了一封邮件，在图4-14序号④中把到NEW YORK的海运费列出来，让客户知道到纽约港的海运费，这样，客户心里就可以盘算出一个大致的总价格。从个人情感角度出发，我是想当天就报出总的运费给客户，让他知道最终的价格，方便制订计划，但是从实际操作层面来说，我只能等货代通知，所以我取了一个折中的方法，让客户不至于太过失望。这封邮件中有一些个人因素在里面，为了顾及客户的情绪，我看似做了一些无用功，但是这些无用功客户会心领神会的。

关于海运费报价，一直以来我的方式是报“net shipping cost”，为什么报这个，我举个例子大家就明白了。前段时间我成交了一个新的欧洲客户，

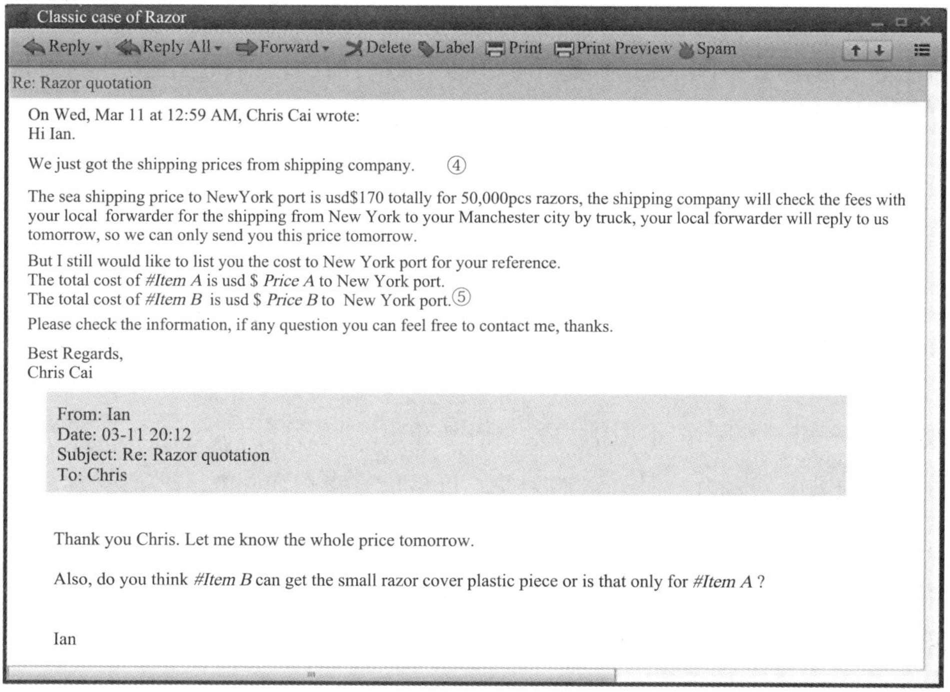
Classic case of Razor

Reply　Reply All　Forward　Delete　Label　Print　Print Preview　Spam

Re: Razor quotation

On Wed, Mar 11 at 12:59 AM, Chris Cai wrote:
Hi Ian.

We just got the shipping prices from shipping company. ④

The sea shipping price to NewYork port is usd$170 totally for 50,000pcs razors, the shipping company will check the fees with your local forwarder for the shipping from New York to your Manchester city by truck, your local forwarder will reply to us tomorrow, so we can only send you this price tomorrow.

But I still would like to list you the cost to New York port for your reference.
The total cost of *#Item A* is usd $ *Price A* to New York port.
The total cost of *#Item B* is usd $ *Price B* to New York port.⑤

Please check the information, if any question you can feel free to contact me, thanks.

Best Regards,
Chris Cai

From: Ian
Date: 03-11 20:12
Subject: Re: Razor quotation
To: Chris

Thank you Chris. Let me know the whole price tomorrow.

Also, do you think *#Item B* can get the small razor cover plastic piece or is that only for *#Item A* ?

Ian

图 4－14

刚开始客户要用海运，我报的是零，后来客户改为空运，我报了一个很高的空运费，客户问为什么这么高？我告诉客户这是航空公司的报价，我不报高价，如果我想报高价的话，之前海运费就不会报零，所以，客户欣然接受。

有时候不要被小利所干扰，因为它会阻碍你的光明大道。

关于报价，如上文所述我需要用最简单而又最专业的方式报给他，我思考了一下，在序号⑤中省去了贸易术语，报给了他 CFR 的价格，告诉他成本加送到纽约港的总价格，因为我个人感觉这种方式最适合他。在报价初期，我们的主要任务是让客户感觉到和我们做生意是一件很简单的事情。所有的贸易术语都是帮助我们做生意的，而不是规定我们该怎么做生意的，因此作为外贸人，一定要把理论转变成自己的知识，在关键的时刻发挥重要的作用。

至此，谈价格前期的准备工作我都已经完成，因此我已经不需要担心客户是否会回复我，或者说我心里很清楚如果客户不回复我是为什么，也知道该怎么去解决这个不回复的问题了，所以打好前期的基础非常重要，它可以让我们把握好订单的节奏和客户的心理，提高订单成交概率。

十二、价格谈判

我选了一个客户经常查收邮件的时间，给他回复了邮件，告诉客户货代暂时还没有门点的费用信息。这个黏度才是最恰当的，我们在跟踪客户的时候要保持一定的频率，不用催太紧，但是在正式报价的时候，一定要适当地强化这种黏度，因为任何买家都会关心价格。客户在如图 4－13 那封邮件中说会等我的报价，而且问了一个关于产品的问题，也许是客户在测试中意识到清洁问题，因此询问 B 款号的 Razor 是否有一个和 A 款号一样的透明头套。因此，在回复客户邮件如图 4－15 序号①的位置我告诉他肯定有的，消除客户所有的疑虑。

在回答客户问题的时候，请注意我用了一个“default”，这个“default”有几层意思，其一是从产品角度告诉客户 B 款号也有防污染的保护头套，让他不用担心卫生的问题。其二是“default”的言外之意就是价格已经包含了头套。客户是内敛的性格，必定不太好意思直接问“价格是否包含了头套”？能读出或者预测这种言外之意并且很云淡风轻地回答，照顾了客户的面子，这才是客户最想要的。

我之前认识一位朋友，他在微博发私信问我他的客户发邮件问产品到××港口的总费用，他给报了一个运费，然后客户一直没有回复，他不知道为什么。我问他为什么只报了一个运费，他回复说他把运费报过去，客户可以自己加起来算一个总费用。我想通过这个“default”的例子他可以知道客户为什么没回复，以及怎样才算是一个合格的外贸服务人员。

邮件序号②的位置客户一如既往地把他的计划告诉我，说他会测试蓝色的 Razor，可能会在 3 月底确定订单。这是一个加强信号，细心的人可以通过这个计划做好跟踪安排。

Classic case of Razor

Reply Reply All Forward Delete Label Print Print Preview Spam

Re:Razor Quotation

From: Chris
Date: 03-12 10:20
Subject: Re:50,000 pcs is ok
To: Ian

Hi Ian.

Thanks for your email.

I am still waiting for the shipping price by truck from the shipping company, once I got the prices, will quote to you immediately. Regarding to the small razor cover, do you meant the transparent pastic cover? the *#Item B* is also default to have this cover, I attached a photo to show you this. ①

Please check the information, if any question you can let me know, thanks.

Best Regards
Chris Cai

From: Ian
Date: 03-12 10:38
Subject: Re: 50,000pcs is ok
To: Chris

Hey Chris,

I will be testing both of the blue razors for about another week before deciding. I think I will be ordering around the last week of March. ② A quick question, the original green blades on the original link that I looked at before I received samples says $*0.6* - $*0.7*. ③ Why are the green blades so much less than the *#Item A* and the *#Item B*? ④

Both #*Item B* and #*Item A* are great razors and I will decide in about a week from now. ⑤

Thanks,

Ian

From: Chris
Date: 03-12 10:39
Subject: Re: Whole price
To: Ian

Hi Ian,

I just got the shipping cost already, please find the prices as follows:

Item: *#Item B* to Manchester city: totally usd *Price B*.

⑥

Item: #*Item A* to Manchester city: totally usd *Price A*.

The goods will be shipped to your warehouse directly and this price is not including the custom clearance fees in your side. ⑦

Please check the prices, if any question you can feel free to contact me, thanks.

Best Regards,

Chris Cai

图 4－15

序号③、④中提到了价格区间问题，事实上在最开始的报价单上我们的价格区间是 a～b（绿色 Razor 的价格也在此区间内），而两款蓝色的 Razor 不在报价单里，而且因为是两款新品，所以价格高于此区间。很显然这个结论是客户自己算出来的，他用之前到港口的总费用减去运费，再除以数量得出单价，知道这两款产品的价格比之前报价单上的要高，于是客户问我为什么。

这里关于客户对价格的不解和疑问，其实是一件再正常不过的事情，不需要担心，只要把理由解释清楚就可以了。这个看似不经心的问题，从另外一个方面证明报价单在某些特定的时刻是很重要的，可以供客户比较，无论是谈判的哪一个阶段，都有可能会涉及，这就告诉我们，在最初报价的时候必须想到后面所有可能碰到的情况。邮件中客户对于价格的追问对我来说不是危机反而是一个契机，我可以通过价格的区别让客户对蓝色那两款产品有更大的好感。

回到邮件本身的分析，客户之前从来没有对价格有任何异议，所以他在提出价格问题后担心自己此时此刻对价格的质疑会有一些冒犯，所以在序号⑤的位置他委婉地说："我当然肯定这两款产品是很好的，一周以后我会做决定要哪款。"通过这句话客户已经告诉我们该如何回复邮件了。我们只需要把理由说清楚，让他充分地认可蓝色 Razor 比其他款式（包含绿色）更好，更实惠，让他感觉到价格高有价格高的道理就可以了。

在未收到客户图 4－15 所示回复邮件的时候，货代的门点费用刚好出来了，所以我直接就把总的价格算出来又发给了客户。邮件中序号⑥的位置我罗列出了 B 款号和 A 款号的总费用，这个总费用的报价没有什么特殊的地方，就是给他算了一个到门点的费用，唯一值得注意的细节是，客户在前面提到了 B 是否会有 A 一样的头套，那我按照客户的思路走，暂时把 B 的价格列在了上面，让他一眼就看到他想要的。紧接着在序号⑦的位置告诉他价格是到门点的 DDU 费用，提醒他费用只到门点，不包含清关等。

针对客户的邮件中提出的蓝色 Razor 比绿色 Razor 贵的问题，我又回复了一封邮件，如图 4－16 所示。这封回复价格的邮件，我单独分析。

"Thanks for your kind information, I will be just waiting for your news to move on the order."

承接客户的回复，他需要做测试再来确定款号，那我们就等客户的消息了。

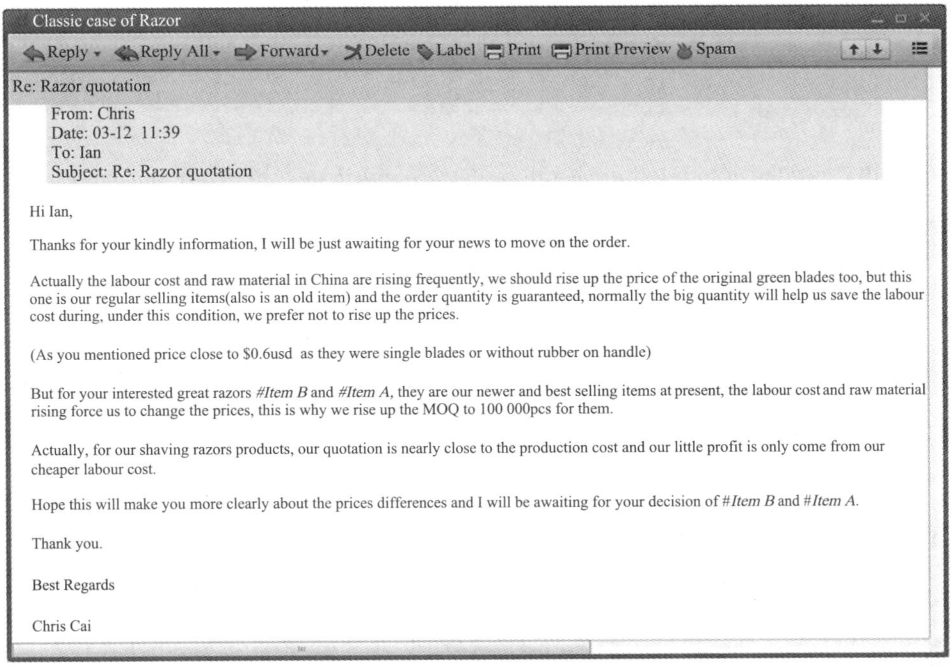
Classic case of Razor

Reply Reply All Forward Delete Label Print Print Preview Spam

Re: Razor quotation

From: Chris
Date: 03-12 11:39
To: Ian
Subject: Re: Razor quotation

Hi Ian,

Thanks for your kindly information, I will be just awaiting for your news to move on the order.

Actually the labour cost and raw material in China are rising frequently, we should rise up the price of the original green blades too, but this one is our regular selling items(also is an old item) and the order quantity is guaranteed, normally the big quantity will help us save the labour cost during, under this condition, we prefer not to rise up the prices.

(As you mentioned price close to $0.6usd as they were single blades or without rubber on handle)

But for your interested great razors *#Item B* and *#Item A*, they are our newer and best selling items at present, the labour cost and raw material rising force us to change the prices, this is why we rise up the MOQ to 100 000pcs for them.

Actually, for our shaving razors products, our quotation is nearly close to the production cost and our little profit is only come from our cheaper labour cost.

Hope this will make you more clearly about the prices differences and I will be awaiting for your decision of *#Item B* and *#Item A*.

Thank you.

Best Regards

Chris Cai

图 4-16

关于价格的解释，客户质疑为什么蓝色的两款产品价格高出区间 a ~ b，我可以进一步理解为为什么绿色的 Razor 价格会低到 a。

"Actually the costs of the labour and raw material in China are rising frequently. We should raise the price of the original green blades too, but this one is one of our regular selling items (also an old item) and the order quantity is guaranteed. Normally the big quantity will help us save the labour cost. Under this condition, we prefer not to raise the prices. "

针对绿色 Razor 的低价格，我从大环境出发，告诉客户原料和人工成本上涨导致总成本上升，同时，我告诉客户这款绿色的 Razor 我们按理说也该涨价，但是因为绿色款是一个老式的畅销款，所以客户的返单很稳定，这样一来，数量也就稳定下来了，有了数量，我们的成本也可以有一定程度的下降，所以就维持原价。

"As you mentioned, the price is close to 0. 6 USD as they were single blades or without rubber on the handles. "

而之所以有的产品价格在 a 左右，是因为产品使用的是单层刀片或者本身是无橡胶的简易剃须刀，成本会低很多。这是从产品本身来解释，客户对照产品很容易理解。

“But for your interested great razors Item B and Item A, they are our newer and best selling items at present. The rising costs of the labour and raw material force us to change the prices, this is why we raise the MOQ to 100,000pcs for them.”

进一步强化 B 和 A 的优势，他们是新品而且现在卖得很好，加上人工和原料的因素使得我们不得不上涨价格，另一方面这也是 MOQ 上涨的原因。所以为什么说前面我在 MOQ 上看似多余的举动是有用的，就是为了给后面的谈判留点余地，把起订量的问题自然地再提出来一次，将实际情况和回复客户疑问形成一个完美的配合。

虽然一开始我并不知道后面会在哪方面出现问题，但经验告诉我实质性谈判中任何情况都随时会发生，事先做好准备，必定会为后期的谈判做好铺垫。

这种技巧要求我们对整个业务流程以及产品有一个很清晰的了解，只有这样才可以熟练自然地运用，不然很容易弄巧成拙。

“Actually, for our shaving razors, our quotation is nearly close to the production cost and our little profit is only from our cheaper labour cost.”

这句话是我对我们公司现有产品利润的实质性分析。大家可以针对自己产品的利润来源和构成做一个总结，在谈判的时候肯定能用得上。

“Hope this will make you more clear about the price differences and I will be waiting for your decision of Item B and Item A.”

结尾言辞要缓和一些，因为在介绍价格较高的原因的时候，语气必定会偏中性，只有中性的语气，才会让解释显得专业并博得客户信任。结尾偏缓和则是让谈判可以在良好的氛围中持续下去。

价格谈判是生意中必定会经历的一个重要阶段，但是在进入价格谈判之前，我或多或少都会做好前期铺垫，为的就是在关键性的谈判中派上用场，而这些准备让我有 90% 以上的把握可以让谈判顺利地走下去。

十三、付款方式

如图 4 – 16 所示的邮件中针对客户问到的价格差异，我以之前起订量的要求为铺垫真实而又清晰地做了解释，用专业的方式在最开始的价格谈判上让客户知道价格没有水分。随后客户给了我如图 4 – 17 的回复。

序号①的位置客户避开了我之前对价格的解释，用一句简单的“感谢你一直以来的信息”作为迂回，看不到客户对于价格的认可或者否定。但是“so far”这个词提醒我在价格这个事情上并没有那么简单。因为一旦客户在谈判中用总结性的词语概括的时候，都会出现一些不确定的因素。从邮件的叙述来说，总结性的词语后面往往会伴随着转折。在这里客户选择了暂时结束价格的谈判，而转向了付款方式。其实在价格上面，客户应该是想砍价的，但是在我回复以后，客户似乎找不到砍价的突破口，所以把这个话题转向了付款方式。

序号②的位置客户提出想使用 PayPal 的付款方式，这种付款方式在美国市场用得比较多，对于买方较为有利，我们基本不用。客户提到 PayPal 的付款方式，也是想对资金往来有一个保障，所以他在序号③的位置解释了，不想用西联付这笔款。我相信很多人会碰到这样的问题，也有很多人遇到这个问题的时候会开始怀疑客户的诚意。但是针对这个客户，很明显他是因为刚开始接触国际生意对具体情况不太了解而产生了疑虑。我们唯一要做的就是用专业的语言去打消他的疑虑。

序号④中客户又一次提到他的安排，会在 3 月 21 日左右做决定。总体来说还是按照计划的时间推进整个业务。

在我回复客户的邮件中序号⑤、⑥的位置我先提到付款的方式，以打消客户用 PayPal 的念头，直接地表示“我们没有 PayPal 的账号”，告诉客户这个方法行不通，然后正式地提出我们可以接受的付款方式。一般情况下，我不会提出西联的方式，但是客户主动地提出了西联，那我会特别地加上 Western Union 汇款。这个付款方式也是考虑到客户对于整个外贸流程不熟悉

Classic case of Razor

Reply Reply All Forward Delete Label Print Print Preview Spam

Re: Payment method

——original Message——

From: Ian
Date: 03-14 00:01
Subject: Re: Payment method
To: Chris

Chris,

Thank you for all the information so far.

What types of payment do you accept? ①

Have you used PayPal before? ②

I am not comfortable using Western Union to send such a large amount of money. ③

My decision will be around the 21st of March. ④

Ian

From: Chris
Date: 03-16 09:36
Subject: Payment method
To: Ian

Hi Ian,

Wish you enjoyed a good weekend. ⑤ ⑥

Regarding to the payment method, we now do not have the Paypal account at present but we can accept the T/T(bank wire transfer) payment and Western Union.

For both T/T and Western Union, we can accept 30% down payment in advance, after the razors shipped out, we will send you the B/L copy which showing the razors had been already shipped out and you can pay us the 70% balance payment.

We just have a customer paid us the down payment by Western Union, so we think it's no problem, if you have any concern or doubt please feel free to contact me, I would like to try my best to explain more clearly for you. ⑦

Ok, I will be awaiting for your news on around 21st of March, thank you. ⑧

Best Regards

Chris Cai

图 4－17

而给予的一个特殊照顾，也就是特殊的情况特殊处理。

序号⑦中我告诉客户正好有其他的客户正用西联付预付款，证明西联的付款方式也是被大家认可的。其实从客户上一封邮件可以看出，他默认为是用西联付预付款，因为之前的样品费是用西联来付的，整个过程很方便，目前他所顾虑的是大金额的付款用西联的安全性。这个时候我们就要让客户信任这种付款方式，告诉他正好有一个人用同样的方法预付了货款，他会多几分安心。

其实，有很多人会碰到付款方式没谈好，导致谈判终止的，我的思路是，首先，公司要有很清晰和固定的付款方式；其次，我们需要用最简洁的语言告知客户自己的付款方式，尤其是在对待新客户的时候；最后，需要做好跟踪的准备，耐心地去跟客户解释付款方式的意义。

序号⑧中我清晰地回复客户会在 3 月 21 日左右等他的决定。同时，也给自己定一个追踪的时间，大概在 3 月 23 ~ 25 日左右。因为我不太想给客户催得太紧的感觉，毕竟客户是很有计划的人，如果不出意外，订单进程肯定会按他的计划来开展的。

在图 4 – 18 的序号⑨中可以看出在 3 月 23 日的时候我进行了跟踪。这个跟踪的时间，需要大家结合客户的性格和习惯去揣摩，可能有一些客户正好希望我们不断地提醒他。这也是需要我们自己去归纳和总结的。

关于付款方式，我想说的是，没有多少客户会完全按照我们的方式来付款，我们需要以现有的付款方式去引导客户接受，第一次会很麻烦，但是下一次，就会很顺利了。

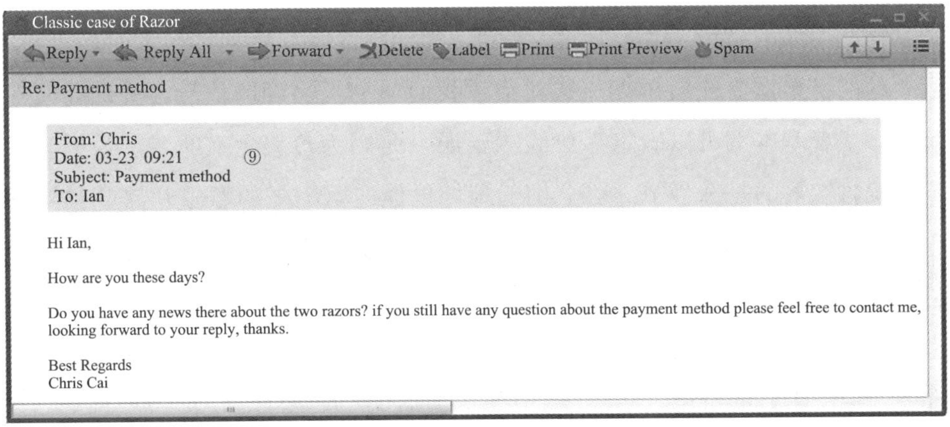
Classic case of Razor

Reply Reply All Forward Delete Label Print Print Preview Spam

Re: Payment method

From: Chris
Date: 03-23 09:21 ⑨
Subject: Payment method
To: Ian

Hi Ian,

How are you these days?

Do you have any news there about the two razors? if you still have any question about the payment method please feel free to contact me, looking forward to your reply, thanks.

Best Regards
Chris Cai

图 4 – 18

十四、确定价格

按照计划我在3月23日跟踪了客户，3月25日他终于有回复了。之前我强调过客户的时间观念是很强的，所以客户在3月25日回复的时候，第一句话就是“Sorry for the delay.”，简洁而且直接。我看到这封邮件的时候，也会不自觉地理解他的“delay”。随后，客户对他的现状做了一些简要的解释，“financial distress”。一个内敛的客户，一般不会虚张声势，也不会绕弯子，因此我相信他的解释。

在跟踪客户的过程中，如果客户突然无回复了，请先缓一下，思考一下他可能会遇到的问题，按照自己思考的结果进行判断，然后依靠直觉再做跟踪。

在图4－19中序号①的位置客户解释了财务的问题以后，直奔型号A并给出了他的目标价，问有没有任何可能在A这个款号上给他区间内的价格，如果不行的话，他就需要再等一个月下订单。

这里有几个点，首先，“anyway”在这个地方其实有一层意思是忽略其他的一些条件（比方说交期晚一点，包装简单一点等）来满足价格条件。遇到这种情况很多人可能会跟着客户的思路走，把重心放在了“anyway”上去谈条件，比如告知物料用其他的物料可以便宜点等根本性改变价格的因素，但是这种方法偏离了重心，因为客户既然认可了样品，再去改变产品本身，客户会担心产品的质量。其次，客户给了一个价格区间并明确告知如果不行的话，他的订单需要往后延期，这就给了我们一个很明确的信号，关键问题在价格，或者基本上可以确定客户的“延误”是因为价格上有犹豫。最后，客户明确告知要的是A款式，在之前的邮件里他透露出来的意思好像B款式是他喜欢的款号。其实之前我就考虑过A款式的手感比B款式的要好，而在价格相差不太大的情况下，客户倾向于A的可能性比较大。截至现在我终于明白，他一直谈论B款式是想暗示他的预算更接近B款式，想通过这样的方式向我争取一个好的价格。

因为最开始报价单里的价格在＄0.6～＄0.7之间，所以客户始终有一个

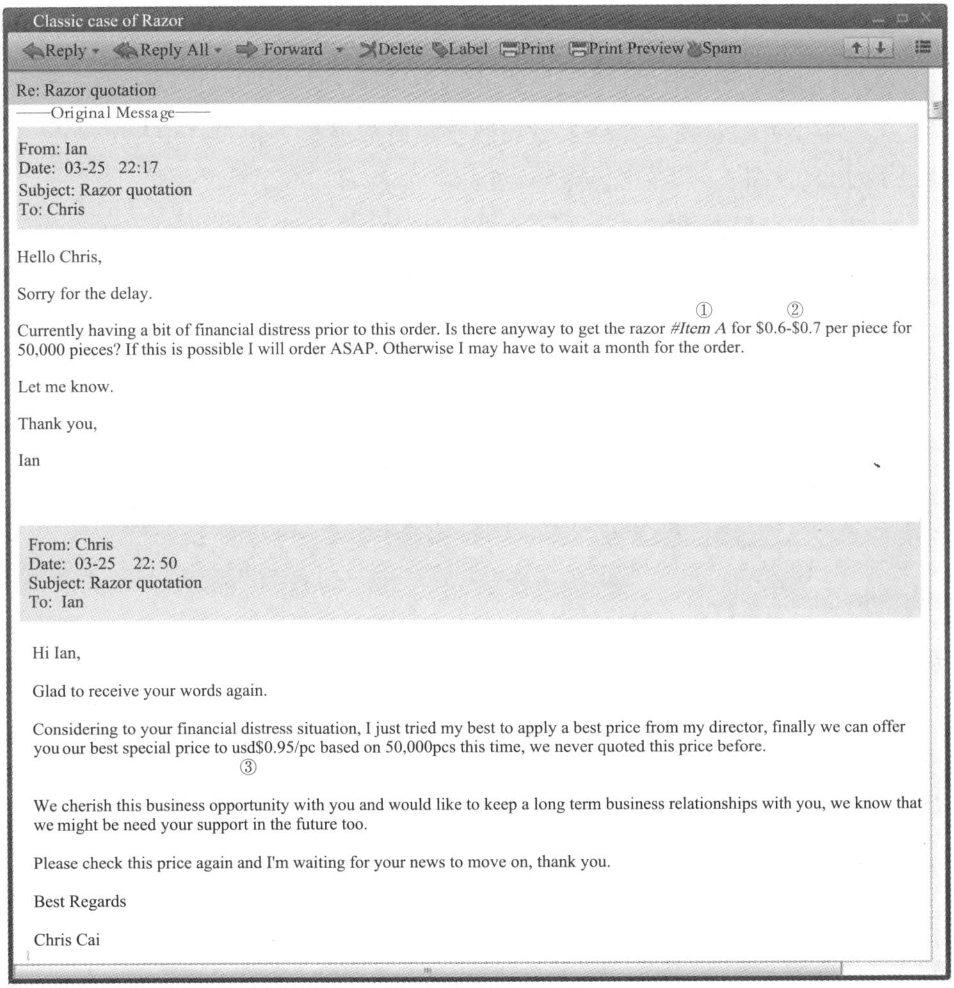
Classic case of Razor

Reply Reply All Forward Delete Label Print Print Preview Spam

Re: Razor quotation

——Original Message——

From: Ian
Date: 03-25 22:17
Subject: Razor quotation
To: Chris

Hello Chris,

Sorry for the delay.

Currently having a bit of financial distress prior to this order. Is there anyway to get the razor *#Item A* ① for $0.6-$0.7 ② per piece for 50,000 pieces? If this is possible I will order ASAP. Otherwise I may have to wait a month for the order.

Let me know.

Thank you,

Ian

From: Chris
Date: 03-25 22: 50
Subject: Razor quotation
To: Ian

Hi Ian,

Glad to receive your words again.

Considering to your financial distress situation, I just tried my best to apply a best price from my director, finally we can offer you our best special price to usd$0.95/pc ③ based on 50,000pcs this time, we never quoted this price before.

We cherish this business opportunity with you and would like to keep a long term business relationships with you, we know that we might be need your support in the future too.

Please check this price again and I'm waiting for your news to move on, thank you.

Best Regards

Chris Cai

图 4－19

印象，产品的价格在这个区间，所以序号②中客户再一次提了这个价格，大家可以想象第一印象有多么重要了。

在接下来我的回复中，我综合地考虑了一下，客户很坦诚地告知了我他现在的处境，我如果维持原价的话，会给他不通情达理的印象，即使这一笔订单可以顺利谈成，以后的订单也会有隐患。再加上按照客户说的往后延一个月的想法，这一个月客户可操作的事情太多了，为了避免夜长梦多，我决定给他稍微降一些价，所以，在序号③的位置我报了＄0.95的价格，并且告诉他这个价格已经是最优惠的了。

反观整个谈判过程，有两个点会让他觉得这笔买卖他是赚的，第一是数量，第二是价格。我思考着这个价格应该是客户难以抗拒的，所以毫无顾虑地报了过去。

果然，客户马上回复并确认了我报的新价格＄0.95，并转向了运输的问题，如图4－20中序号④⑤所示。其实在经过上面的分析以后，我大概有9成的把握客户可以接受这个价格。大家认为的价格难谈的问题在这里就都已经圆满解决了。

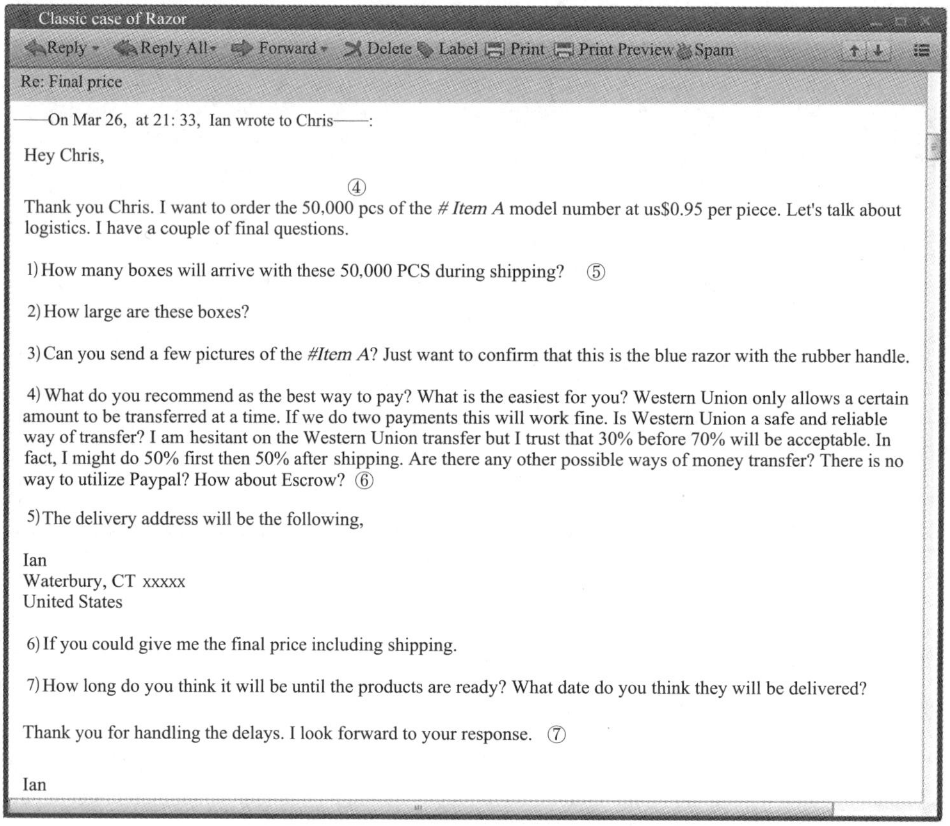
Classic case of Razor

Reply ▾ Reply All ▾ Forward ▾ Delete Label Print Print Preview Spam

Re: Final price

——On Mar 26, at 21: 33, Ian wrote to Chris——:

Hey Chris,

④
Thank you Chris. I want to order the 50,000 pcs of the *# Item A* model number at us$0.95 per piece. Let's talk about logistics. I have a couple of final questions.

1) How many boxes will arrive with these 50,000 PCS during shipping? ⑤

2) How large are these boxes?

3) Can you send a few pictures of the *#Item A*? Just want to confirm that this is the blue razor with the rubber handle.

4) What do you recommend as the best way to pay? What is the easiest for you? Western Union only allows a certain amount to be transferred at a time. If we do two payments this will work fine. Is Western Union a safe and reliable way of transfer? I am hesitant on the Western Union transfer but I trust that 30% before 70% will be acceptable. In fact, I might do 50% first then 50% after shipping. Are there any other possible ways of money transfer? There is no way to utilize Paypal? How about Escrow? ⑥

5) The delivery address will be the following,

Ian
Waterbury, CT xxxxx
United States

6) If you could give me the final price including shipping.

7) How long do you think it will be until the products are ready? What date do you think they will be delivered?

Thank you for handling the delays. I look forward to your response. ⑦

Ian

图4－20

最后一步的关键点一方面在于要让客户知道我们报的价格是实打实的价格，有很多人在客户讨价还价之后会马上作出让步，这种方法会让客户觉得价格水分太多，而进一步压价，这个方向就偏了；另一方面要让客户在心理上有赢的感觉，这种赢的感觉，只要我们去努力抓住或者创造，每一个客户都会给我们这个机会的，就看我们是否能找到这个点了。

接下来客户提到的问题就比较有价值了，我们可以看看客户在除了价格因素以外还会关注哪些方面的内容。

（1）运输方面：箱数，装箱尺寸，产品照片。

（2）付款方式。

（3）运费（这里又报了另外一个地址，需要重新报DDU的价格）。

（4）交期，以及整个流程走下来的时间。

在价格确定以后，客户心态似乎轻松很多，所以把付款方式放在了第四点序号⑥的位置。从心理上客户有接受我们付款方式的意向，但是仍然写了很长一段话说明他还是有一些担心付款的安全问题，连续用了好几个问号，询问最好的付款方式，最方便他们的付款方式，西联是否可靠，是否允许付两次，是否可以用PayPal，是否可以用Escrow等。这种情况下我需要再对付款方式做一个详细而且专业的补充。但是，事实上整个流程到了这里，付款方式已经不是问题了。

最后在序号⑦的位置客户对于他之前回复的延误表示歉意，也对我能够在计划的时间进行跟踪表示感谢，这种节奏感应该是客户比较能适应的也是很满意的。整个流程我个人觉得很开心而且很有趣，因为我总会在某些方面跟客户有一些默契，或者是共鸣，这才是做业务最好的状态。

第二节　如何赢得陌生客户的信赖感
——来自TradeManager的询盘

像TradeManager这样的在线聊天工具一直以来给外贸人的感觉都像是一个鸡肋，因为在这个平台上问的人多，真正下单的人少之又少，还有很多公司出于保护价格的原因都不太重视在线客户的开发。但是，外贸人每天做的事情其实就是将不可能变成可能，所以即使是 TradeManager 上的询价，如果能有效地进行沟通，同样可以获得订单，因此，它也是值得我们认真对待的。在线聊天工具讲求及时性、准确性和专业性，如何用最专业的姿态在有限的沟通时间里赢得客户的信赖就成了关键。

一、来自小水滴的询价

如图 4 – 21 所示是我在小水滴上收到的询盘，客户第一句话说“I am interested in this product: *http: //waimaorenchris. com*（产品详情页）”而且“Message from App. ”。

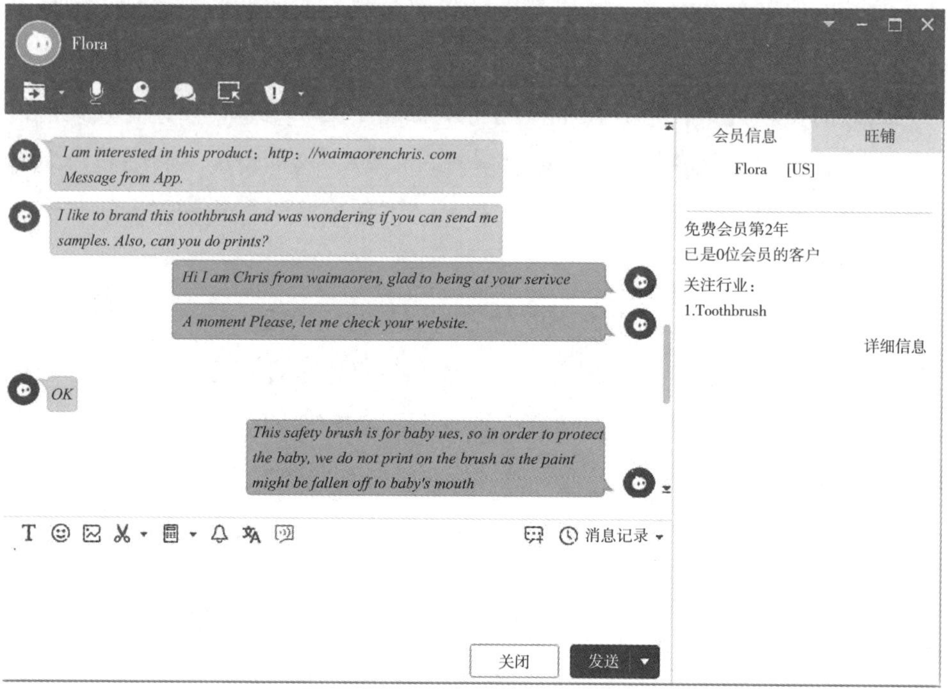

图 4 – 21

Message from App 表示客户是从移动端发送的询价信息，再加上有具体的产品详情页，单凭我的经验来看，移动端直接发送信息的真实度很高，基本上可以判定为有效询价。

再者，在右上角的客户信息栏里可以发现客户所在的国家是美国，只关注 Toothbrush（牙刷相关的产品），以及已是零位会员的客户，我们可以大致推断出这个客户是刚刚开始在平台采购的。

“I like to brand this toothbrush and was wondering if you can send me samples. Also, can you do prints?”

在我打开客户发布的链接的同时，客户发来了这样一句话，简单而言客户 Flora 是想在这款牙刷上面印自己的品牌，问我们能否发一些样品，可不可以印刷。

客户打字的速度还是挺快的，我首先要做的是确定客户要的是哪款牙刷，以及在最短的时间里向客户作出回应，因为客户选择了即时聊天的方式，必然是希望我们能有一个最及时的回复，所以，在最短时间内回复客户才是最重要的。在当时的情况下即使客户的需求很详细，我也不忘在马上对客户的询价作出反应前，自报家门告诉客户“我是 Chris，很高兴为您服务”。就好像在实体店里，当客户来店里选购商品的时候给客户一个进店的问候，客户会倍感舒心。同时，我告诉客户稍等片刻，我看一下链接。

在查看了客户的链接以后我知道她要的是一款婴儿安全牙刷，客户的重心很明确，是想做自己的品牌，我在看了她的链接以后直言不讳地告诉她不建议在牙刷上进行印刷，因为即使再好的墨水，一旦出现脱落对于婴儿都是有害的，有悖于安全牙刷的初衷，这个问题应该是很容易理解的。而对于客户一开始谈到的样品问题，我觉得在这个阶段客户似乎还没有确定具体的款式，所以我暂时没有深入地解释，先引导客户确定款式再说。

紧接着客户问了一句“OK, what about the other patterns? Or does it come in color only?”，如图 4－22 所示。

这一句话需要结合前后的聊天内容来理解，当我告诉客户这款牙刷不适合印刷以后，客户问还有没有其他款式的牙刷。这一问首先给人的感觉是客户对于自己要选择哪个款式的产品并没有确定，她更加关心的是产品的贴牌印刷问题。可能在听完我的解释以后，客户习惯性地想看看关于印刷有没有其他的可能性。答案是没有的，不过我思考了一下，基于客户对这个安全牙刷款式的热衷，我决定发给她一个同样功能的牙刷 silicone finger shape

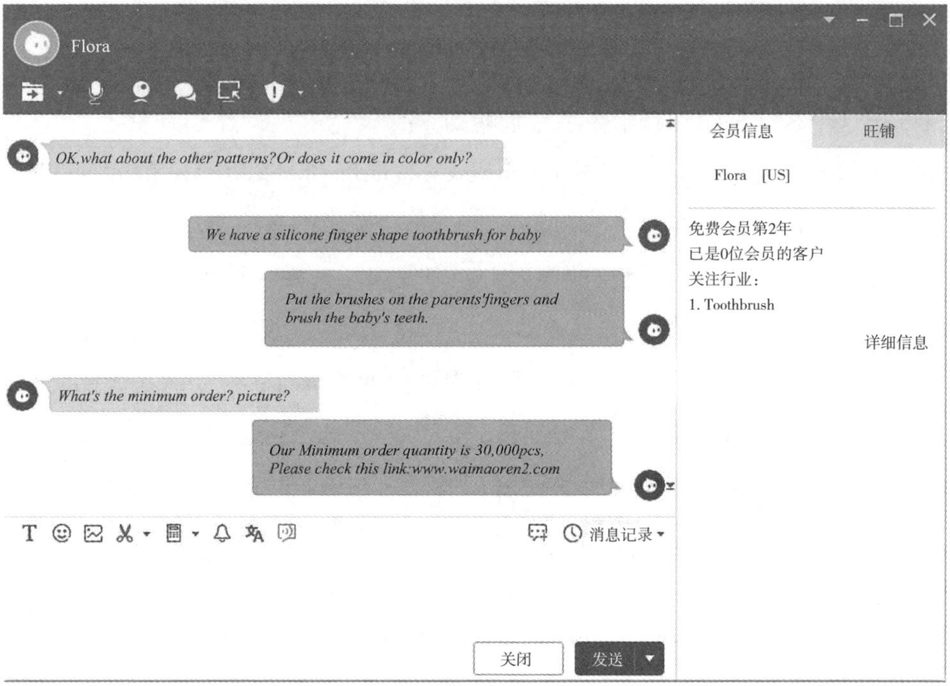

图 4－22

toothbrush（手指形硅胶牙刷），这款牙刷材质更软，可以套在父母的手指上使用。既满足了客户对于其他款式的需求心理，功能上也符合客户的目标。

客户后面问到的"Or does it come in color only?"的意思是款式都一样，只是在颜色上有差别吗？"only"也透漏出客户对于其他款式的兴趣，于是我推荐了这款手指刷。

"What's the minimum order? Picture?"客户回复起订量是多少，有没有图片？我很快做了回复说我们的起订量是 3 万个，为了适应客户浏览产品的习惯，我也把产品的链接地址发给了客户。

因为客户是用移动端发布的询盘，有时候客户发送完信息以后，我很快就做了回复，所以，在对比不同款式的时候反而让客户不敢确定我的答案是针对前面的款式还是新款式，所以在起订量的问题上，客户又重新问了一句"What's the minimum order quantity for this one?"，如图 4－23 所示。

我考虑到了这个原因以后，用一个 It's also 30,000pcs 让客户打消了疑虑，

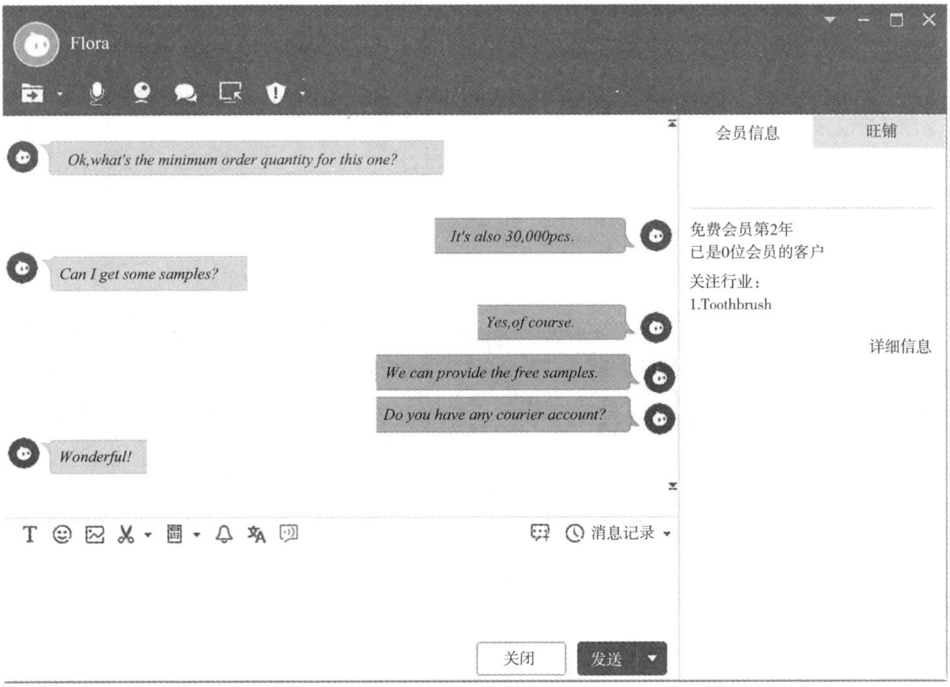

图 4－23

也很顺利地解决了这种沟通过程中信息滞后的问题。同时，我可以将起订量作为除了产品本身印刷之外引起客户关注的另一个重点。最后，客户对于这款产品的起订量的询问也告诉了我，她也把这个款式考虑在内了。

“Can I get some samples?”客户又问到了样品的问题，即使到这个时候我还是认为客户对于款式的确定还不是很明确，但好在两个款式都有被客户考虑在内，她可以做对比，所以我又赶紧说“Yes, of course. We can provide the free samples.”。

这个“of course”使我觉得前面在和客户沟通过程中的措辞和语气都太过正式了，导致我很难和客户拉近距离。这种正式的语气和措辞是因为我想以最专业的方式回复客户的问题，但是既然是在线沟通，更活泼一点的方式会更好，加上当时客户所在国家的时间可能是晚上，她更加需要一个轻松的氛围。客户在最开始就被我带入一种正式的沟通情境，所以出于礼貌她不会主动打破这种氛围，而我及时地发现了这一点，转而将谈判带入轻松的气氛中，拉近了与客户的距离。

在我转变了说话的风格后，她马上也用轻松的方式回复了我“Wonderful”。这证明了我对客户的把握还算准确，她确实需要更轻松的氛围，不然她仍然可以用 OK。

“I'd like to brand this and get a few samples so I can show my designer.”

如图 4－24 的谈判中，我可以看出客户仍然很看重做她自己的自定义品牌设计，想要一些样品给设计师，这句话是解释前面的寄样问题。

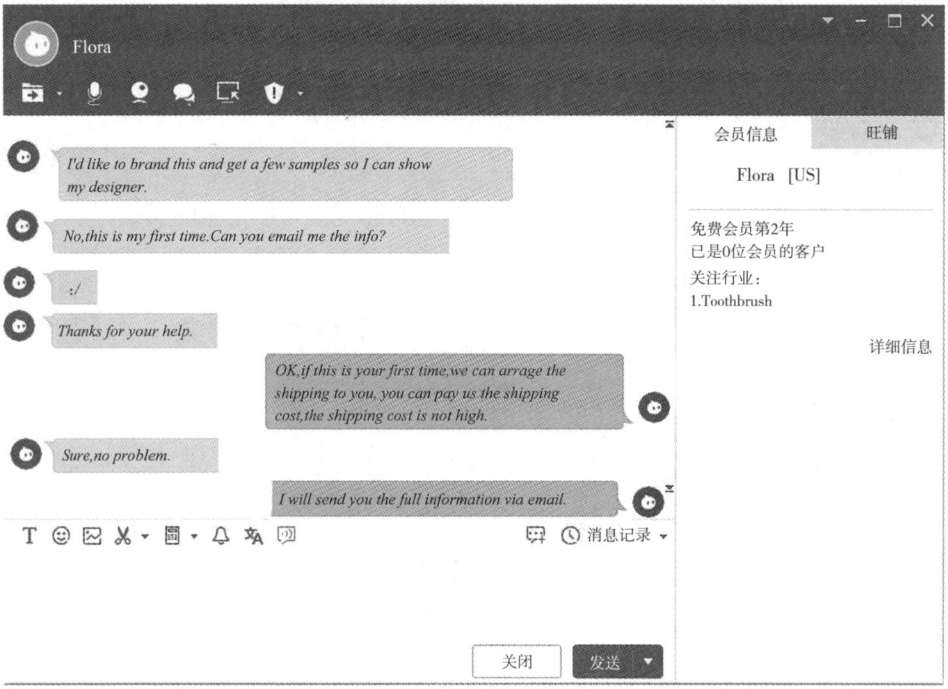

图 4－24

“No, this is my first time. Can you email me the info?” 这一句话是回复我前面问她有没有快递账号的问题：“Do you have any courier account?”

客户很坦诚地说没有，这是她第一次购买，让我 email 给她详细的信息。并添加了一个表情符号“：/”来表达她的一丝尴尬，这也说明客户确实更习惯轻松的气氛。

我顺应着客户的问题告诉她，如果这是第一次购买的话，我们可以为她安排发样品，只是运费需要她来承担。针对她说的购买经验缺失，我特别解释了一下运费不贵，并告诉她我会在邮件里进行回复。

客户也很爽快地说："Sure, no problem."

客户又说了一个"Wonderful"。我要到客户的邮箱地址以后，谈判又回到了正轨，后期可以继续跟踪，如图4－25所示。

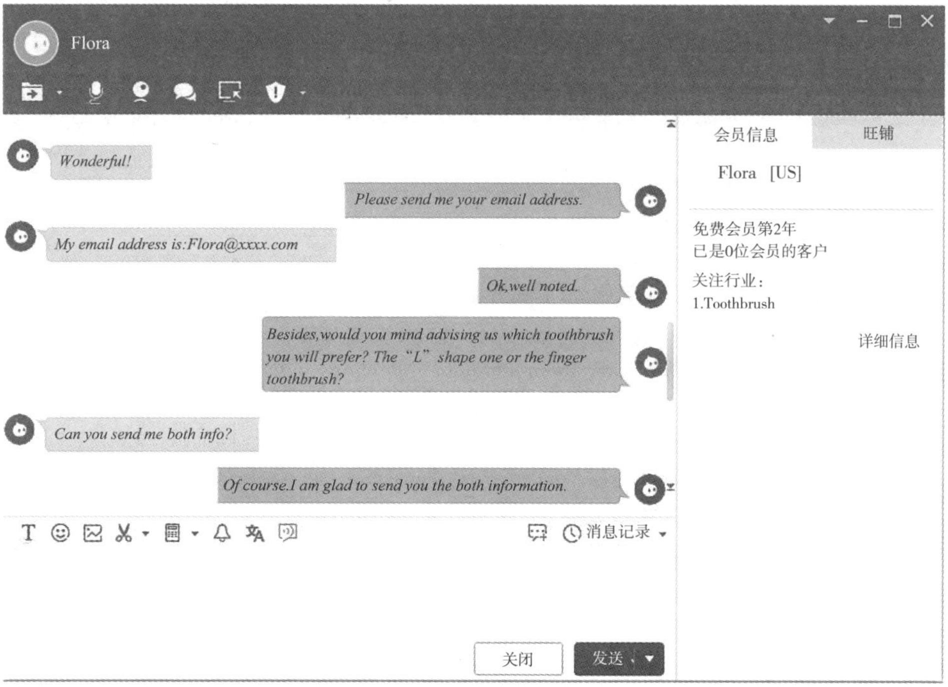

图4－25

此外，我仍然想确定客户对于款式的偏好，这样做一方面是试图弄清楚客户对于款式的倾向性，另一方面也是为了在回复邮件里好做重点介绍。我用了"Besides, would you mind advising us which toothbrush you will prefer? The 'L' shape one or the finger toothbrush?"。我很明确地知道在第一次沟通的时候不可能会确定下来款式，这样一个情况下这种表达方式不会显得唐突和生硬，看上去只是顺便问一下而已。

果然，客户目前还无法确定，所以问"Can you send me both info?"。答案当然是"Of course"。

客户非常坦率，她很直接地说"I am excited as I think I found a great

product, thank you!"（我很兴奋，我觉得我找到了一个很好的产品，谢谢你）。

听到客户对产品的认可以后，我也很开心，告诉她："I am very glad to hear you are interested in our products!"，如图 4－26 所示。同时，我问了客户目前是否还有其他的问题，没有的话我就去写邮件了。

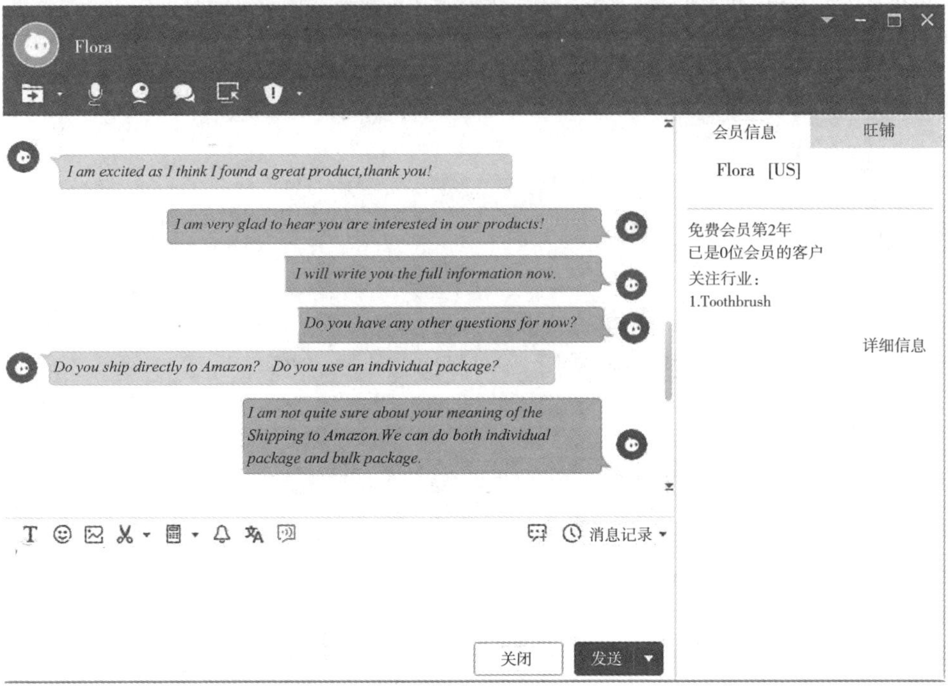

图 4－26

客户又问道："Do you ship directly to Amazon? Do you use an individual package?"

当时我还不知道客户所指的"ship to Amazon"的意思，但是我可以确定的是应该和大货运输方式有关。后来了解得知"ship to Amazon"指的是第三方物流 FBA 头程的一种运输方式，主要便利的地方是客户方不需要进行清关。而当时我不太清楚，所以我直言告诉客户我不太明白她的意思。关于包装方式，我们是可以提供单独包装的（散装也可以）。

客户并没有在 Amazon 上继续深入，只是说她自己会解决。而我在如图 4－27 所示界面中对于运输方式做了进一步的解释，说明样品会送到她手中，而大货的运输我们可以和她的货代进行合作。同时我在完全了解客户的需求以后，及时将产品价格、发样方法等发到了客户的邮箱。

客户一句“Thank you, I will be in touch soon.”结束了这次沟通。

图 4－27

二、在线沟通转到邮件沟通

对于在线沟通的客户，要获得好的谈判效果一定要让客户对这次在线沟通过程留有印象。我从无数次的经验总结出来，用邮件对在线沟通的内容做一次正式的梳理是最能够让客户留有印象的。所以，为了加深客户的印象，我一边在和客户沟通，一边针对客户的问题写了一封邮件，如图 4－28 所示。正好在客户结束在线沟通以前把邮件发到了客户的邮箱里。这封邮件我是完全围绕在线沟通的主题展开的。从在线转变为邮件，我用一句很简单的话作为开头：“Nice talking with you in TradeManager.”。一方面确实是对有一个和客户在线沟通的机会表示感激，另一方面为了加深客户的印象。

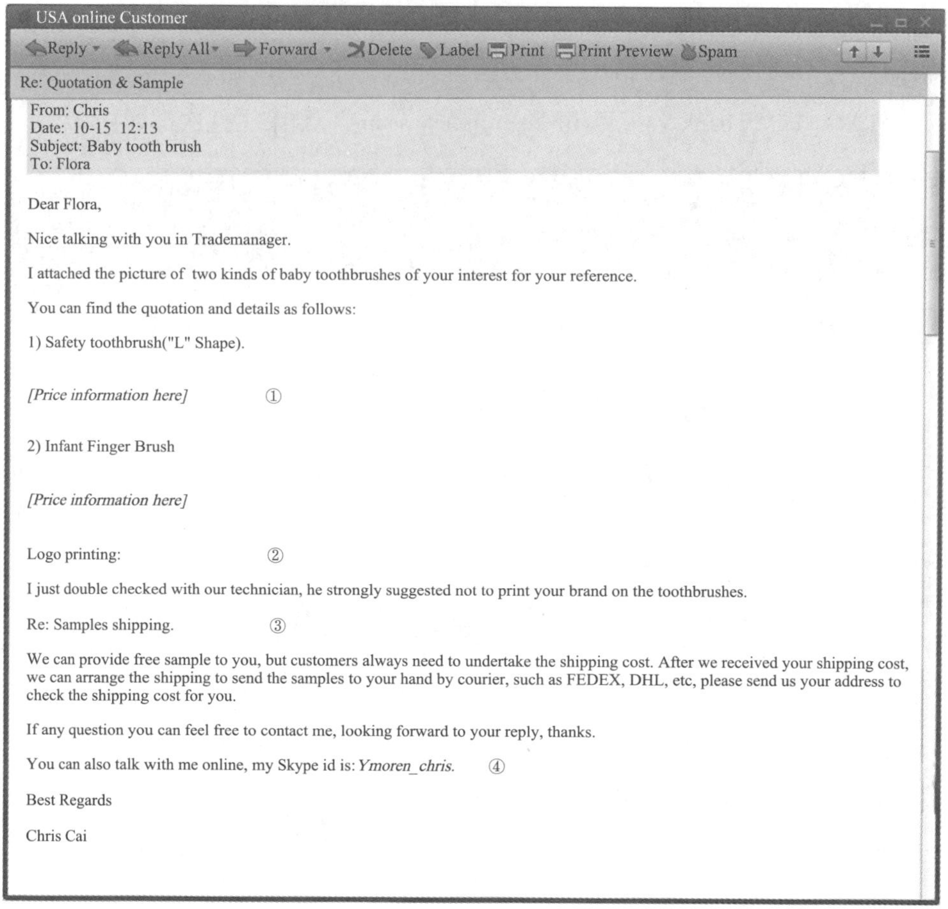
USA online Customer

Reply ▾ Reply All ▾ Forward ▾ Delete Label Print Print Preview Spam

Re: Quotation & Sample

From: Chris
Date: 10-15 12:13
Subject: Baby tooth brush
To: Flora

Dear Flora,

Nice talking with you in Trademanager.

I attached the picture of two kinds of baby toothbrushes of your interest for your reference.

You can find the quotation and details as follows:

1) Safety toothbrush("L" Shape).

[Price information here] ①

2) Infant Finger Brush

[Price information here]

Logo printing: ②

I just double checked with our technician, he strongly suggested not to print your brand on the toothbrushes.

Re: Samples shipping. ③

We can provide free sample to you, but customers always need to undertake the shipping cost. After we received your shipping cost, we can arrange the shipping to send the samples to your hand by courier, such as FEDEX, DHL, etc, please send us your address to check the shipping cost for you.

If any question you can feel free to contact me, looking forward to your reply, thanks.

You can also talk with me online, my Skype id is: *Ymoren_chris.* ④

Best Regards

Chris Cai

图 4－28

在线聊天的过程中客户并没有很刻意地问产品价格，有一种可能是在网站上我们标明了价格的区间，她觉得可以接受，所以并没有在价格上过多地周旋，但是作为一个专业的销售人员，我们应该把产品价格、订量、包装方式等信息，如图 4－28 中序号①所示列给客户。

客户最在意的是她的品牌，所以我报完价格以后在序号②中马上对 LOGO 的问题做了详细的回复：“由于牙刷是给婴儿用的，所以不建议在产品本身上印刷。”这个确实是实际情况，客户应该可以理解，在线聊天的时候，客户问到“individual package”就可以看出她其实已经在思考把她的“brand”转向产品包装上。结合这两个方面的考虑，我在第一封邮件中就大胆地告诉客户不建议印刷在牙刷上。

关于样品的发送，针对新手客户，我写邮件的时候会写得比较详细，因此在序号③中我告诉她样品免费，但需要她承担运费，在收到样品运费以后我会安排寄出，并让客户告知我她的地址，我这边就能核算运费。

从客户的性格来说，我感觉客户比较活泼，因为在我主动把气氛转向轻松以后，客户的表达、语气，甚至表情符号等都开始有了一些变化，所以我主动留下 Skype 的联系方式，如果客户更倾向于在线聊天，可以在 Skype 上和我沟通。这个也是我多年的习惯，如果我发现客户比较偏向在线沟通，我立即会把重心转向在线。

在我中午发送了这封邮件以后，客户第二天中午就做了回复，如图 4－29 所示。

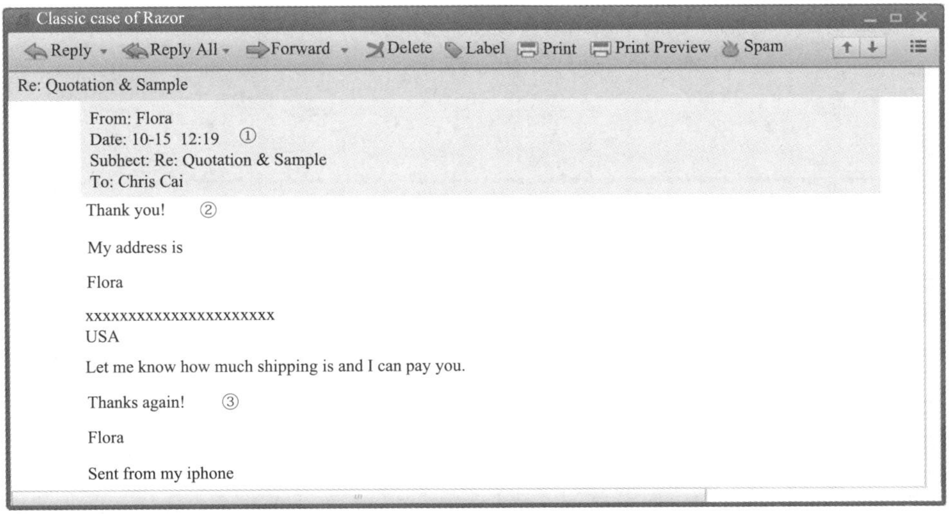
Classic case of Razor

Reply　Reply All　Forward　Delete　Label　Print　Print Preview　Spam

Re: Quotation & Sample

From: Flora
Date: 10-15　12:19　①
Subhect: Re: Quotation & Sample
To: Chris Cai

Thank you!　②

My address is

Flora

xxxxxxxxxxxxxxxxxxxxxx
USA

Let me know how much shipping is and I can pay you.

Thanks again!　③

Flora

Sent from my iphone

图 4－29

我以很快的速度把报价、样品等信息发给客户的同时，问了客户的详细地址以便核算运费，客户当即用手机做了回复，这个回复可以再次验证很多问题。第一，这是一个真实有效的客户；第二，客户很渴望早日看到样品；第三，客户对我有了很深的印象。

序号②和序号③这两个谢谢应该可以看出客户是一个很热情和活泼的人。

三、样品 PI

按照客户的地址，我核算了一个快递费，就给客户回复了邮件，如图 4 – 30 所示。

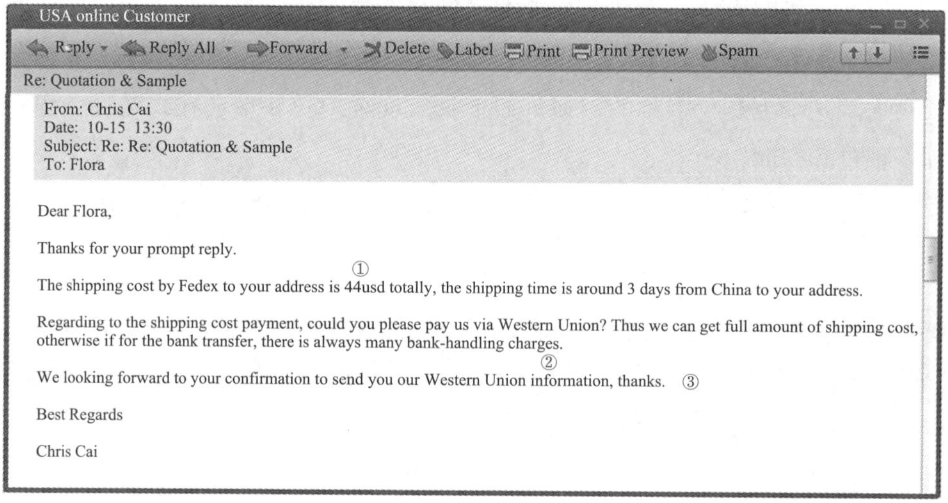
USA online Customer

Reply Reply All Forward Delete Label Print Print Preview Spam

Re: Quotation & Sample

From: Chris Cai
Date: 10-15 13:30
Subject: Re: Re: Quotation & Sample
To: Flora

Dear Flora,

Thanks for your prompt reply.

The shipping cost by Fedex to your address is ①44usd totally, the shipping time is around 3 days from China to your address.

Regarding to the shipping cost payment, could you please pay us via Western Union? Thus we can get full amount of shipping cost, otherwise if for the bank transfer, there is always many bank-handling charges.

We looking forward to your confirmation to send you our Western Union ②information, thanks. ③

Best Regards

Chris Cai

图 4 – 30

对于新客户，越是客户不熟悉的地方，我越是会给她最完整、最详细的解释。于是，我在序号①的位置核算了一个快递折扣价，同时，因为她在沟通的过程中似乎对样品迫不及待，所以我在邮件里也顺便告诉她大概 3 天就可以收到样品，就像是提前预判客户会问样品多久会到一样。

关于样品的快递费，我给了客户最好的折扣，但是如果客户用电汇的话，会有银行手续费，那么，我们收到的快递费实际上还不够运费，所以在序号②的位置我主动建议客户用西联汇款，明确地告诉客户推荐西联的原因是我们可以拿到全款，没有任何手续费。对于说明付款方式的邮件，我们需要很细心地对待，因为但凡提到汇款的问题，客户都会特别敏感，所以我们要用最专业的术语告诉客户付款方式以及原因，这样客户对我们的信任感会更强。

序号③那句话的言外之意是“我们说的不算，最后还是得由你来做决定，如果你同意用西联，我们再给你西联的信息”。这是对客户的尊重也是职业素养的体现。

随后客户要求我发一个 Bill 和相关的付款明细给她，我做了一个 proforma invoice（形式发票）给她，在发票里面把银行信息改成西联信息。发票发送过去以后客户一直没有回复，所以我跟踪了一封邮件。

在邮件中我说：“I would like to confirm your receipts of my last proforma invoice; if you have any question please let me know, thank you.”。客户仍然没有任何回复，于是我又做了第二次跟踪，第二次跟踪的时候我没有提 PI 的事情，而是直接转向牙刷产品本身，“Do you have any news about the baby toothbrush?”，如图 4－31 所示。这个转变是我不希望让客户感觉我一直在催款，而是将跟踪的重心转向了产品，询问客户对于产品是不是有一些新的想法。

客户收到我的跟踪邮件后回复了“I never got a receipt or a bill. How do you want me to pay?”之前我也有碰到过客户说没有收到 PI 的情况，有一些客户是确实没有收到 PI，因为邮件的过滤系统太严格，只要涉及一些敏感字眼就会被屏蔽，但是对于 Flora 说的她从来没收到过账单，我更加倾向于她所指的账单可能有一种固定形式，而看到我的 PI 的时候她觉得我发错了。一句“How do you want me to pay?”从语气上来看沟通进入了冰点，客户似乎有一些生气。结合序号③那句话，才大致可以看出客户的意思。

“I just want a few samples.”从字面的意思来理解是“我只是需要几个样品而已”。但是在我跟踪了两封邮件以后，客户对于 PI 没有任何回复，反倒是说了一句“I just want a few samples.”，从这个 just，再结合客户是第一次付样品快递费，可以猜到客户应该是认为快递费有点高，她只是想要几个样品而已，为什么需要付几十美元？客户在邮件中只说出了 7 分含义，而剩下的 3 分含义我们需要心领神会。如果没有理解到剩下的几分含义，给客户回复错了内容客户会觉得和我们沟通起来有困难，自然就很难再回复了。这也是我们收到客户一个问题又很懵懂地回复了这个问题后，客户至此就没有任何下文的原因。

USA online Customer

Reply ▾ Reply All ▾ Forward ▾ Delete Label Print Print Preview Spam

Re: Quotation & Sample

From: Chris Cai
Date: 10-30 21:30
Subject: Re: Re: Quotation & Sample
To: Flora

Hi Flora,

Thanks for your kindly reply.

Enclosed please find the shipping cost bill for the samples shipping, ④ if any question you can let me know.

We can provide you with free samples, but the 44usd is a net shipping cost from Fedex for this international shipping, you can also check the price in your side. ⑤

If any question you can feel free to contact me, thanks.

Best Regards

Chris Cai

From: Flora
Date: 10-30 13:44
Subject: Quotation & Sample
To: Flora

Hi Chris

I never got a receipt or a bill. How do you want me to pay? ②

I just want a few samples. ③

Flora

From: Chris Cai
Date: 10-29 2:00
Subject: Quotation & Sample
To: Flora

Dear Flora

Good day.

Do you have any news there about the ① baby toothbrush? Looking forward to your reply, thanks.

Best Regards

Chris Cai

图 4－31

客户说她没有付款的主要原因是她没有收到任何账单，无法付款。那我就按照客户的意思将 PI 做了一些调整，并把 PI 的文件名改为“Bill of shipping cost”（运费账单），如序号④所示。这下客户总该知道这就是账单了吧。

最关键的地方我也按照客户的思路写在序号⑤的位置，虽然客户并没有直接说“你这个快递费太高了，所以我很难付这笔账单”，但我仍然要就这个问题给予解释，让客户更明晰费用的构成。告诉客户 44USD 只是 net shipping cost（净运费），如果她觉得这个费用不合理的话，也可以在当地和 Fedex 进行核价。

果然，客户做了如图 4－32 的回复。

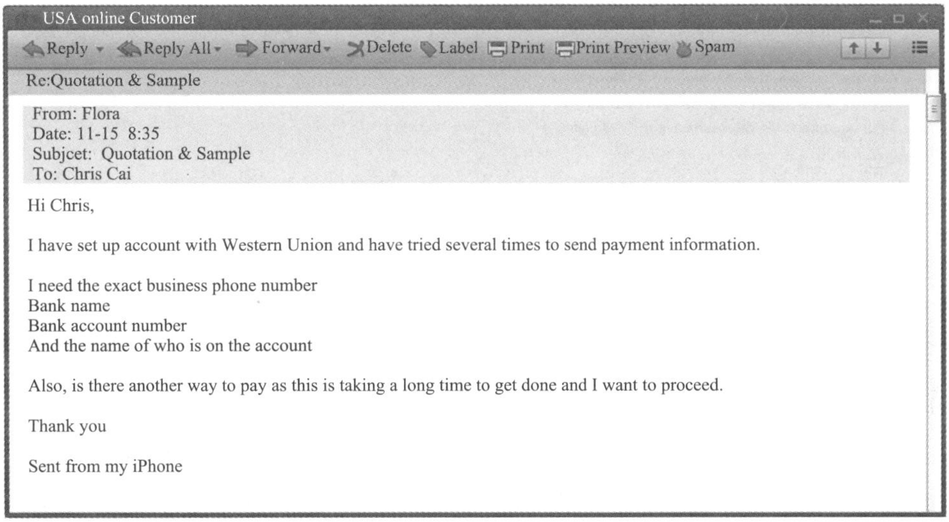
USA online Customer

Reply Reply All Forward Delete Label Print Print Preview Spam

Re:Quotation & Sample

From: Flora
Date: 11-15 8:35
Subjcet: Quotation & Sample
To: Chris Cai

Hi Chris,

I have set up account with Western Union and have tried several times to send payment information.

I need the exact business phone number
Bank name
Bank account number
And the name of who is on the account

Also, is there another way to pay as this is taking a long time to get done and I want to proceed.

Thank you

Sent from my iPhone

图 4－32

这里或许可以验证客户的“I just want a few samples.”，解释清楚了费用的问题，客户马上进入了付费环节。邮件中客户说她尝试了好几次用西联付快递费，这句话让我知道她对于产品的意向是很强的。

四、MOQ& 包装方式的确认

在收到客户的样品快递费以后，我给客户寄了之前沟通过的两款牙刷，同时也寄了另外一款，客户收到样品以后马上就有了回馈，如图 4－33 所示。

序号①中她很确定地说最起码会做一个 3 支装的包装，并且 3 支里面会有 2 种不同的颜色，但是她的搭档问能否做一个 5 支装的包装。我们可以总结这个问题是关于包装方式的问题。

序号②中客户说她的目标数量是 1 000 卡，每卡 3 支。关于起订量，我们

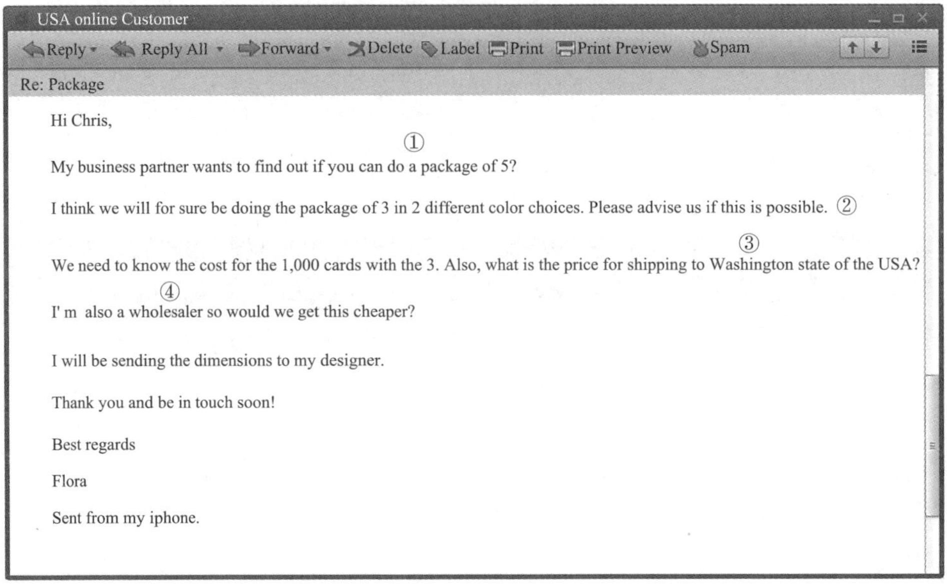
USA online Customer

Reply Reply All Forward Delete Label Print Print Preview Spam

Re: Package

Hi Chris,

My business partner wants to find out if you can do a package of 5? ①

I think we will for sure be doing the package of 3 in 2 different color choices. Please advise us if this is possible. ②

We need to know the cost for the 1,000 cards with the 3. Also, what is the price for shipping to Washington state of the USA? ③

I' m also a wholesaler so would we get this cheaper? ④

I will be sending the dimensions to my designer.

Thank you and be in touch soon!

Best regards

Flora

Sent from my iphone.

图 4 – 33

对于纸卡包装有严格的要求，最少 30 000 支起订，所以，每卡装 3 支，总共只有3 000支，是远远达不到我们的起订量的。这个问题是关于采购数量的问题。

在包装和数量确定以后客户在序号③中问到了一个到美国华盛顿州的运费问题，这一句话又可以总结为是关于运费的问题。

最后，序号④的位置客户很直白地说她只是一个批发商，需要一个更好的价格。这个可以总结为是价格的问题。

按照我总结下来的思路，包装、数量、运费、价格，每一个都是成交过程中必须讨论的重要问题，这再一次验证了客户对于产品有明确采购意向，但是包装和数量仍是问题。如何说服客户接受起订量，如何满足客户的非常规包装要求？针对这些问题我做了如图 4 – 34 的回复。

其实在最初报价的时候，我就已经把起订量列在了报价单里，很多时候客户可能只在乎价格区间而忽略了数量的因素，所以我们在阅读客户邮件的时候，需要把握住客户的心态。客户上一封邮件提到了她的预期数量是 1 000 个纸卡，这个数量是远远不够的。所以在这封邮件里我要及时地澄清数量问

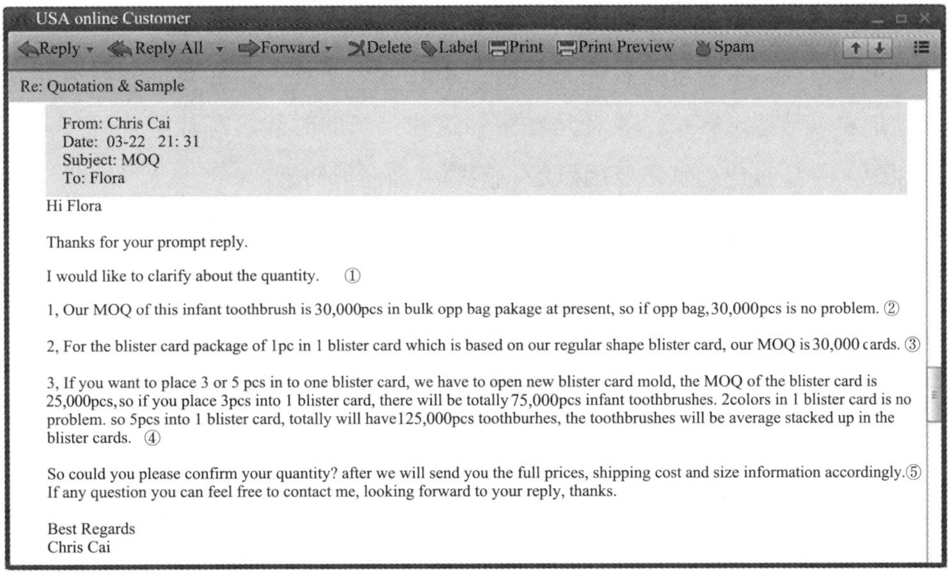

USA online Customer

Reply ▾ Reply All ▾ Forward ▾ Delete Label Print Print Preview Spam

Re: Quotation & Sample

From: Chris Cai
Date: 03-22 21: 31
Subject: MOQ
To: Flora

Hi Flora

Thanks for your prompt reply.

I would like to clarify about the quantity. ①

1, Our MOQ of this infant toothbrush is 30,000pcs in bulk opp bag pakage at present, so if opp bag, 30,000pcs is no problem. ②

2, For the blister card package of 1pc in 1 blister card which is based on our regular shape blister card, our MOQ is 30,000 cards. ③

3, If you want to place 3 or 5 pcs in to one blister card, we have to open new blister card mold, the MOQ of the blister card is 25,000pcs, so if you place 3pcs into 1 blister card, there will be totally 75,000pcs infant toothbrushes. 2colors in 1 blister card is no problem. so 5pcs into 1 blister card, totally will have125,000pcs toothburhes, the toothbrushes will be average stacked up in the blister cards. ④

So could you please confirm your quantity? after we will send you the full prices, shipping cost and size information accordingly.⑤
If any question you can feel free to contact me, looking forward to your reply, thanks.

Best Regards
Chris Cai

图 4－34

题，只有在数量问题上达成一致了，我们才可以继续谈包装问题。

客户在上一封邮件里一直说包装方式问题，所以我以几种常规的包装方式引入起订量这个问题。

在序号②中我把最常规的包装方式放在最前面。虽然客户在她的包装里没有提到这种简易的 OPP 袋包装，我也想把这个包装方式列给客户，因为常规的包装方式会给客户多一个选择。

客户要的是纸卡包装，所以我在序号③中也把常规单支装一个纸卡的包装方式和起订量报给客户，这种包装方式跟客户的初衷 3 个或者 5 个装一个纸卡不一样，但是把它列给客户的目的是让客户知道如果客户最后一定要采用纸卡包装方式，她还有一个单支装一个纸卡的选择。

介绍完第一种包装方式后，我在序号④中又把客户的要求列给了她，并告诉她纸卡的起订量是 25 000 个，3 支装和 5 支装的数量会非常多。

对于客户询问的运费以及价格，我在序号⑤中给客户理了一下思路，让她先把数量定下来，再核算产品的价格和运费。客户对于产品包装应该有自己固有的思路，但是工厂也有自己的起订量要求，所以我需要分析两种思路得出一个能让双方都满意的解决方案。

很多时候，客户对于我们的要求并不是置之不理，而是我们并没有很清晰地把要求传达给客户，或者是在解释这些要求的时候没有让客户理解真实的原因，一旦客户理解了原因以后，问题就会迎刃而解。

收到我的邮件之后，客户很快给予了反馈，如图 4－35 所示，在邮件序号①中，客户的这个“OK”很明显是对我上一封邮件询问她是否可以先对数量进行确认的回复。同时，这个“OK”也表明，我们的起订量对于客户来说应该问题不大。上一封邮件中我把几种包装方式的起订量都列给了客户，如果它们实在是超出客户的可接受范围，客户可能就会以另外一种方式回复邮件了。

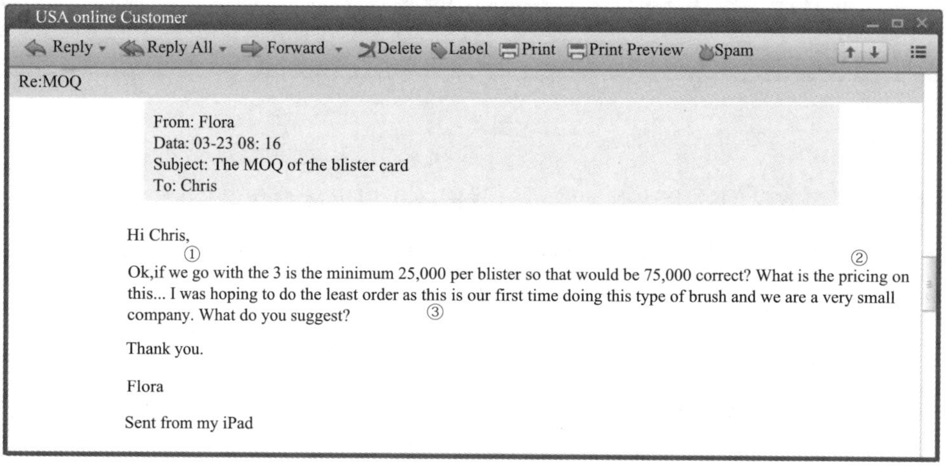
USA online Customer

Reply Reply All Forward Delete Label Print Print Preview Spam

Re:MOQ

From: Flora
Data: 03-23 08: 16
Subject: The MOQ of the blister card
To: Chris

Hi Chris,

Ok,① if we go with the 3 is the minimum 25,000 per blister so that would be 75,000 correct? What is the pricing on ② this... I was hoping to do the least order as this is our first time doing this type of brush and we are a very small company. What do you suggest? ③

Thank you.

Flora

Sent from my iPad

图 4－35

从序号②客户对于 3 支装 1 个纸卡的价位的询问，可以看出客户仍然比较倾向于 3 支装 1 个纸卡的包装。

序号③中客户进一步表示她原本打算第一个订单的数量越少越好，她很坦率地说明了自己公司很小，而且是第一次做这种牙刷，希望我给出建议。

美国的客户很直率，有什么就说什么，不拐弯抹角，他们不会觉得做生意的方式是一成不变的，在很多问题上很愿意和我们协商，这是一种素养。所以，我在下一封邮件中如何给客户最好的建议就尤为重要了，我个人觉得最好的方式是给客户一个选择题。

五、给客户的选择题

客户上一封邮件中表示比较急于看到价格，原因可能是在我们要求的起订量和她的目标数量之间有一些差距后，她想知道这次采购会不会超出她的预算。通过上次的沟通我知道客户比较倾向于选择 25 000 卡，每卡装 3 支的包装，那这 3 支摆放的位置就有讲究了，如果并排摆放，尺寸会更大，价格会更高，但是叠放的话，效果不如并排的好，所以，我在图 4 －36 的回复邮件序号①中告诉客户需要确定每支牙刷摆放的位置来计算尺寸得出价格。

USA online Customer

Reply　Reply All　Forward　Delete　Label　Print　Print Preview　Spam

Re: MOQ

From: Chris Cai
Date: 03-23 22:20
Subject: Re: MOQ
To: Flora

Hi Flora

Thanks for your prompt reply.

For the 3 toothbrushes in 1 blister card, we need your desired brush's package position in the blister card to check the best prices for you, the different position, the size of blister card is different, thus the cost is different. ①

I took a pictures of our two kinds of package to show you, you can make a choice. ②

Position one: The position one is 2pcs toothbrushes crossing and stacked up and next to the third toothbursh, you can find the photo as follows:

<Position 1 photo here> ③

Position two: The position two is 3pcs toothbrush parallel-cross placing, you can find the photo as follows. The bigger the size the higher the cost.

<Position 2 photo here> ④

Regarding to the quantity and consider to your first time doing this toothbrush products, we firstly suggest you can try the 25,000cards at this time, the reason are as follows: ⑤

1. If the quantity is more, the mass production cost is lower, we can quote you a best prices accordingly.

2. Furthermore, as you see this infant brush's quality is quite good, we can be sure you must have a good selling in your market, we have been in this business area for over 10 years, we would like to provide the support to you and let's grow up together.

Secondly, if you have pressure on the quantity for the first order, you can also consider the 1pc on our exist blister card, 30,000pcs will be ok, you can have a trial selling in your market, after we can move on the large orders again as we would like to establish a long term business relationships with you. ⑥

Please check this information, if any idea or any suggestion you can feel free to contact me, thanks.

Best Regards

Chris Cai

图 4 －36

服务的意识就在序号②的位置体现了，这个摆放位置确定的过程我不能让客户自己去凭空想象，所以我按照客户的意思列了一些摆放的可行性选项，让客户做选择题。

序号③展示了第一种摆放方式，2 支叠放，另外 1 支反向和这 2 支并排放。我们可以想象一下这个牙刷的形状是 L，就是 2 支 L 叠放，然后另外 1 支旋转方向靠近这两个 L。这样一种摆放方式的好处就是让纸卡尺寸最小化，从而节约成本。

序号④展示了第二种摆放方式，3 支牙刷互相交叉放，纸卡尺寸会大一些，所以成本会高一些。

客户第一次购买这样的牙刷，所以可能对于销量不是特别放心，需要我的一些建议。那建议的重心其实就是让客户对我们的产品产生信心。从客户对于样品的反馈来看，客户自己是认为产品本身挺不错的，只是需要我们给她一个坚定她看法的理由。所以我在序号⑤中又给客户出了一个选择题。

第一个按照客户的意思做 3 支装 1 个纸卡，总共 25 000 卡的包装方式。按照这个思路走的话，牙刷会有 75 000 个，本身的数量多了，价格自然就下降了。

同时，我告诉客户虽然她是刚刚接触这个产品，但是我们会提供必要的帮助，帮她壮大，一起成长。这种支持的言外之意是“你尽管去卖，我们会是你的坚强后盾”。当客户对自己没有信心的时候，我们需要站出来帮她培养信心。销售有时候要靠策略，有时候要靠技巧，有时候也需要信心。

序号⑥我列出给客户的第二个选择，如果 75 000 的数量对于她来说压力有些大的话，可以考虑我们常规的单支一个纸卡包装的方式，这样总数量只有 30 000 个，也不需要重新做纸卡。提这个建议也是因为我在上一封邮件里面介绍三种包装方式的时候就埋下了伏笔，所以在这里提出这个建议也是合情合理的，不会让客户觉得很突兀。而当时埋下这个伏笔的原因也是预判到后面客户可能会在包装方式上举棋不定。邮件的技巧在于步步为营，能够预判到客户会担心什么问题，在客户刚开始有这个担心的时候就想到方法去解决客户的担心。

在我给客户发了选择题以后，客户做了如图 4－37 的回复。

Classic case of Razor

Reply ▾ Reply All ▾ Forward ▾ Delete Label Print Print Preview Spam

Re:Package Opyion

From: Flora
Dae: 03-24 13:55
Subject: Re: Package Option
To: Chris

Thanks Chris!

I really appreciate your help with this as we are new at the tooth brush sale.Please give us pricing for both options. ①

Option 1 ②

30,000 blister card with 1 cost per piece with the card plus the shipping.Can we do different colors within the 30,000?

Option 2 ③

Position one is 2pcs toothbrushes crossing and stacked up and next to the third toothbursh,you can find the photo as following.

Let us know the cost for both options so we can move forward and discuss over the weekend. ④

Thanks

图 4－37

首先，客户在序号①中很礼貌地感激我的帮助，这个感谢我猜测主要是针对我在上封邮件里面提到的如果她对于采购的数量有压力，我们可以提供必要的帮助和支持。随后客户还是很迫不及待地想看到价格。

在我给客户发了一个选择题以后，客户在序号②将选择题拆分为两个必答题发给我，这个来回其实也是挺有意思的。客户把我们的常规包装，单支一个纸卡包装放在了 Option 1，表明客户对于包装方式开始倾向于我们的常规包装了，因为她还单独问了 30 000 个是否可以做不同的颜色，这也说明我前面的铺垫起作用了。

序号③列出了 Option 2，客户在牙刷的摆放位置上做了确认，让我报一个价格供她参考。这样一来，牙刷位置明确了，尺寸就定下来了，价格就可以确认了。无论客户最终的选择是什么，我始终将和客户沟通的问题维持在一个正常的沟通范围里面，所以整个沟通的过程其实是很有效的。高效地将数量，以及包装方式确认后，接下来就自然走向价格了。

客户似乎也知道在包装问题上耗费了很多的时间，所以序号④中她说很想看到最后的价格。

报价的形式很简单，因为客户现在最想看到的是实际价格而已，所以我就按照她的要求分别做了报价，如图 4－38 所示。

USA online Customer

Reply　Reply All　Forward　Delete　Label　Print　Print Preview　Spam

Re:Quotation & Sample

From: Chris
Date: 03-24 18:05
Subject: Re: MOQ of the blister card
To: Flora

Hi Flora,

You' re welcome and I am very glad to help you.

Please find the prices as following;
Option 1, 1pc/blister card.

Price: FOB Shanghai US$0.8/pc based on 30,000cards.
Handles in 2 colors:
Packing: 1pc/blister card, 12card/ inner case, 24 inner case/ carton.
Shipping to Washington for 30,000cards totally usd$970.

Option 2, 3pcs/blister card
We just found another economic package way of 3pcs mutual-crossing to save the cost of the blister card as following, the blister card size is 12cm*12cm.

<Photo here>

Price: FOB shanghai usd$1.00/pc based on 25,000cards(75,000pcs)
Handle: 5-6colors.
Blister card mold cost:US$700

We do not have the exactly dimension of the cartons at present, so we can not quote you a exactly shipping cost, but if you insist on, I will ask our factory to check the estimate size for you and quote you the shipping cost accordingly, thanks.

Please check all the information, if any question you can feel free to contact me, thanks.

Have a nice day.

Best Regards
Chris Cai

图 4－38

六、"剧情反转"，客户选择自己做包装

回顾最开始在 TradeManager 上与客户沟通的内容，客户一直强调"brand the products"，说明客户对于品牌是很看重的，包括客户之前问到的独立包装都是在为这个品牌做准备。我确实猜到客户急于想看到最后的价格的原因有

可能是在价格确定以后有其他的一些打算，前面的“move forward”（向前推进）算是一个暗示。果不其然，客户在回复的邮件如图 4 - 39 序号①中选择了自己来包装，她用的是“have to package myself”。她不得不自己进行包装，随后也问到了，如果她自己包装的话，产品怎么包装的。

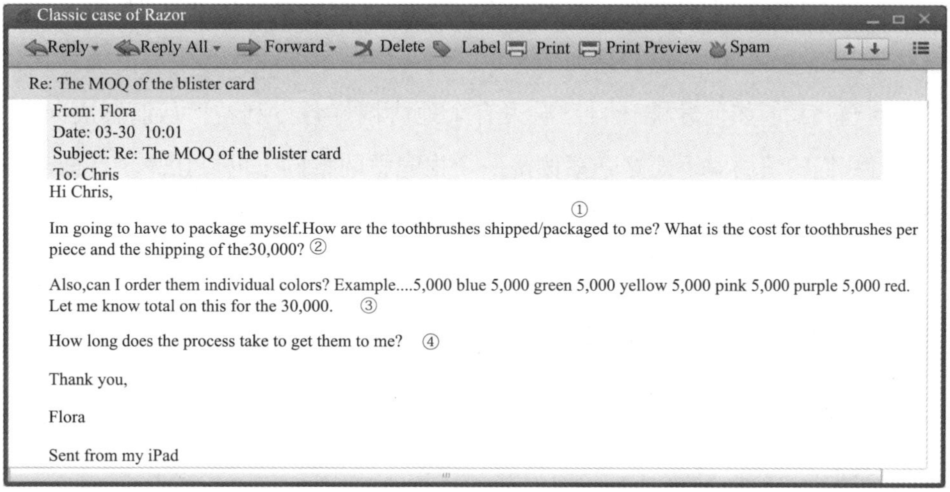
Classic case of Razor

Reply Reply All Forward Delete Label Print Print Preview Spam

Re: The MOQ of the blister card

From: Flora
Date: 03-30 10:01
Subject: Re: The MOQ of the blister card
To: Chris

Hi Chris,

①
Im going to have to package myself.How are the toothbrushes shipped/packaged to me? What is the cost for toothbrushes per piece and the shipping of the30,000? ②

Also,can I order them individual colors? Example....5,000 blue 5,000 green 5,000 yellow 5,000 pink 5,000 purple 5,000 red. Let me know total on this for the 30,000. ③

How long does the process take to get them to me? ④

Thank you,

Flora

Sent from my iPad

图 4 - 39

序号②客户开始主动问起起订量的问题，她问到 30 000 个的价格和海运费。

序号③客户关注产品颜色的问题，问是否可以做成几种颜色，答案当然是肯定的。

序号④询问了交期以及海运时间。

这一封邮件的内容比较有实质意义了，包含了包装、数量、价格、颜色、交期等内容。完全具备了报价的条件，所以接下来的报价内容就可以进入实质阶段了。

报价以后，客户希望我们给一个最好的价格，我略微地给了她一点折扣，客户欣然接受了。

万事皆有可能，从 TradeManager 到邮件，从包装方式到起订量，整个过程虽然漫长，但是我一直将谈判控制在正常的轨道，步步为营地去跟客户建立信任，克服障碍最终达成订单。70% 的订单是跟踪来的，这需要我们有十足的耐心和信心，给客户最直接的信赖感。

第三节　巧妙处理订单问题——欧洲大买家来访

很多人笑谈“业务员的一生是抗争的一生”。因为我们要和公司抗争，和自己抗争，而这一切的一切都是为了客户。每一笔订单的成交必定会出现各式各样的问题，我们如何才能让自己游刃有余地协调好各方利益，从而解决问题，考验着我们的情商。下面这个案例是一个很完整的案例，可以让大家在面对各种复杂情况时去借鉴，学习该如何去思考问题，如何去寻找解决方法。

一、欧洲客户专业的 Enquiry（询盘）

我们可以从图 4 – 40 看到一名专业的买家如何书写询盘的，四段话清晰而又完整。

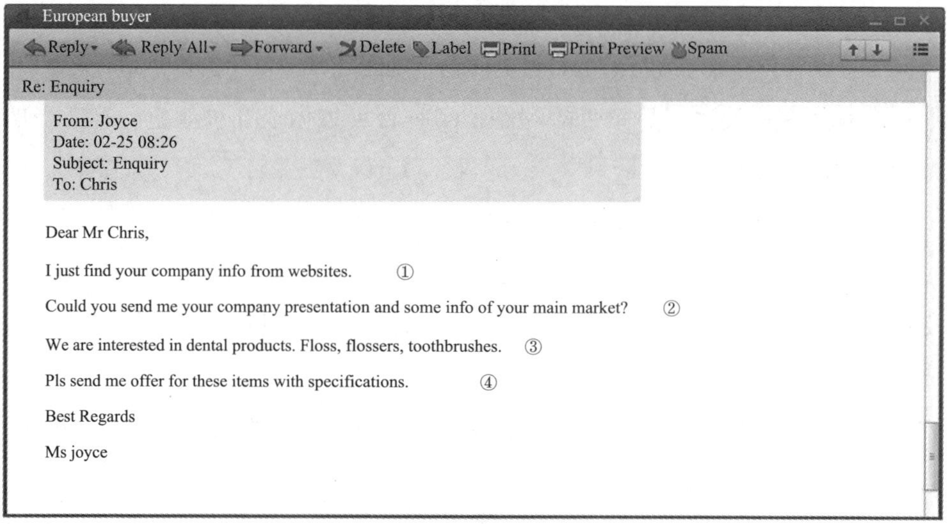

图 4 – 40

标题：简洁的询盘，让我可以在众多的邮件里看到这一封询盘。第一次询价以 Dear Mr. Chris 称呼，专业而又稳重。

序号①客户告诉我她是通过网站找到我的邮箱给我发邮件的。这一句话要是以我们的习惯可能不会太注意，但对于国外客户来说它是很讲究的，如果把询价的邮件类比为“敲一个陌生人”的门，我们告知对方，自己是由某某人介绍而来的，会让对方心生信任。

序号②客户问能不能发给她我们公司的“Presentation”（介绍）和主要目标市场的一些信息？几乎全球的大买家都很在乎这个介绍，特别是超市、连锁店的买家。这个神秘的介绍区别于产品目录，可以简要将其理解为公司的介绍，这个介绍包括公司的发展历史、产品详情、生产规模、公司认证、主打市场、销售业绩等，客户在看到公司的介绍以后会更容易分析出公司的实力、发展方向、产品等信息。以前我参加过一个南美客户的竞标会，分别有三家公司同时竞标，只有我们公司做了一个详细的介绍，最终客户毫不犹豫地选择了我们第一个做竞标介绍，所以介绍的作用可见一斑。

序号③客户直接告诉我她目前想采购的是口腔用品，牙刷、牙线、牙线签等。

序号④指出需要我们发报价和明细。

整个邮件思路很清晰，采购目的很明确，专业而稳重，是一封很有质量的询盘。

二、确定来访时间

在确定客户是一个有潜质的大买家以后，我按照客户的要求简要地介绍了公司，并发送了报价单和公司介绍，对她所采购产品的目标市场也做了大致的介绍。客户收到我的邮件后，发来了如图4－41的回复说想来拜访公司。

在发送报价单以后，客户并没有对报价单做一些有针对性的回复，而是开门见山地说“We would like to visit your showroom here in Shanghai...”。这句话值得推敲的信息其实很多。

对比客户上一封邮件的“I just find”这个人称的称呼，可以看出客户对于人称的使用是很严谨的，这封邮件序号①位置客户用“We would like...”预示着这次来访不只是她一个人。

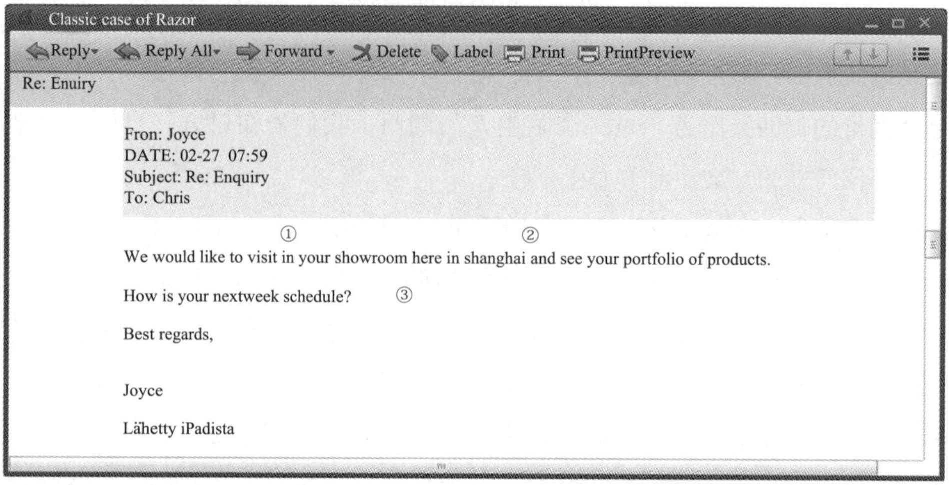
Classic case of Razor

Reply Reply All Forward Delete Label Print PrintPreview

Re: Enuiry

Fron: Joyce
DATE: 02-27 07:59
Subject: Re: Enquiry
To: Chris

①　②

We would like to visit in your showroom here in shanghai and see your portfolio of products.

How is your nextweek schedule?　③

Best regards,

Joyce

Lähetty iPadista

图 4 -41

另外序号②用一个“here in Shanghai”，可以知道她现在应该已经在上海了。

序号③客户礼貌地询问下周我们有没有时间安排见面。欧洲客户的表达方式都很正式且严谨，并没有直接说“We would like to visit you in next week.”，而是先询问下周是否有空。这个说法给人的感觉就是很有素养。

收到客户的来访要求以后，我做了如图 4 -42 的回复。

序号①中我首先以最专业而简洁的言辞欢迎客户来访。欢迎来访的言辞不用太过冗长，只需要很直接而又不失礼节地让客户感受到我们对来访的热情就可以。

客户下周要来公司拜访，而下周一刚好有另外一个客户已经约好要来拜访，所以我在序号②中告诉客户星期二到星期五的工作时间都可以安排他们来访，并告知了我们的工作时间，以及公司地址。

对于来访的客户，如果客户没有强烈的要求，我们一般不主张主动去酒店接客户，这并不是我们失礼节，而是出于对后期谈判的一种考虑。我们接待过很多客户后发现，在我们前期投入大量的时间成本后，客户对我们的黏度反倒有所减少，所以我们将重心转到正式的谈判、样品的准备等环节上。通常情况下我都会在邮件里留下我的手机号，方便客户联系。同时，客户来访的具体目的是想看一下我们的产品，所以我在序号③中有针对性地告诉客

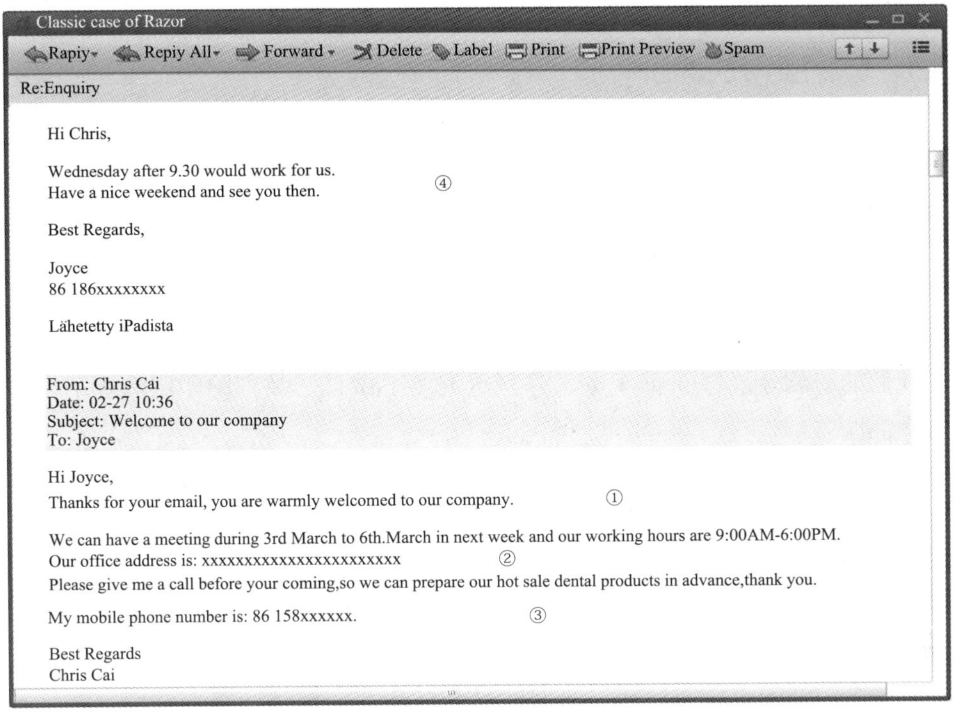
Classic case of Razor

Rapiy　Repiy All　Forward　Delete　Label　Print　Print Preview　Spam

Re:Enquiry

Hi Chris,

Wednesday after 9.30 would work for us.
Have a nice weekend and see you then.　④

Best Regards,

Joyce
86 186xxxxxxxx

Lähetetty iPadista

From: Chris Cai
Date: 02-27 10:36
Subject: Welcome to our company
To: Joyce

Hi Joyce,
Thanks for your email, you are warmly welcomed to our company.　①

We can have a meeting during 3rd March to 6th.March in next week and our working hours are 9:00AM-6:00PM.
Our office address is: xxxxxxxxxxxxxxxxxxxxxxx　②
Please give me a call before your coming,so we can prepare our hot sale dental products in advance,thank you.

My mobile phone number is: 86 158xxxxxx.　③

Best Regards
Chris Cai

图 4－42

户我会准备好相应的口腔产品供她参考。

序号④中客户选择了一个时间，也很礼貌地预祝我周末愉快，并留下了客户的国内手机号码。从这个号码可以猜测出客户可能常驻在中国。

三、正式会面

会面以前，我将所有适合欧洲市场的口腔清洁类产品样品在 showroom 里做了整理，根据不同款式、不同颜色、不同包装，以及不同材质，分门别类地做好归类，有针对性地把符合欧洲客户偏好的样品放在最显眼的地方。

正式会面的时候，果然来了两个人，一个是 Joyce，另一个是她的上司也是采购总监。会面沟通的过程和基本思路如下。

关于公司：互递名片之后双方做正式的介绍，客户介绍他们的公司是欧洲一个知名的超市，在欧洲有几百家连锁超市，上海有办事处。他们现在想开发口腔清洁类的产品，比如 dental floss（牙线）、dental floss pick（牙线签），想在中国寻找供应商。

我们（老板和我）也简要地介绍了自己公司在行业内的资质，以及对于口腔清洁类产品的市场熟悉度和采购能力，出口欧洲的经验，以及欧洲的买家合作情况等。

关于产品：在做完自我介绍以后客户开始了解我们的产品，从牙线到牙线签，从价格、起订量、包装到印刷做了基本的认识以后，客户把重心放在了我们的一款牙线签 item A 上，并着重询问了做自己品牌的印刷涉及的印刷费用问题。

在把重心转到一款牙线签以后，客户展示给我们他们想要的牙线签的样品，他们确定这款产品产自中国，想让我们帮他们采购，包装方式用我们的 item A 的包装（50pcs/PE bag 或者 1pc/cello bag），PE bag（聚乙烯袋子）或 cello bag（玻璃纸袋）上他们自己做印刷和设计。

整个沟通的过程很轻松，双方并没有过多地在敏感问题上斡旋，而是围绕着产品本身的一些特性、包装、交期、起订量等不断商讨。表面上看起来客户是以了解信息为主，但又很明确地展示出他们的采购需求。在我们留下客户的样品并答应按照他们提供的款式和包装要求帮他们采购以后，客户也留下了我们现有包装的 PE 袋样品做参考。最后，双方互相道别友好地结束了这次会面。

四、按客户要求采购

老板并没有对这次会面抱太大的希望，因为从沟通的结果来看，客户并没有对我们的任何一款产品有极大的兴趣，反倒是在了解产品的过程中或多或少地表达出我们的产品质量不符合欧洲市场要求的看法，但我们还是坚持按照客户的要求进行采购。公司的每款产品都有自己合作的固定工厂，要按照客户的款式进行采购，这份工作并不容易，需要在最短的时间内找到产品的生产工厂，万一是新的工厂还会面临合作的问题、产品质量问题和付款方式的问题等，这些都需要妥善处理，所以难度系数有点大。

我觉得客户很有潜力，所以坚持自己的想法，将客户的样品和需求详尽地介绍给采购员去寻找产品的供应商，希望能找到同款产品。好在采购员下午就有了消息，只是需要等最后的价格，原因是工厂目前无法提供带印刷的包装，只能报散装的价格。于是我做了如图 4－43 的回复。

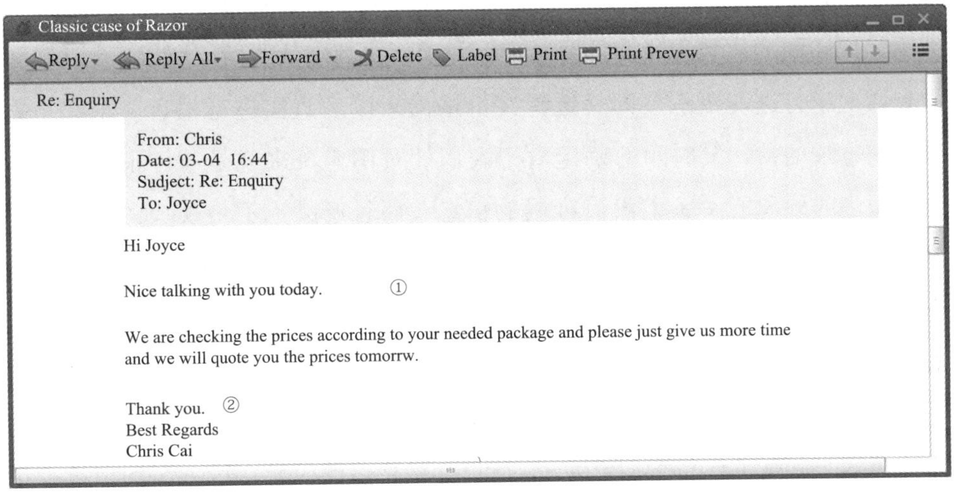
Classic case of Razor
Reply Reply All Forward Delete Label Print Print Prevew
Re: Enquiry

From: Chris
Date: 03-04 16:44
Sudject: Re: Enquiry
To: Joyce

Hi Joyce

Nice talking with you today. ①

We are checking the prices according to your needed package and please just give us more time and we will quote you the prices tomorrw.

Thank you. ②
Best Regards
Chris Cai

图 4－43

用邮件确认的时候，我都会在序号①的位置礼貌地告诉客户，我们今天有一个愉快的会面，以“回味”的方式从面谈延续到邮件的沟通。

在跟采购员了解到价格问题可能无法立即确认之后，我在序号②的位置先给客户打了一个预防针，告诉客户我们正在核算价格，但是这个价格需要一些时间去核算（可能无法立即作出报价）。这个回复有两层含义，一个是告诉客户我们对于客户的需求很重视，已经按照她的要求进行采购，而且同款产品已经找到，只是包装需要确认。另一个隐含的意思是，因为客户有她自己的包装要求，在面谈的时候也对包装的问题做了很长时间的沟通，所以确认费用比较慢。我预计可能在明天会有报价，这个时间虽然我不是特别确定，但我的重点是想告诉客户我对于她的需求是非常重视的。反过来想，如果我只是说“Please give us more time.”（请再给我一些时间），客户心里一定就会有疑虑，“那是需要多久呢”？如果我们在最开始就告诉客户她想知道的信息，打消她的疑虑，客户才会知道我们对她的担心和疑虑感同身受，并在努力解决，这其实就是个人素质的体现。

五、正式报价

3月4日我告诉客户隔天才能报价，其实到了5日价格还是没有报出来，因为客户印刷的包装袋我们需要和现有的工厂协商确认费用。所以，5日我并没有再次进行进度跟踪，而是选择在价格出来以后直接进行报价。跟踪是需要讲究方法的，回复时间的确定对于我们外贸销售员来说是一件很棘手的事情，很多时候我们手头上没有准确的信息，而且产品也不是现成的，这种不确定是正常的。但是，我们作为和客户直接沟通的人，需要把内部不确定的问题通过专业的说辞解释给客户，特别是在沟通初期，不能让客户觉得我们的思路不清晰，所以，我打算在价格确定以后再做一次详细的回复。

拿到产品的详细报价后，我立即给客户做了如图4－44所示的回复，因为来访的时候有Joyce的总监Jack，所以我做报价的时候在序号①的位置抄送了Jack，称谓也带上Jack。当然也需要用一句简短的话向客户道歉这么晚才发报价。

从采购员处得到的建议是和新的工厂合作会有一些不确定的因素，而且包装袋无法提供，除了成本会更高以外，从现有工厂采购包装袋再发到牙线签工厂，中间的协调可能会有问题。所以，我另外又找了一个和客户的原样80%类似的款式在序号②中做了推荐。

在满足这个优质买家采购需求的过程中，采购员给出的建议一直是从找新工厂合作的角度来考虑的。但是，我在综合考虑采购、新工厂与现有工厂的配合度问题后担心第一次合作过程中会出现无法挽回的局面。所以，我做了有倾向性的推荐，将类似款式做了重点介绍，虽然我感觉客户接受现有款式的可能性会很小，但必须作出尝试，更何况这个推荐并不会让客户反感。

为了从相似度上说服客户，我特意地将类似的款式和原样并排放在一起拍照，序号④中我将类似款式放在原样的左右进行对比，希望从直观上进行突破。

European buyer

Reply ▾ Reply All ▾ Forward ▾ Delete Label Print Print Preview Spam

Re: Quotations

From: Chris Cai
Date: 03-06 15:31
Subject: Qutatuon of dental floss pick
To: Joyce CC: Jack ①

Hi Jack and Joyce,

Sorry for our late quotation of the dental floss picks.
We just checked the prices with our factory for your interested dental floss within different packages and found there is a completely samemodel *#Item A* with your sample, also there is a quite similar *#Item B* which the price is much cheaper for your choice. ②
Similar item:*#Item B* ③
You can find the below below photo to compare, the one in the middle is your sample and the other two are our*#Item B*.

④
Dental floss pick #Item B
Handle: HIPS and Flosser: UHMWPE,
Flosser: white color without mint
Price: FOB shanghai USD$3.0/bag/50pcs,based on 50pcs in l bag(mate bag)(MOQ:10,000bags),the plate charge for printing is 100usd/color
FOB shanghai USD$0.08/pc/bag, based on l pc in l bag which bag is sealed in one side.(MOQ:100,000bags),the plate charge for printing is 100usd/color
FOB shanghai USD$0.07/pc/bag,based on l pc in l bag which bag is sealed in three sides.(MOQ:350,000bags),the plate charge for printing is 100usd/color.

<Photo compare here>

⑤

Same item: *Item A*
Dental floss *#Item A*
Handle: Imported high quality ABS material.
Flosser: Polyester 750D.
Flosser: white color without mint

Prices: FOB shanghai US$4.0/bag/50pcs based on 10,000bags MOQ,if your design less than 5 colors, the plate charge is 620usd totally.

FOB shanghai US$0.10/bag.l pc in l bag, based on 500,000bags MOQ.for 500,000bags quantity we can provide free plate charge.

The similar item *#ItemB* is using the PS material for handle and UHMWPE flossers,the UHMWPE is'ultra high molecular weight polyethylene'.
The same item using #Item A is using Polyester 750Dflosser and imported high quality ABS material, so the price is much higher and thedelivery time is much longer. ⑥

Please check the information,if any question you can feel free to contact me,thanks.

Best Regards,

Chris Cai

图 4－44

报价方式上面，我仍然将类似款式放在前面推荐。序号⑤中我按照客户的要求分别罗列了 50pcs/PE bag 和 1pc/cello bag 的价格，并列出材质、起订量、版费等信息。

由于原样的材质是进口 ABS 塑料，价格会比我们现有款式高出很多，所以在列出价格以后，我在序号⑥的位置简要地介绍了材质的信息，告知客户产生价格差异的原因，并说明交期会更长，因为包装袋需要另外准备。

报价给人的整体感觉是我在强烈地推荐现有款式，这是在综合考虑当时公司的实际采购压力、公司的支持，以及完美达成第一次合作的目标等方面作出的一些改变。但是，邮件中我并没有主动地推荐客户考虑类似的款式，相反两个款式的实际情况我也如实地告知客户，让客户做选择。

六、样品

报价以后，经过了一段时间的等待，客户做了如图 4－45 的回复。

European buyer

Reply Reply All Forward Delete Label Print Print Preview Spam

Re: Quotation

From: Chris Cai
Date: 03-18 13:26
Subject: Re: Re: Quotation of dental floss pick
To: Joce

Hi Joyce,

Wish you enjoyed a good weekend.

Enclosed please find the AIformat dieline of the 50pcs bag for your artwork design. ②

As our factory doesn't have the 50pcs bag at hand right now, so can we send you the samples in our existing bags?you can just check the flosser's quality. ③

For the bag's quality checking,please just take my last blue and mate bags as standard,the final package will be sames as that. ④

Looking forward to your confimation to move on the samples preparing,thank you.

Best Regards

Chris Cai

From: Joyce
Dae: 03-14 12:24
Subject: Quotation of bental floss pick
To: Chris

Dear Chris,

Sorry for this lats late reply.Pls arrange me 3pcs 50pcs bag samples for this dental floss#Item A style for testing.
Pls also send dieline of this bag to start packing design arworks asap. ①

Best regards,

Ms Joyce

图 4－45

即使在我强烈地推荐类似款式以后，客户在序号①中还是毫不犹豫地选择了她原来的那款产品并索要样品确认，所以客户采购的目的性很强，因而，自此以后我们就可以放弃类似的那一款产品，集中在新工厂的这一款产品上了。此外，客户让我们发袋子的刀模图以便她做设计。这其实是一个信号，一方面说明客户很在乎袋子的设计，另一方面说明她已经对我们有了很深的信任感，也就是说客户已经信心满满地相信我们找到了和原样同款的产品了，所以她还没有收到我们的样品就已经开始安排袋子设计的事宜，还有一个就是包装方式客户已经确认了，50pcs/PE bag。

3 月 16 日周一下午我迅速回复了客户邮件，邮件开头是一个简短的周末问候。序号②我告知客户袋子是现有工厂制作的，所以我可以马上发给她刀模图做设计。

客户很注重袋子的设计，而实际情况是袋子工厂没有现成的 PE 袋，牙线签工厂又不提供袋子，所以手头上并没有合乎客户要求的空余的 PE 袋。于是，序号②中我先跟客户确认是否可以安排常规的袋子装好 50pcs 样品给她做产品质量的测试。这一句话也是想向客户再次表明我们对于袋子问题的慎重态度。

在面谈的时候留给客户的袋子样品现在可以起作用了，正好可以让客户检验袋子的质量以及印刷质量。客户马上在图 4 – 46 序号①中回复现有袋子完全没问题，并提供了寄样地址。

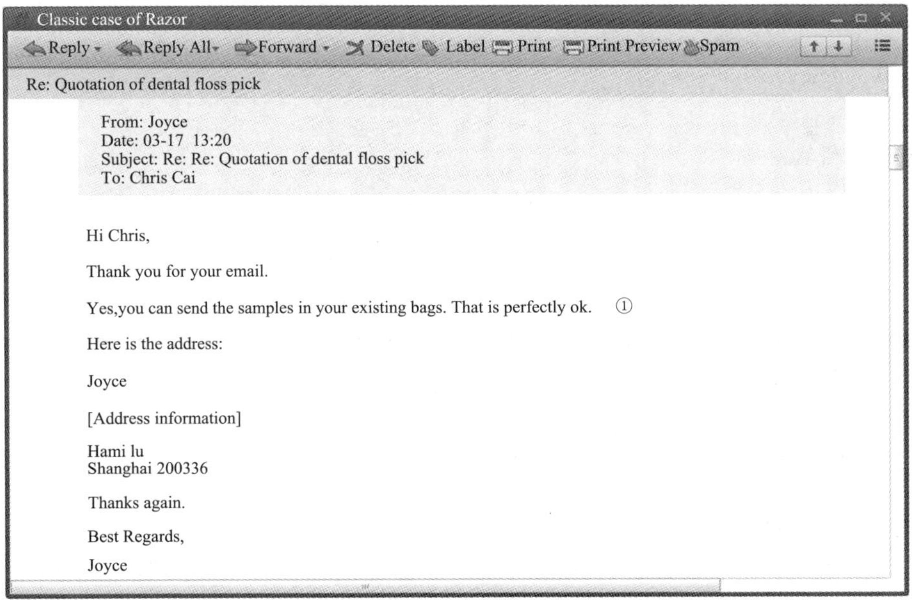
Classic case of Razor

Reply Reply All Forward Delete Label Print Print Preview Spam

Re: Quotation of dental floss pick

From: Joyce
Date: 03-17 13:20
Subject: Re: Re: Quotation of dental floss pick
To: Chris Cai

Hi Chris,

Thank you for your email.

Yes,you can send the samples in your existing bags. That is perfectly ok. ①

Here is the address:

Joyce

[Address information]

Hami lu
Shanghai 200336

Thanks again.

Best Regards,

Joyce

图 4 – 46

七、欧式还价

发过样品以后，我给了客户充分的时间做测试，并在 3 月 30 日做了一次跟踪，如图 4－47 所示。

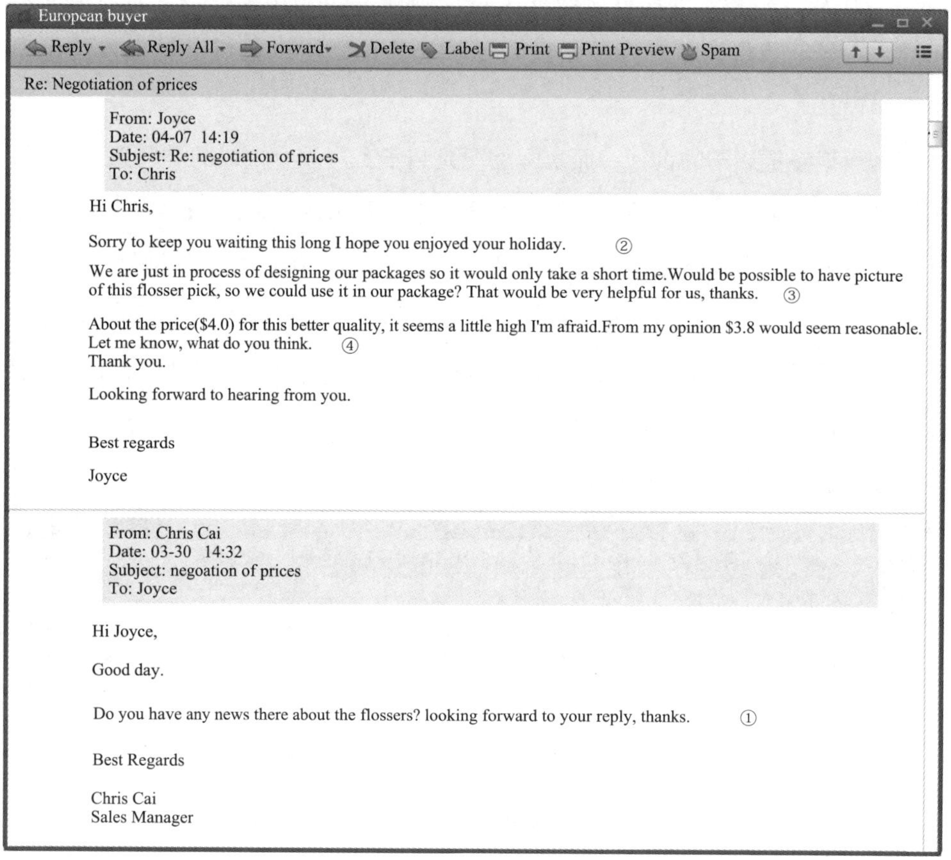
European buyer

Reply Reply All Forward Delete Label Print Print Preview Spam

Re: Negotiation of prices

From: Joyce
Date: 04-07 14:19
Subject: Re: negotiation of prices
To: Chris

Hi Chris,

Sorry to keep you waiting this long I hope you enjoyed your holiday. ②

We are just in process of designing our packages so it would only take a short time.Would be possible to have picture of this flosser pick, so we could use it in our package? That would be very helpful for us, thanks. ③

About the price($4.0) for this better quality, it seems a little high I'm afraid.From my opinion $3.8 would seem reasonable.
Let me know, what do you think. ④
Thank you.

Looking forward to hearing from you.

Best regards

Joyce

From: Chris Cai
Date: 03-30 14:32
Subject: negoation of prices
To: Joyce

Hi Joyce,

Good day.

Do you have any news there about the flossers? looking forward to your reply, thanks. ①

Best Regards

Chris Cai
Sales Manager

图 4－47

客户 4 月 7 日给我回复了邮件，序号②中客户一如既往的礼貌性地以“Sorry to keep you waiting...”开头，并给予节日的问候。

序号③中客户并没有对样品的质量提出任何异议，而直接转向袋子的设计，告诉我设计已经正在进行了，希望我能提供一些产品的照片作为参考。

这句话其实已经确认了产品质量没有问题，正是她要找的产品。

关于价格，序号④中客户指出她觉得我们的报价 $ 4.0 有一点高，她自己报了一个可行的价格 $ 3.8，并想听听我的看法。事实上，从前面客户已经在进行产品包装设计上可以看出，客户对于我之前的报价应该是完全可以接受的。这个时候客户进行价格谈判有几种可能性：一个是形式上的价格谈判，她在收到样品以后对于产品的质量和价格是需要作出一定的反馈的，客户给出自己对于质量和价格的看法，然后想听听我的意见；另一个是她此次采购的预算刚刚才申请下来，价格就是 $ 3.8；还有一个可能性是这个产品是我们采购其他工厂的，客户想试探性地压一下价格。

如果仔细地考虑客户正在进行的设计，加上客户对于价格用的是“I'm afraid”和“a little high”这两个试探性的口吻，我坚持认为之前的报价是完全可行的，但是在考虑上面三个可能性以后，如果我从材质、起订量以及袋子的印刷等方面告诉客户这其中的成本、人工等因素，会让她觉得我们对于价格太过死板。客户毫不避讳地告诉我们她的目标价，让我觉得她很坦然，这种坦然也是一种信任，就凭着这份信任，我愿意去满足她的价格。

八、价格回复

客户主动地提出了她的目标价，我也已经想好如何去拿到这个价格，所以我做了如图 4 –48 的回复。

越是涉及敏感的问题，越不能乱了分寸，因此，在序号①中我还是按部就班地在开头做了寒暄，告诉客户刚刚清明节休假回来。

关于包装，我在序号②中告诉她我会继续等待她的消息，而至于产品的图片，我提到了一个摄影师，这是我和其他客户沟通过程中总结出的一种说辞，正好用在了这里。越是大公司，内部分工越明确，所以我们经常听到客户说“My designer/My photographer/My marketing is on the holiday now.”等说法。这个说法一来可以很清晰地告诉对方当前所问的问题是什么方面的，进而让沟通更顺畅，不至于产生歧义。比如，“My designer”对应的可能是设计

European buyer

Reply Reply All Forward Delete Label Print Print Preview Spam

Re: Price

From: Chris Cai
Date: 04-07 15:54
Subject: Re: Re: Price
To: Joyce

Hi Joyce,

Glad to hear from you again, yes we just returned back from the" Tommb-sweeping day" festival. ①

It's ok that we will be awaiting for your news of the package designs, our photographer is on holiday, I just took photo by myself, plese check the dental floss picture in attachment, if any idea you can feel free to contact me, I will be glad to help you. ②

③

Regarding to the prices, in order to cherish this great business opportunity with you and we might be need your support in the future too, so I just applied to my director to achieve your price, finally we would linke to offer you the best special price to FOB Shanghai US$3.8/bag/50pcs for our first time, expecting a long term business relationships with you in the future. but this price is not including the plat charge of your bags printing.

Please check the isformation, if any further question you can feel free to contact me, thanks.

Best Regards
Chris Cai

图 4－48

相关的问题，比如颜色色号、尺寸等；而“photographer”对应的则是摄影的角度、色彩平衡、亮度、灰度等；同理“marketing”对应的是市场的反馈、市场调查、客户偏好等内容了。而另一方面细分工作可以看出公司的实力，只有分工明确到了一定的程度才会细分到“photographer”。所以我也在一个恰当的时机巧妙地展示出公司内部细分的结果。如果我拍的照片不能让客户满意，我大可以再找摄影师出马。在无法确定客户要求的情况下，特别是一些概念性或者想法上的要求的时候要给自己留有一些余地。

关于价格，对于已经面谈过的大买家，第一次订单的价格需要灵活处理。因为第一次的订单很有可能只是买家对于我们的沟通能力、协调处理能力、供货能力、反应速度、产品质量等问题的一次检测。无论我们把自己的产品说得多么好，也无论我们说自己的服务意识有多么强，最好的检验方式只有实实在在的订单。所以，我们面对这样的买家的时候，需要用长远的眼光看待，能够先把订单做下来，就尽量去争取，争取下来以后再通过自己的后期努力向客户证明自己有能力和他长期合作。对于目前这个客户，因为她想要的袋子需要从现有工厂订制，所以在报价的时候我考虑过中间的一些操作费用，因此，即使按照客户的价格来做，利润也还是有保障的。

正因为客户要的产品需要不同工厂之间配合，所以在任何环节都有可能出现问题，因而我在序号③中由衷地说了一句“we might need your support in the future too.”，没想到在后面真的出了很大的问题。

九、Proforma Invoice（形式发票）

在我同意客户的价格以后，客户并没有直接回复是否同意价格，转向了包装方式以及外箱尺寸等问题。在我跟踪了一封邮件以后，客户开始让我发 Proforma Invoice 了。

在图 4－49 的邮件序号①的位置客户很精炼地告诉我她的产品要求、数量等信息并主动地确认出价格信息，让我按照她将要发给公司的信息准备形式发。如果我们回顾一下跟这个客户沟通的过程会发现：询价——发报价

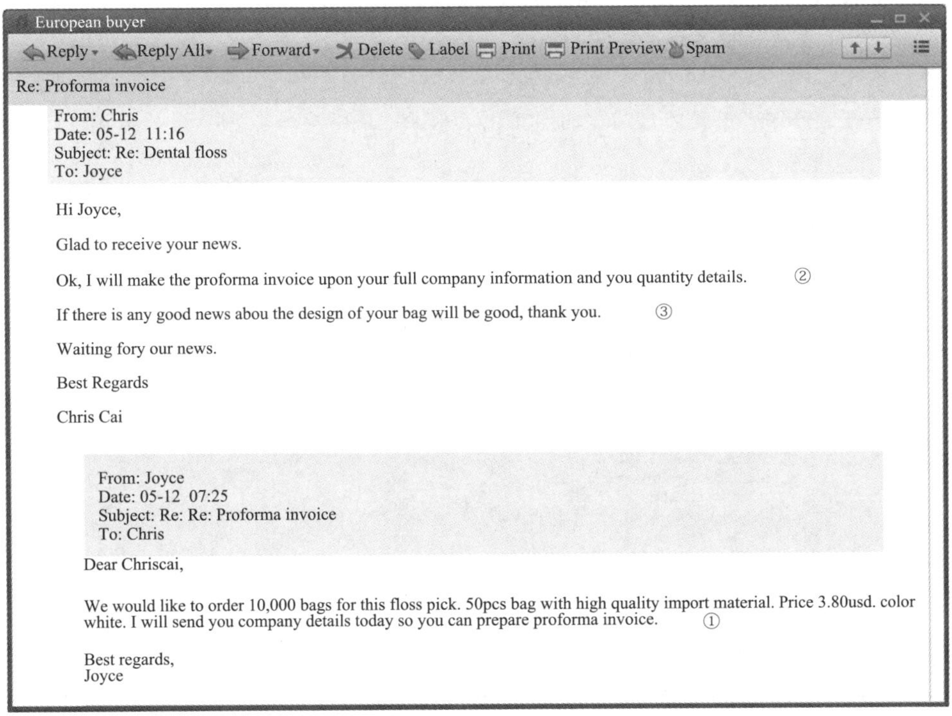
European buyer
Reply Reply All Forward Delete Label Print Print Preview Spam

Re: Proforma invoice

From: Chris
Date: 05-12 11:16
Subject: Re: Dental floss
To: Joyce

Hi Joyce,

Glad to receive your news.

Ok, I will make the proforma invoice upon your full company information and you quantity details. ②

If there is any good news abou the design of your bag will be good, thank you. ③

Waiting fory our news.

Best Regards

Chris Cai

From: Joyce
Date: 05-12 07:25
Subject: Re: Re: Proforma invoice
To: Chris

Dear Chriscai,

We would like to order 10,000 bags for this floss pick. 50pcs bag with high quality import material. Price 3.80usd. color white. I will send you company details today so you can prepare proforma invoice. ①

Best regards,
Joyce

图 4－49

单——正式会面——原样需求——包装、印刷要求——报价——发样品——样品确认——价格谈判——接受价格——发 PI，整个过程基本上涵盖了一个正常业务所需经历的步骤。

我立即回复了客户的邮件。序号②中我用最精炼的语句告诉客户会按照她的要求做 PI。

序号③中我提到袋子设计的问题是因为我需要最终确认袋子设计的颜色来确认版费。这个其实不是主要问题，合作工厂基本上可以完成，最主要的我还是想让客户知道我一直在思考她所需要考虑的问题。

十、付款户名错误

在我按照客户的要求发 PI 以后，客户马上就付款了。这时候付款人 Mike 出现了，Mike 主要负责的是订单的后期工作。他给我发送了一封邮件，如图 4－50 所示，在一句友好的问候之后，他告诉我 30% 的预付款已

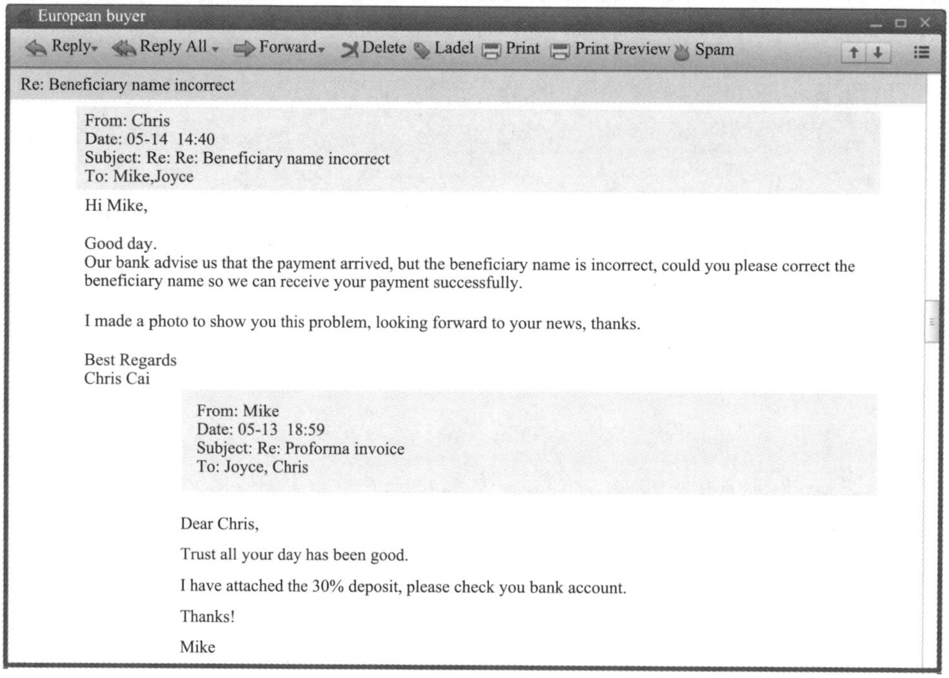
European buyer

Reply Reply All Forward Delete Ladel Print Print Preview Spam

Re: Beneficiary name incorrect

From: Chris
Date: 05-14 14:40
Subject: Re: Re: Beneficiary name incorrect
To: Mike,Joyce

Hi Mike,

Good day.
Our bank advise us that the payment arrived, but the beneficiary name is incorrect, could you please correct the beneficiary name so we can receive your payment successfully.

I made a photo to show you this problem, looking forward to your news, thanks.

Best Regards
Chris Cai

From: Mike
Date: 05-13 18:59
Subject: Re: Proforma invoice
To: Joyce, Chris

Dear Chris,

Trust all your day has been good.

I have attached the 30% deposit, please check you bank account.

Thanks!

Mike

图 4－50

经安排了，让我查询账户，应该会马上到账。我看到客户的“Trust all your day has been good.”确实很开心，可是，唯一比较遗憾的是客户在付款的时候把户名打错了（公司名称打错一个字母）。我的第一想法其实是承诺入账（账号正确，但是户名错误，可以通过承诺入账的方式支付一定的银行费用来收取这笔款项）。但是，老板在看到户名打错以后，居然开始怀疑客户的真实性，觉得客户是故意把户名打错的，一定要把款退回，让客户重新安排一次汇款。

我个人认为，在把握客户方面，如果进行到这个步骤，还无法确定客户的真实性，说明这个业务员是失败的。所以，在老板怀疑这个客户真实性的时候，我作出了保证，希望可以承诺入账，但依然得不到他的认同。我就只能放弃从这个方面寻找解决方法。

我们遇到公司对客户不信任这样的问题的时候必须冷静处理，有很多的外贸人或多或少会因为公司的判断或者决策而影响自己的判断，这是不对的，我们费尽心思跟客户沟通到一定的阶段，却因为公司的决策丢失掉客户是很令人痛惜的，千万不能把公司表现出来的负面情绪传达到客户身上。换句话说，我们必须自己消化掉这种情绪，用最饱满的热情对待这个事情。

我对客户是完全信任的，得不到公司的支持，我只好与客户协商。我用邮件告诉客户收款户名错误，并用图片对比出这个错误让客户一眼就看出问题所在。

客户做了如图 4－51 的回复。

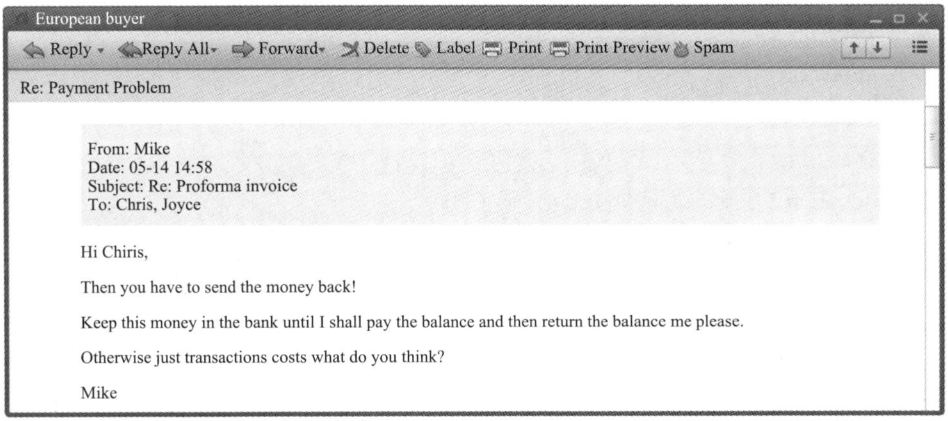

European buyer

Reply · Reply All · Forward · Delete · Label · Print · Print Preview · Spam

Re: Payment Problem

From: Mike
Date: 05-14 14:58
Subject: Re: Proforma invoice
To: Chris, Joyce

Hi Chiris,

Then you have to send the money back!

Keep this money in the bank until I shall pay the balance and then return the balance me please.

Otherwise just transactions costs what do you think?

Mike

图 4－51

客户对于付款的问题想了一个办法，让这款项留在银行里作为定金，等到付余款的时候一次性付清，我们再把这笔错误的定金退回。不然的话就要来回付银行手续费。站在客户的角度我完全可以理解他的想法，但是站在公司的立场上，这个方式对我们不是很有保障，因为这笔错误户名的付款到了一定时间会自动退回。正当我想向客户作出解释的时候，Mike 打电话过来了，在我告诉他公司倾向于再付一次款后，Mike 似乎想到了我这边操作上的问题，愿意重新安排一次付款。他说如果有时间他可以来公司付现金作为定金，或者我们把款退回然后他安排再次付款。

我其实想过客户付现金的意思是自己垫付，所以我建议他再付一次款，如图 4－52 所示，客户欣然接受了。在接下来的一个星期三，客户的款到了我们公司的账户。

European buyer

Reply　Reply All　Forward　Delete　Label　Print　Print Preview　Spam

Re: Payment problem

From: Mike
Date: 05-15 14:29
Subjct: Re: Proforma invoice
To: Chris,Joyce

Hi Chris,

Thanks for that!

I will arrange payment again, trust you will have it ready by Wednesday next week then.

Best,
Mike

From: Chris
Date: 05-15 12:00
Subject: Re: Re: Payment problem
To: Mike, Joyce

Hi Mike

Nice talking with you by phone, I just talked with my director.

We can refund the money to you today, you can pay us again to start the arrangement for you.

Looking forward to your confirnation to arrange refunding you the money.

Best Regard

图 4－52

十一、包装袋印刷错误

客户的预付款如期而至，在这期间 Mike 把他的袋子设计稿初稿发给了我，同时，我也按照他的要求在他的设计稿的文字内容和设计上做了一些修改，最后让工厂做了确认就开始生产了，Mike 希望 10 天左右可以出 5 ~ 10 包样品，这样他可以拿到欧洲去做宣传，并告知在 10 天以后会来公司取样品。

因为我们是找的现有合作工厂做袋子和印刷，并嘱咐了工厂客户要得比较急，所以袋子在 15 天的时候完成了。我用短信通知客户样品备好了，如图 4 – 53、图 4 – 54 所示。

图 4 – 53

图 4 – 54

当天下午我有事需要外出，所以告诉 Mike 能否在中午到，Mike 说会在 12 点钟左右到，让我发公司地址，在 12 点 20 分左右 Mike 到了我们办公室。

我印象特别深的是 Mike 进公司的时候手里提着一个安全帽，我把 Mike

请进了会议室把袋子的样品展示给他看。Mike 看到袋子的第一眼就告知袋子的颜色错了，灰色部分应该做成银色，Mike 的情绪开始变得焦躁，一直重复“Silver, it should be silver.”。我注意到 Mike 深邃的蓝眼睛里透露出一些愤怒和焦躁情绪，然后就告诉我这个袋子的颜色做错了，需要重做。我叫来采购员说明现在的情况，同时我也重新看了客户的设计。灰色的部分确实用很小的字母写了“silver”这个单词，但是没有标注色号（其他的颜色都标注了清晰的色号），客户没有标注银色色号的原因是 PS 里无法作出银色的效果。而袋子工厂直接按照设计的灰色套打的板，导致颜色印刷出来是灰色。

采购告诉我所有的袋子都生产完成了，不可能再改了。Mike 生气了，用熟练的中文在公司所有人面前说我们的印刷技术太落后，连简单的银色都没有办法正常打印，完全不听我的解释。在发完牢骚以后他就径直往外走，我上前拦住了 Mike，告诉他我会跟工厂确认一下这个问题再告诉他解决办法。我在 Mike 的眼神里看到了愤怒和失望。他对我说了句“OK”以后就走了。

在 Mike 走后，采购员告诉我袋子工厂是因为关系好帮忙做的，重做肯定是不可能了。我下午有个会议要外出，在路上我整理了一下头绪，做了如下几个安排。

（1）我首先打了一个电话给 Joyce，告诉她今天 Mike 过来看了袋子的样品，但是样品颜色是灰色，所以 Mike 无法接受，因为 Mike 的情绪比较激动，所以，我想问问她能否跟 Mike 沟通一下，看是否可以接受灰色。Joyce 笑了笑说，她去和 Mike 沟通一下。

（2）我跟采购员重新沟通了一下，让袋子工厂确认如果灰色换成银色，再重新做一批总共的费用是多少。

做这两件事情的目的是做好两手准备，一是确定客户是否完全不能接受灰色，如果他们可以作出妥协，这次就按照灰色的做，下次再调整为银色。这样做的原因也是为工厂考虑，省去很多麻烦，而且除了颜色问题，印刷的质量确实不错，所以我怀着试一试的心态去跟客户再确认一下颜色。另外一个准备就是等客户完全无法接受灰色以后，重新安排生产新的袋子样品，确认费用。新的生产成本工厂不可能承担，同时，考虑到公司对于这个客户并不是很积极的态度，我只好尝试跟客户多沟通。

作为跟客户直接接触的销售员，我在理清目前的形势后其实不愿意跟客户沟通这个新的费用问题，因为责任很难划分。客户在做设计的时候并没有准确地标明色号也并没有强调这个颜色，而工厂在做印刷的时候并没有注意到旁边小的“silver”字样，我们公司这边因为找的是熟知的工厂，加上客户对于交期的要求比较急，也并没有让工厂做一个确认样过来就安排生产了，都有疏忽的地方。考虑再三，我只好去跟客户商量。

理好思绪做好了这些安排以后，我给 Mike 打了一通电话，诚挚地道了歉并告诉他已经和工厂技术人员沟通过了可以做成银色，但是会有新的费用，所以建议他下次用银色，这次就用灰色，Mike 不同意，说这次就必须用银色。我告诉他我会等费用出来了再跟他沟通。从电话里我听出来 Mike 的情绪稍显稳定了一些，有可能 Joyce 已经和 Mike 进行了初步的沟通。我接下来就是等待工厂的报价了。工厂报给采购员新的生产费用总计折算成美元是 1 000 美元，因为要再加一个银色的专色，所以这次袋子和印刷的总费用是 1 000 美元，我给 Mike 发了一个短信，如图 4－55 所示。

图 4－55

Mike 的一句"I have to."让我感受到了他深深的无奈，在外贸业务最开始的沟通阶段，总会有一些意外发生，偶尔也会让客户感到无奈，我们最好的处理办法是总结好所有的经验教训，把客户失望的次数降到最少。

除了感受到客户的无奈之外，我也感到一丝意外。对比 Mike 在办公室里的激动情绪，Mike 现在已经开始冷静地处理问题了。从 Mike 在公司闹情绪的时候开始，我一直都在跟他解释，但是 Mike 没有听任何解释，于是我选择了让他把情绪宣泄出来，就好像太极里的"以柔克刚"。这种宣泄是正常的，但是我必须有足够强大的内心去消化客户的情绪，并用自身的行动示意他最终还是要寻找解决问题的方法。在不太确定客户的情绪是否已经稳定以前，我们可以先试探性地跟客户进行沟通，这种沟通需要拿捏说话的分寸，点到即止，在最后解决问题的时候，就可以一蹴而就了。

十二、印刷问题解决

第二天 Mike 针对袋子的问题做了一个正式的邮件回复，抄送给了 Joyce 和采购总监，如图 4－56 所示。

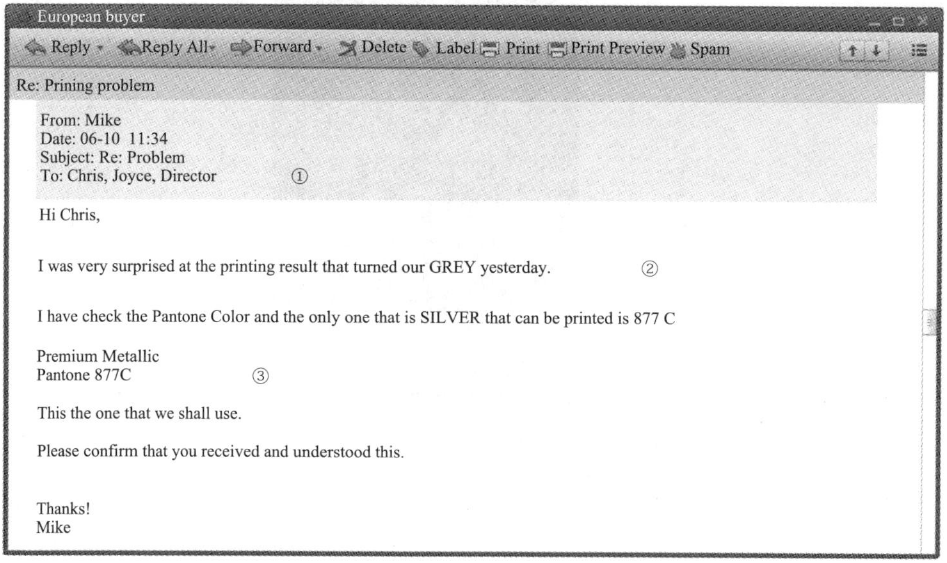
European buyer

Reply Reply All Forward Delete Label Print Print Preview Spam

Re: Prining problem

From: Mike
Date: 06-10 11:34
Subject: Re: Problem
To: Chris, Joyce, Director ①

Hi Chris,

I was very surprised at the printing result that turned our GREY yesterday. ②

I have check the Pantone Color and the only one that is SILVER that can be printed is 877 C

Premium Metallic
Pantone 877C ③

This the one that we shall use.

Please confirm that you received and understood this.

Thanks!
Mike

图 4－56

如图 4 - 56 序号①的位置 Mike 将邮件抄送给了 Joyce 和采购总监，因为袋子要重新进行生产，那他们原有的推广计划肯定要延后，所以需要跟 Joyce，以及采购总监都沟通好，也需要做一个简短的说明。

序号②中客户用“very surprised”总结关于袋子印成灰色的事情，可以看出 Mike 当时在看到颜色的时候是非常震惊的。

序号③中客户确认好银色的色号，有了个这个色号，我们进行印刷就不会出错。

在我仔细地将印刷这个问题解决以后，客户主动提到“next order cheaper price”，如图 4 - 57 所示，冰释前嫌，真正的合作正式开始。

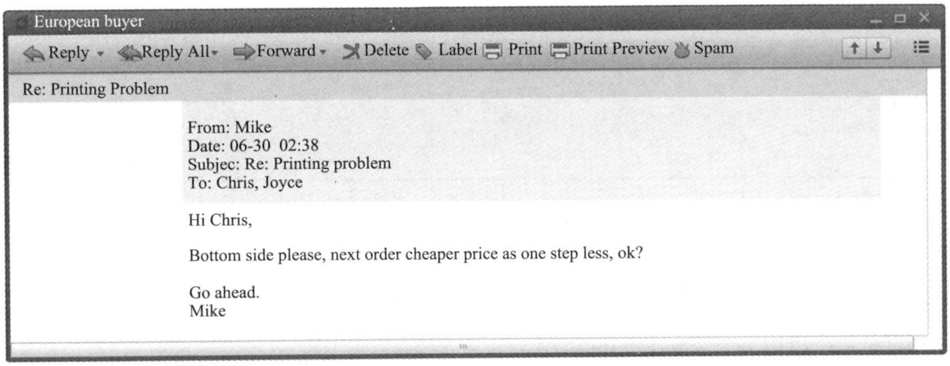

图 4 - 57

第四节　完美分析客户的情感诉求
——不一样的中东客户

一、询盘价值分析

图 4 - 58 是我在 Alibaba 收到的一封询盘，从 Alibaba 给出的 IP 地址信息来看，这是一个有效的伊拉克客户，询价针对的产品是牙膏。我们可以对询盘的内容进行简要的分析。

This message was sent to you only
Registered Location and Message Origin：IRAQ　Message Origin：IRAQ
Message IP：109. 224. 36.

Toothpaste
Quantity Needed：50, 000 Piece/s

Dear Chris
I hope this email finds you well.
I would hereby like to take the opportunity to introduce a short brief about our office. We are a business entity registered and approved by Iraq, to represent foreign international pharmaceutical and manufacturer of medical supplies inside Iraq. ①
We have a fruitful experience of more than 5 years in advertisement propaganda of medicines and equipment, as we already have a fully dedicated team of medical and sales representatives who have rich experience in our business. ②
Therefore, we would like to get some information about your company i. e. : If you ever exported Dental hygiene products to Iraq (toothbrush, toothpaste, . etc). Do you like to enter Iraqi markets? If your answers to these questions match our ambition to distribute the products of your company, then please inform us about your general conditions for partnership.
Iraq has rapidly growing pharmaceutical and medical supplies market in Middle East especially in the last few years. ③
We are interested in mutual collaboration and will be pleasant to submit any required information for your side. ④
You can go to our website to see full details about our office.
Your early feedback is highly appreciated.

ABC Company⑤
Address：xxxxxxxx
Hazher
Mobile：0096xxxxxxxx
Website：www. xxxx. com

图 4 –58

序号①客户简要地介绍了自己的公司，这有一些类似于我们的开发信中对于自己公司以及主营范围的介绍。

序号②客户介绍自己公司的优势，说公司有强大的销售团队而且在他们地区有丰富的推广经验。

序号③客户指出想了解我们公司，我们是否销售过口腔用品到伊拉克，是否想进入伊拉克市场？

序号④表示盼望合作。

序号⑤显示了客户完整的公司信息。

从以往的经验来看，有一些客户在最初的询盘内容里会把自己的公司介绍得很强大，但是跟踪下来发现，事实上并非如他所说的那样，很有可能沟通几个来回就因为运费、样品等原因没了下文。

看完这封询盘的内容，很多人的感觉是它是对常规开发信的内容做了一系列的针对回复。我的第一反应是客户的用词很严谨而且很正式，客户应该是中东客户里受到过良好的高等教育的一批人。

整个询盘内容虽然没有对任何详细的产品进行专门的询价，但是他询问的内容非常有价值。我就从客户介绍的四个方面来展开分析。客户的公司是伊拉克政府批准成立的，客户有完整的销售渠道，也有丰富的销售和推广经验，而且客户的主营产品恰好与我们的产品对口，我判断这个客户是行业大买家，应该属于潜力巨大的客户。他特别看重我们是否有出口过伊拉克市场的经验，是否想开发伊拉克市场，气场很强，而且在签名处客户留有详细的联系方式，所以我断定该客户是真实、有效的大客户。

二、报价回复

我回复客户的邮件如图4－59所示，是针对客户的询盘内容做了一个答复，我的邮件的结构同样是公司介绍、公司主营产品、对伊拉克市场的看法、产品的报价，附带其他产品的价格表，并做好了盼复，完全符合客户的写作习惯。

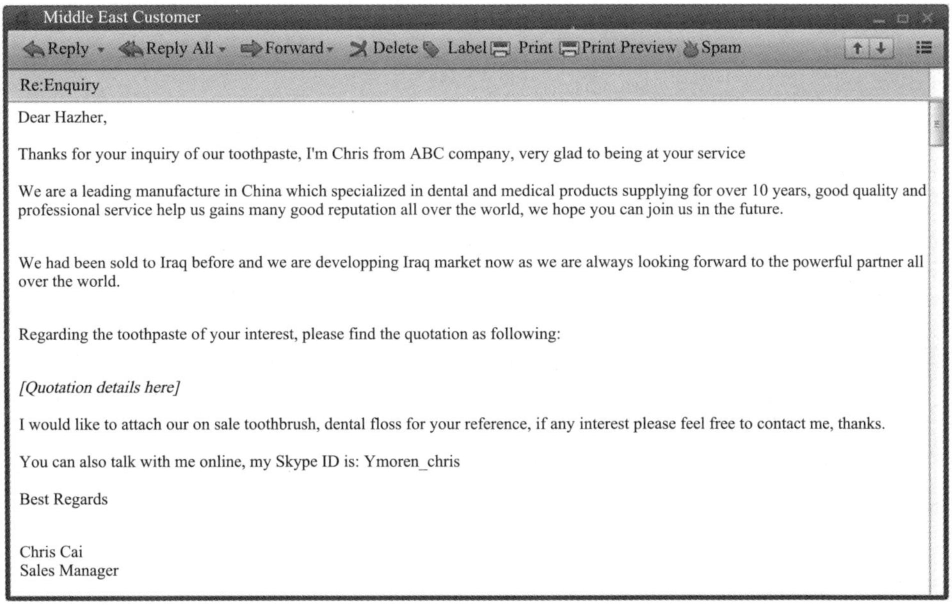

Re:Enquiry

Dear Hazher,

Thanks for your inquiry of our toothpaste, I'm Chris from ABC company, very glad to being at your service

We are a leading manufacture in China which specialized in dental and medical products supplying for over 10 years, good quality and professional service help us gains many good reputation all over the world, we hope you can join us in the future.

We had been sold to Iraq before and we are developping Iraq market now as we are always looking forward to the powerful partner all over the world.

Regarding the toothpaste of your interest, please find the quotation as following:

[Quotation details here]

I would like to attach our on sale toothbrush, dental floss for your reference, if any interest please feel free to contact me, thanks.

You can also talk with me online, my Skype ID is: Ymoren_chris

Best Regards

Chris Cai
Sales Manager

图4－59

客户做了如图 4－60 的回复。

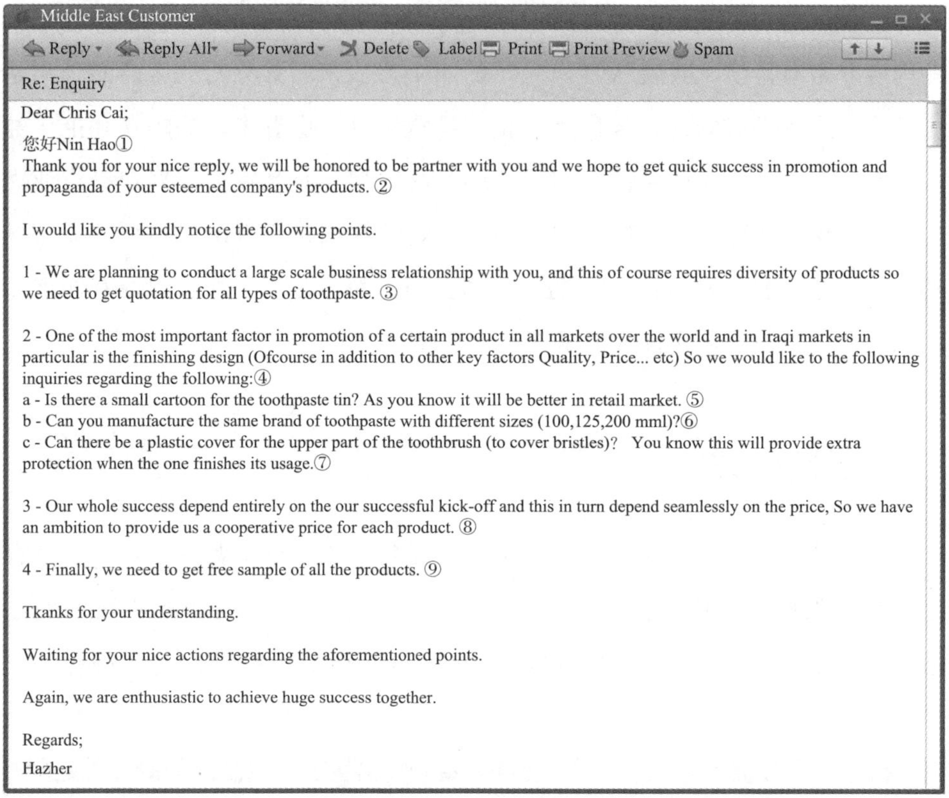

Dear Chris Cai;

您好Nin Hao①

Thank you for your nice reply, we will be honored to be partner with you and we hope to get quick success in promotion and propaganda of your esteemed company's products. ②

I would like you kindly notice the following points.

1 - We are planning to conduct a large scale business relationship with you, and this of course requires diversity of products so we need to get quotation for all types of toothpaste. ③

2 - One of the most important factor in promotion of a certain product in all markets over the world and in Iraqi markets in particular is the finishing design (Ofcourse in addition to other key factors Quality, Price... etc) So we would like to the following inquiries regarding the following:④

a - Is there a small cartoon for the toothpaste tin? As you know it will be better in retail market. ⑤

b - Can you manufacture the same brand of toothpaste with different sizes (100,125,200 mml)?⑥

c - Can there be a plastic cover for the upper part of the toothbrush (to cover bristles)? You know this will provide extra protection when the one finishes its usage.⑦

3 - Our whole success depend entirely on the our successful kick-off and this in turn depend seamlessly on the price, So we have an ambition to provide us a cooperative price for each product. ⑧

4 - Finally, we need to get free sample of all the products. ⑨

Tkanks for your understanding.

Waiting for your nice actions regarding the aforementioned points.

Again, we are enthusiastic to achieve huge success together.

Regards;

Hazher

图 4－60

序号①中客户用中文向我问好，这说明客户懂一些汉语，比较让我吃惊的是客户居然连“您好”的拼音都标对了。我感觉客户可能是半个中国通，至少他了解过一些中国的文化。专业的客户需要用专业的姿态来面对。

序号②“we hope to get quick success in promotion and propaganda of your esteemed company's products.”这句话是客户回复我上封邮件关于寻求合作的问题的回复，相当于一个寒暄。接着他就进入了对产品的询问。

序号③中客户的意思是他想进行大规模的采购，所以他想看到所有类型牙膏的报价。

序号④客户特别强调了一个最终包装设计的问题“finishing design”，告知了包装设计是产品能否在他们国家畅销的关键因素。在这个因素上面，客户于序号⑤、⑥、⑦中做了三个补充。

序号⑤客户举了一个例子，比如牙膏管上有一个小的卡通图案，这样在零售市场会更加好卖。

序号⑥客户问能否做不同容量的牙膏。

序号⑦客户问牙刷是否可以做一个头套，来保持清洁。

序号⑧客户强调了价格，并直言不讳地说价格是决定性因素。

序号⑨客户表明需要所有产品的免费样品。

在上一封邮件中双方相互介绍公司、产品、实力等方面以后，这一封邮件就已经将重心围绕在产品本身上了，也就是说客户基本上认可了我们公司，认可了我们的产品线甚至是价格等，因为在上一封报价里，我已经把价格单附过去了。

三、详细回复

在客户开始询问很详细的产品内容以后，我在图 4 - 61 所示的邮件中开门见山地告诉客户“please find my answers as follows：...”。

对于牙膏产品，我们当时并没有将其作为主打的产品，我们的主营产品是牙刷，但是有一些询价牙刷的客户会顺便问到牙膏，因此我们做了一个捆绑营销，把牙膏也列入了产品线。其实牙膏和牙刷是两种不同概念的产品，所以当时我们没有真正意义上的牙膏的报价单，通常是客户指定了牙膏的克重或者配方以后，我们才会相应地报价，因而，在序号①中我和客户解释了这个情况。

客户对最终的产品设计提到了一个 toothpaste tin（牙膏罐）上面的小卡通，我并没有 100% 的确认客户的意思，所以序号②中我希望客户能够做进一步的解释。通常在我并不十分确认客户的意思的时候，我会很坦然地告诉客户我不太明白他的意思，而客户基本上都会向我解释。在这里我初步认为客户是看到了当地牙膏的一些特殊设计，所以他提到我们是否可以做一些相同的设计，为了清楚了解客户需求，我建议客户“make me more clearly”。

Middle East Customer

Reply ▾ Reply All ▾ Forward ▾ Delete Label Print Print Preview Spam

Re: Enquiry

From: Chris Cai
Date: 12-31 15: 16
Subject: Re: Enquiry
To: Hazher

Dear Hazher

Thanks for your prompt reply, please find my answers as follows:

1 - We are planning to conduct a large scale business relationship with you, and this of course requires diversity of products so we need to get quotation for all types of toothpaste.

We have no full price lists of the toothpaste at present, as customer always have their requirement of the toothpaste, such as the flavors, formula, etc, so we always quote the price according to our customer's detailed request. ①

2 - One of the most important factor in promotion of a certain product in all markets over the world and in Iraqi markets in particular is the finishing design (Of course in addition to other key factors Quality, Price,... etc) So we would like to the following inquiries regarding the following: -
a - Is there a small cartoon for the toothpaste tin? As you know it will be better in retail market.

Do you meant to print a small cartoon on the toothpaste tube? I am not quite sure about this, please make me clear about your need . ②

b - Can you manufacture the same brand of toothpaste with different sizes (100,125,200 mml)?

Yes, we can manufacture same brand for different sizes as your request. ③

c - Can there be a plastic cover for the upper part of the toothbrush (to cover bristles)? You know this will provide extra protection when the one finishes its usage.
Yes, we have the plastic cover for the upper part of the toothbrush, please find the photo in attachment.④

3 - Our whole success depend entirely on the our successful kick-off and this in turn depend seamlessly on the price, So we have an ambition to provide us a cooperative price for each product.

For a long term business relationships with you, we must quote you our best price, could you please advise us your interested formula and, flavors or weight? ⑤

4 - Finally, we need to get free sample of all the products.

We can send you free samples, but customer have to undertake the shipping cost, so you can advise us your courier account? such as DHL, FEDEX, etc. ⑥

We hope to establish a long term business relationships with you in the future and looking forward to your reply, thanks.

Best Regards

Chris Cai

图 4－61

客户的第二个问题是 OEM，我们是可以做 OEM 的。任何克重（ml）都可以，所以我在序号③中给予了客户肯定的答复。

牙刷刷毛的保护套，用来保持刷毛的清洁的小配件，国内用的很少，但是国外需求很多，客户有这方面的要求，我们当然要满足，因而序号④中我告知客户，我们可以做保护套。

对于在谈判开始的时候客户寻求价格上的优惠，我会很坦白地告诉客户，我一定会报给他最好的价格，但是需要详细的产品细节才能报价，序号⑤中基于此原则，我进一步询问客户他想要的是哪款产品。任何涉及最好的价格之类的要求，我们都要回归到产品，告诉客户只有产品定下来，产品规格定下来，我们才能有针对性地给出最好的价格，而不是很空泛地告诉客户什么产品，我可以报给他多少钱。

关于样品，我们的样品全部是免费的，但是快递的运费需要客户来承担，序号⑥中我就追问了客户的快递账号。

四、样品清单

在我对客户的问题做了一个最初的详细回复，告知客户可以自定义包装、容量等内容后，客户应该是觉得我们有一定的能力去满足他的包装要求，所以用 Excel 发了一个他需要的样品清单给我，并在图 4－62 的邮件中做了说明。

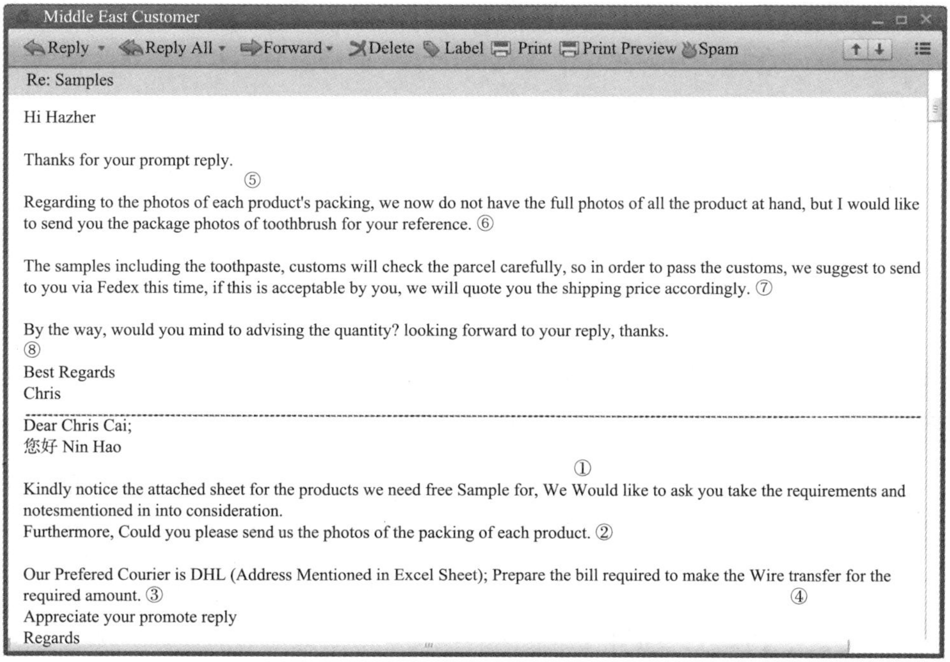

图 4－62

客户附件里列出了他所有想要的样品款号、清关要求。样品的种类很多，主要分为牙刷、牙膏以及纸巾三类，而清关要求也就是他邮件里序号①中提到的“requirements and notes”，这个样品清单有详细的公司联系人信息、产品款号和对应的图片，可以看出客户花了很多时间制作这个清单。

客户所列的款式有十几种，序号②中他说他想要这十几种款式的包装的照片，可以看出他对包装方式是有很高的要求的。

序号③中客户指出快递他比较倾向于 DHL，这是因为 DHL 的清关能力比较强，特别是在局势不太稳定的中东地区。

序号④客户的意思也很明确，没有快递账号，但是会付快递费给我们，再由我们安排发样品。

在样品种类很多的情况下，我们一般是将客户需要的样品进行分类，再把每种样品的常规包装方式发给客户，但是当时的情况是每种产品的常规包装方式都有很多种，再结合不同的款式，如果按照客户的要求每个包装方式都发照片会非常困难，而且会让谈判的方向发生偏移，因为产品本身还没有得到客户的认可。因而我个人的想法是主推公司的主打产品并把这样的概念传递给客户，所以序号⑤、⑥中我只发送了牙刷的包装图片，并将牙刷的包装做了一个分类罗列给客户。

关于快递由于当时我们的 DHL 账号有问题，只有 Fedex 可用，而且对于化工品类，Fedex 在清关方面更自如，所以我在序号⑦强烈建议客户选用 Fedex。其实我考虑到 DHL 在中东地区的优势，但是毕竟牙膏属于敏感的化工品，所以我选择了更为熟悉的 Fedex。客户有他的要求是正常的，我通常都会竭尽所能地满足，但是如果我认为我的建议和方法对客户更好，我会毫不犹豫地推荐，这也可以算作是一种专业的体现。

客户在样品清单里罗列出了每种款式他所需的数量，但是有的款式只有几百个，所以我告诉客户我们有起订量的要求，于是我很冒昧地在序号⑧中问了一句：“would you mind to advising the quantity?”。虽然很冒昧，但是在我看到了客户的清单要求以后，我必须在这个数量问题上与客户达成最初的一致，并做好打算，告诉他起订量的要求。

五、在发样以前讨论 MOQ

在我推荐给客户我们的主打产品以后，客户似乎心领神会地把重点放在了牙刷上，也在图 4 – 63 序号①中很坦诚地告诉我伊拉克市场上比较受欢迎的包装方式，并给我推荐了他的同行正在做的一个包装。其实这段话的信息量很大，客户坦诚地介绍当地的包装方式说明我已经获得了客户的初步信任，他愿意和我发展成为合作伙伴的关系。“if you don’t mind” 显示出客户对于语

Middle East Customer

Reply　Reply All　Forward　Delete　Label　Print　Print Preview　Spam

Re: MOQ

Hi Hazher

Thanks for your prompt reply and let me clear up your doubt as following:

1. After checking the photo you sent, we found it's no problem to packing the toothbrush like that, but this price is higher than bulk package price. ④

We do not have the same package samples at hand now. so can we just send to you by polybag? we will packing the toothbrush according to your needed package way in the final order, looking forward to your confirmation, thanks. ⑤

2. our MOQ of the toothbrush is 30,000pcs for each item, so could you please focus on several items and rise up each item's quantity to 30,000pcs? ⑥

3. We can provide all the samples to you this time for your reference, the shipping cost via Fedex is 60usd totally to your address, would it be possible to pay us the shipping cost by Western Union? ⑦

You can find our Western Union information as following:

[Western Union information]

If this is not workable for you, we will send you our bank information as well.

Looking forward to your reply, thanks.

Best Regards

Chris Cai

Dear Chris
Nin'hao
1) I would like to clarify the package required for toothbrush, the retail markets in Iraq prefer the toothbrush to be in Solid Plastic Package and the upper part cover to be a unit in its package. if you don't mind please refer to the attached image which is one of models our competitors are dealing with. ①
2) regarding the required quantity of first order, please refer to the modified version of the Excel sheet I sent you at 3rd Jan with one more additional column (Quantity of first order). ②
3) Ok for shipping to be via Fedex. ③
Waiting for your feedback
Hazher

图 4 – 63

气的拿捏是很讲究的，他知道直接把同行的包装给我们看有一些不妥，但是客户迫切想赶上同行，有一些着急，所以，还是发给我看了。

关于数量问题，客户在序号②中重新整理了一下，并让我参考他最新的数量。

序号③客户很爽快地同意发 Fedex，这说明客户是一个愿意听取建议的人。

针对客户的意见和反馈，我回复了邮件，如图 4－63 所示。我看到客户同行的包装图片以后，在序号④中很明确地告诉客户，可以做成这种包装，但是价格会更高一点。

因为客户非常在意包装，所以我猜测客户可能想在样品上就看到这样的包装，于是我在序号⑤中特别解释了一下在样品里我会用我们常规的 OPP 袋包装，而在订单里可以做他想要的包装。我并没有选择在这个时间点对包装方式做过多的解释和说明是因为客户既然选择了样品，就该先把重心放在样品上，等到样品确认了，再一步步地讨论包装，而且通过客户的简单描述，我们是完全可以做成他想要的包装的。

客户虽然更新了他在第一个订单里的计划采购数量，但有些款式的量是远远达不到起订量的，所以我在序号⑥中告诉客户我们对于每个款式都有 30 000 支起订量的要求。对于采购种类很多的客户，我通常会在最开始的时候告诉客户我们的起订量政策，因为我不想给客户的印象是他采购的产品种类很多，因而在起订量上可以协商的假象。所以，我用了一个“focus on several items”来做建议。

序号⑦我同样建议客户用西联付快递费，并直接附上了西联的信息，同时我也告诉客户我们可以接受电汇的方式，因为我知道在中东地区汇款是比较麻烦的，会有外汇管制，所以我让客户自主选择付款方式。

在不同的时间节点，与客户的沟通内容需要作出调整，调整的方法是在原则性的问题上最好能够给客户一定的心理准备，而在后期可以协商的问题上轻描淡写，目的是让谈判能够循序渐进地进行下去。

客户收到我的邮件后做了图 4－64 所示的回复。

客户单独回复了我关于样品包装的问题，同意就以现有的包装发样品，这确实说明了他对于包装的重视。紧接着客户发送了两封邮件说明关于西联收款人的严格的信息要求，护照复印件、全名、地址、电话。虽然我知道有些信息

Middle East Customer

Reply Reply All Forward Delete Label Print Print Preview Spam

Re: Western Union

Dear Chris;
We have just contacted WU Agent regarding required fund and he asked for the following information for the person intended to receipt the money: -
1 - His/her Full name in English as written in Passport.
2 - A colored copy of passport
3 - Full address
4 - Mobile number (including international Key) ③
Regards;
Hazher
—— Original Message ——
Subject: Re: Samples
Date: 01-06 08: 19
From: Hazher
To: Chris
Dear Chris

①

1 - Ok to send the free samples of the products in their current packing until we agree on the packaging required after evaluation.
2 - Can you please provide us the name (in English as written in passport) of the person who will receive the WU transferred fund. Beside; provide us a colored copy of his/her passport. ②
regards;
Hazher

图 4 –64

不是必需的，但是我仍然愿意按照客户的要求把所有的收款人信息罗列给他。

几经波折，我终于在收到客户的样品快递费以后把样品发出去，并邮件告知了客户，如图 4 –65 所示。

Middle East Customer

Reply Reply All Forward Delete Label Print Print Preview Spam

Re: Samples

On 01 -29 02: 31, Hazher wrote:
Dear Chris;

I hope this email find you well.

I would like to inform you that we have received shipment today morning

We will check the samples and feedback you in upcoming days;

regards;

On 01-19 23: 08, Chris Cai wrote:
Hi Hazher
Good day.

The samples had been shipped out by Fedex today, the tracking number is; 8XXXXXXXXXXX
Hope the samples will be arrived to you soon, if any question please feel free to contact me, thanks.

Best Regards

Chris Cai

图 4 –65

六、最直接的样品反馈

即使样品的种类很多，客户在收到样品以后并没有对样品进行来回沟通，而是直接在 2 月 9 日，正好是发样品之后 20 天的时间发来了一个反馈，如图 4－66 所示，这个反馈或许是我见过的最直接的反馈，中东客户就是这样，他们会以最直接的方式来做生意。

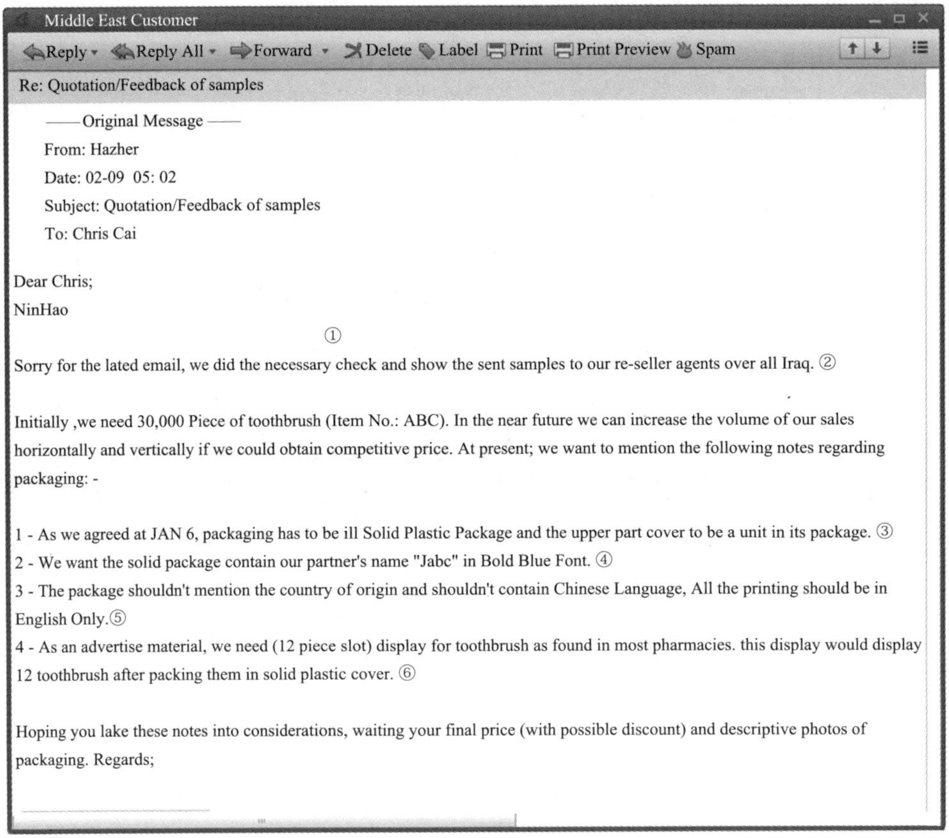

Middle East Customer

Reply Reply All Forward Delete Label Print Print Preview Spam

Re: Quotation/Feedback of samples

—— Original Message ——

From: Hazher

Date: 02-09 05: 02

Subject: Quotation/Feedback of samples

To: Chris Cai

Dear Chris;

NinHao ①

Sorry for the lated email, we did the necessary check and show the sent samples to our re-seller agents over all Iraq. ②

Initially ,we need 30,000 Piece of toothbrush (Item No.: ABC). In the near future we can increase the volume of our sales horizontally and vertically if we could obtain competitive price. At present; we want to mention the following notes regarding packaging: -

1 - As we agreed at JAN 6, packaging has to be ill Solid Plastic Package and the upper part cover to be a unit in its package. ③

2 - We want the solid package contain our partner's name "Jabc" in Bold Blue Font. ④

3 - The package shouldn't mention the country of origin and shouldn't contain Chinese Language, All the printing should be in English Only.⑤

4 - As an advertise material, we need (12 piece slot) display for toothbrush as found in most pharmacies. this display would display 12 toothbrush after packing them in solid plastic cover. ⑥

Hoping you lake these notes into considerations, waiting your final price (with possible discount) and descriptive photos of packaging. Regards;

图 4－66

首先，序号①还是一如既往地用拼音“Nin hao”开头，依旧是熟悉的味道。

序号②客户很礼貌地告诉我这么晚才回复的原因是收到样品以后，他把样品发给所有的 reseller 了。也许客户是在和他们探讨产品的质量、推广方案等。这就间接地告诉我们客户在收到样品以后，他们一般会有哪些安排，此时我们需要的是耐心。客户在这封邮件里连款号和数量都写得很具体，告知我们需要 30 000 支，所以我在发样以前和客户讨论 MOQ，给客户留下了很深的印象。这说明我前面的铺垫已经完全收到了效果。

序号③客户再一次确认他想要的包装方式是他之前发的那种纸卡包装，并且要附带头套。

序号④客户指出包装上需要印刷客户搭档的名字“Jabc”，以及具体的印刷字体。

序号⑤客户说不愿意包装上出现任何 Made in China 的字样，文字只能显示英语，这个要求可能是为了保护他的市场用的。

序号⑥客户提出了一个中包装，展示架的包装，这个没有任何问题。

七、报价

在看到客户对于样品的反馈以后我还是很吃惊的，惊讶于客户对于样品这么直接的反馈，所以我在图 4 - 67 回复的邮件的开头序号①的位置也直接感谢他的订单。

客户在上封邮件的结尾希望我们给一个折扣价，这一点是非常符合中东人个性的，无论我们的报价是多少，他们都会要求给一个最好的价格，所以我序号②中告诉客户一定会给他一个最好的价格。

序号③我罗列了客户的订单详情并报价。

序号④按照客户的要求我把纸卡包装和展示架的图片发给了客户。

客户回复的邮件如图 4 - 68 所示，序号①客户再一次在最前面针对牙刷的价格进行解释，他的担心在于他现在有一些竞争者，所以他需要有更低的价格才能打入市场。

Middle East Customer

Reply · Reply All · Forward · Delete · Label · Print · Print Preview · Spam

Re: Quotation/Feedback of sample

On 02-09 6: 49 am, Chris Cai wrote:
Hi Hazher,

Many thanks for your order.

We have confidence that we will have a great cooperation relationships with you in the future, so we would like to quote you our best prices as follows:

Item Number: #ABC with toothbrush cover
Packing: Ipc/blister card, 12 cards/Display box.
Price: FOB shanghai usd$1,20/card based on 30,000 cards.
MOQ: 30,000pcs.
Blister card size: 21.8*4cm, with customized logo printing.
[Product photo here]
Payment: 30% down payment in advance, 70% against B/L copy.
Leading time: 25 days after order confirmed.

I attached the blister card photo and display box photo for your reference, please check the photos, if any question you can feel free to contact me, thanks. (This blister card is simple and cheaper than the last sample which I sent to you)

We will package one toothbrush and one upper part cover together in one blister card, after we will pack 12 cards in to one display according to your request.

Please check all the information, if any question you can feel free to contact me, thanks.

Best Regards

图 4－67

序号②客户发来另外一个他想要的展架，这个展架我们倒是可以做，就是成本还会更高。

序号③客户强调他需要在所有的头套上印刷品牌。因为在上一封邮件中我并没有明确说明这个头套印刷以及费用，所以客户想再强调一下。

面对客户提出的新要求，我快速地予以回复，由于客户采用的是一个完全不一样的展架所以成本会更高，我在邮件的开头序号④中直接把新的价格发给他，并向他解释是因为纸卡包装、头套、印刷等额外的要求导致成本上升，我把每个部分的价格都罗列给客户，让他对于产品附加的成本更为清晰。

针对客户的展架，我在序号⑤中单独列了一段话，让客户清晰地知道我们可以做这种展架。

序号⑥我明确地回复客户在头套上印刷 Logo 完全没有任何问题，我们可以提供免费的印刷，但是最好他能提供设计稿。

Middle East Customer

Reply　Reply All　Forward　Delete　Label　Print　Print Preview　Spam

Re: Quotation/Feedback of samples

Hi Hazher

Thanks for your prompt reply. I am fine here and hope your day is fine too.
After checking your photo, we can do the I2pcs display box package for you and the price is usd$1.40/pc.

1. Re: Price ④

Actually we only have a little profits on our toothbrushes, this profits just comes from our cheap labour cost, this price seems not competitive because there are many customized requirement, such as printing, cap, display package, you can find the details of your toothbrushes as following:

Item: 1 pc # *Item ABC* +1pc printed blister card+12pcs display box.

Under this condition, we think our last price is not high, you can check again of our # *Item ABC* toothbrush samples, the toothbrush is stable and heavy, we always use the best raw material to ensure the quality, so this price is worth.

2. Re: Display ⑤

We just can provide the same package way with your photo.

3. Printing on Cap.⑥

It's no problem to print the "JABC" on the caps in blue color, it's better that you can send us your simple logo design, so we can print accordingly. (We would like to provide free printing on the caps and will not add on the final price)

Please check the information, if any question you can feel free to contact me, thanks.

Best Regards
Chris Cai

———Original Message———

From: Hazher
Date: 02-11 03: 56
Subject: Quotation
To: Chris

Hello Chris;
I hope everything goes well with you;
I would like to pour light on the following: -
1 - Price: We would like you to review prices, we are looking forward to get real competitive price for toothbrush. We are looking forward to overcome other competitors importing from other companies and there are boundaries for prices in retail market we can be out of.①
2 - Display: What I meant in toothbrush display 12 slots is stand display as shown in attachment. ②
3 - Print: As told you before we would like you to print (JABC) (all Caps. Blue with appropriate font size) ③
Appreciate your patience and assistant;
regards.

图 4 －68

八、中东式还价

中东客户的特点是喜欢还价，还价是他们的一种习惯，他们认为只有还价的生意才是好生意。当我跟客户解释了附加成本导致价格很高的原因以后，客户选择了取消头套和纸卡的印刷，希望我们能相应降低价格。我们在跟踪中东客户的时候，需要跟上客户的思维习惯，耐心地向客户解释价格的组成以及原因。

在客户图 4－69 的回复邮件中序号①的位置客户说取消纸卡以及头套的印刷，并再次强调不能显示生产商的信息。

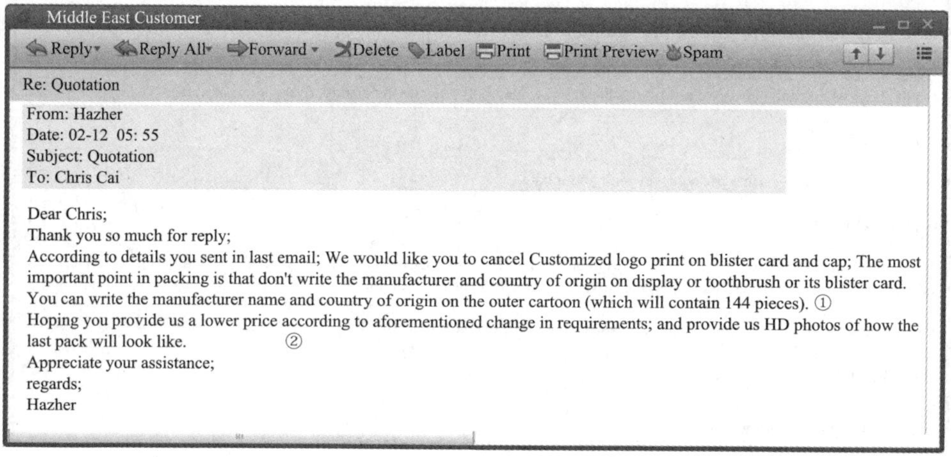
Middle East Customer
Reply Reply All Forward Delete Label Print Print Preview Spam

Re: Quotation

From: Hazher
Date: 02-12 05: 55
Subject: Quotation
To: Chris Cai

Dear Chris;
Thank you so much for reply;
According to details you sent in last email; We would like you to cancel Customized logo print on blister card and cap; The most important point in packing is that don't write the manufacturer and country of origin on display or toothbrush or its blister card. You can write the manufacturer name and country of origin on the outer cartoon (which will contain 144 pieces). ①
Hoping you provide us a lower price according to aforementioned change in requirements; and provide us HD photos of how the last pack will look like. ②
Appreciate your assistance;
regards;
Hazher

图 4－69

序号②再一次争取更低的价格。其实在报价的时候我考虑到客户是中东客户，所以价格已经报的很低了，加上客户的订购数量只是起订量，真的是不能再低了。所以我做了如图 4－70 的解释。

面对特殊的客户，我们的处理方式也需要更灵活。在这个案例中客户想要更低的价格，甚至放弃了他从一开始就很想做的印刷，我一方面确实理解客户是想在价格上做最后争取的心理，但另一方面从成本上我确实很难再给他低价了。综合两个方面的考虑，再联想到客户是一个比较直爽的人，我也就很坦白地把产品的每个部分的价格罗列给他，算了一笔账。

序号①我索性就按照客户说的，不带任何印刷，把成本分解开来报给客户。

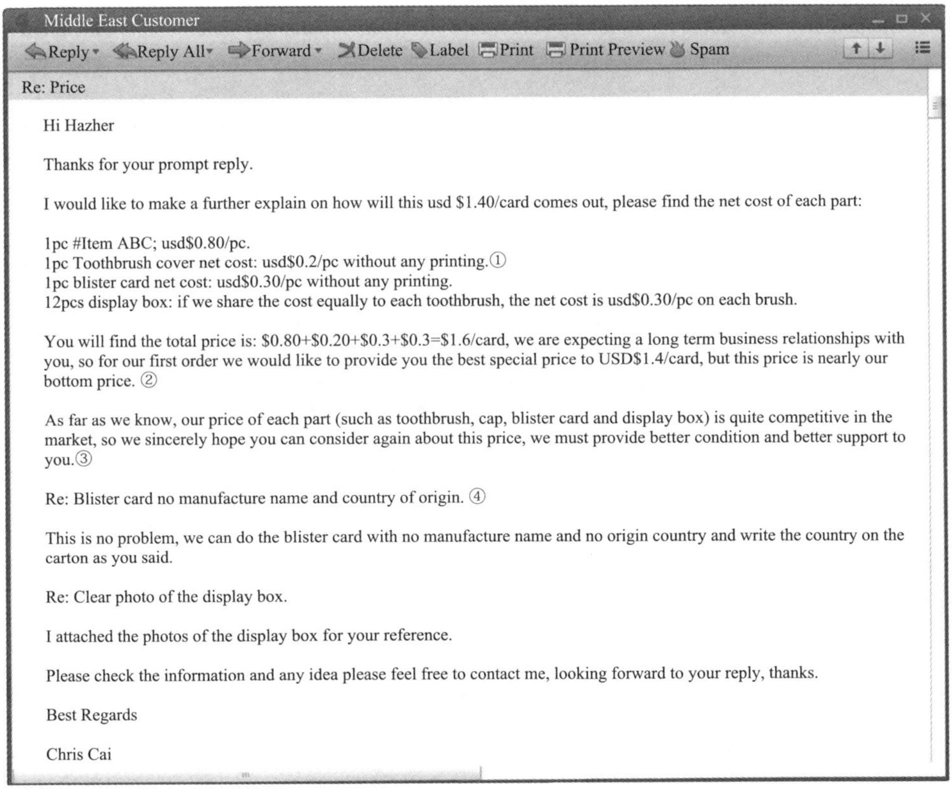

Middle East Customer

Reply · Reply All · Forward · Delete · Label · Print · Print Preview · Spam

Re: Price

Hi Hazher

Thanks for your prompt reply.

I would like to make a further explain on how will this usd $1.40/card comes out, please find the net cost of each part:

1pc #Item ABC; usd$0.80/pc.
1pc Toothbrush cover net cost: usd$0.2/pc without any printing.①
1pc blister card net cost: usd$0.30/pc without any printing.
12pcs display box: if we share the cost equally to each toothbrush, the net cost is usd$0.30/pc on each brush.

You will find the total price is: $0.80+$0.20+$0.3+$0.3=$1.6/card, we are expecting a long term business relationships with you, so for our first order we would like to provide you the best special price to USD$1.4/card, but this price is nearly our bottom price. ②

As far as we know, our price of each part (such as toothbrush, cap, blister card and display box) is quite competitive in the market, so we sincerely hope you can consider again about this price, we must provide better condition and better support to you.③

Re: Blister card no manufacture name and country of origin. ④

This is no problem, we can do the blister card with no manufacture name and no origin country and write the country on the carton as you said.

Re: Clear photo of the display box.

I attached the photos of the display box for your reference.

Please check the information and any idea please feel free to contact me, looking forward to your reply, thanks.

Best Regards

Chris Cai

图 4－70

序号②把价格汇总，告诉客户我们虽然没有明说，但是我们前面的报价 $ 1.40/pc 实际上是已经给过他 $ 0.20/pc 的折扣了。并告诉客户这个价格已经是低价了。

序号③为了让客户更放心，我告诉客户我们包装、头套成本在市场上已经是很有优势的了。言外之意是这个价格应该可以打入他们的市场。

序号④客户在谈论价格的时候，还是不忘记纸卡印刷不含生产商的信息，意思其实很明确就是订单他肯定会下，但是他希望再最后给他一个折扣。

从客户图 4－71 的回复可以看出，无论我将每个部分的成本如何进行分解，无论我如何告知客户价格已经是最低了，客户的态度还是很坚定，让我们更灵活地处理，给一个最好的价格。

Middle East Customer

Reply Reply All Forward Delete Label Print Print Preview Spam

Re: Price

From: Chris cai
Date: 02-13 11: 22
Subject: Re: Quotations
To: Hazher

Hi Hazher

Thanks for your prompt reply.

You can check the last price of each part, I didn't quote you high price and especially for our first order, we nearly have no profits just for expecting a further cooperation with you, so we quote you our best special price in last email. ②

As I explained before, this toothbrush product has little profits, which comes from our cheap labour cost. I wish to quote you the lowest price, but if the price is far below our production cost, it's unfair to our workers in the factory whom are operation the molding machines, plant the bristles, cleaning the toothbrushes, package for blister card, cartons. etc, each toothbrush will experience these complex production procedures. ③

So we hope you can accept our last best special price and move on our project, thank you.

Best Regards
Chris Cai

From: Hazher
Date: 02-13 04: 48
Subject: Quotation
To: Chris

Dear Chris;
Thanks for your further explanation; We realize the greatness of your assistance but we ask you to be more flexible, this for our both profits. If we succeeded in showing good price we will sure increase sale volume. As I told you before, It is necessarily to be in the known price boundaries of such item, So again we ask for your flexibility. ①
Waiting your nice actions.
Best regards;
Hazher

图 4－71

序号①中的“So again we ask for your flexibility.”，我们要理解中东客户对于“good price”的执着是他们的风格，但是我们也要给客户一个为什么我们这么坚持价格的理由，只要理由充分，客户是会愿意接受的。

序号②中对于客户的要求，我从两个方面做了突破，一是告诉客户前面的价格已经接近成本价了，特别是第一次合作，我们是本着达成合作的态度进行报价。我的言辞也开始变得坚定，直接告诉客户我们几乎没有利润了。

序号③从利润上来讲，我告诉客户这种劳动密集型的产品利润就是人工，所以如果我再降价，对于生产线上的工人是不公平的，因为他们付出了劳动，最后换来的是“入不敷出”，我怎么向我们的工人交代呢？言外之意是，价格已经给出最低了，这个时候已经不是我说降就可以降的了，我最起码要对得起工人们一个月的辛苦劳动。

我的这番话说得很直白，应该足以让客户理解。同时我也向客户表达希望谈判能够走向下一步。

九、接受价格

从客户图 4 – 72 所示的这封邮件中的表达可以看出我的判断是对的，也就是他想在最后要一个好的价格。

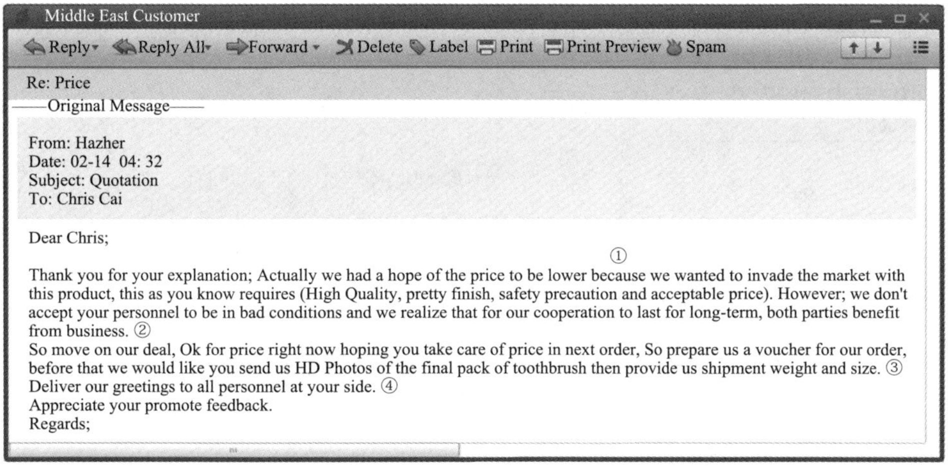
Middle East Customer

Reply Reply All Forward Delete Label Print Print Preview Spam

Re: Price

——Original Message——

From: Hazher
Date: 02-14 04: 32
Subject: Quotation
To: Chris Cai

Dear Chris;

①

Thank you for your explanation; Actually we had a hope of the price to be lower because we wanted to invade the market with this product, this as you know requires (High Quality, pretty finish, safety precaution and acceptable price). However; we don't accept your personnel to be in bad conditions and we realize that for our cooperation to last for long-term, both parties benefit from business. ②
So move on our deal, Ok for price right now hoping you take care of price in next order, So prepare us a voucher for our order, before that we would like you send us HD Photos of the final pack of toothbrush then provide us shipment weight and size. ③
Deliver our greetings to all personnel at your side. ④
Appreciate your promote feedback.
Regards;

图 4 – 72

序号①中客户很坦诚地说，他之前是希望有一个更低的价格去打入市场。

但是客户同时也在序号②中表明，一个长期的合作是建立在双方共赢的基础上的，所以愿意理解我的难处。

序号③客户最终接受了价格，要我们做 PI 以及提供详细的装箱尺寸，以便他计算运费。

十、水单和返单

在我发 PI 过去以后，客户不久就付款了。客户没有专门的设计师，所以我主动向客户建议自己帮他做纸卡和 Logo 设计，客户欣然接受。第一次订单很顺利地完成了。大约在客户收到货以后的第二个月，客户开始有返单了。

图 4－73 序号①是第一个订单的预付款水单，客户很言简意赅地告诉我“我有一个好消息给你，定金已经付了，收到请确认给我”。

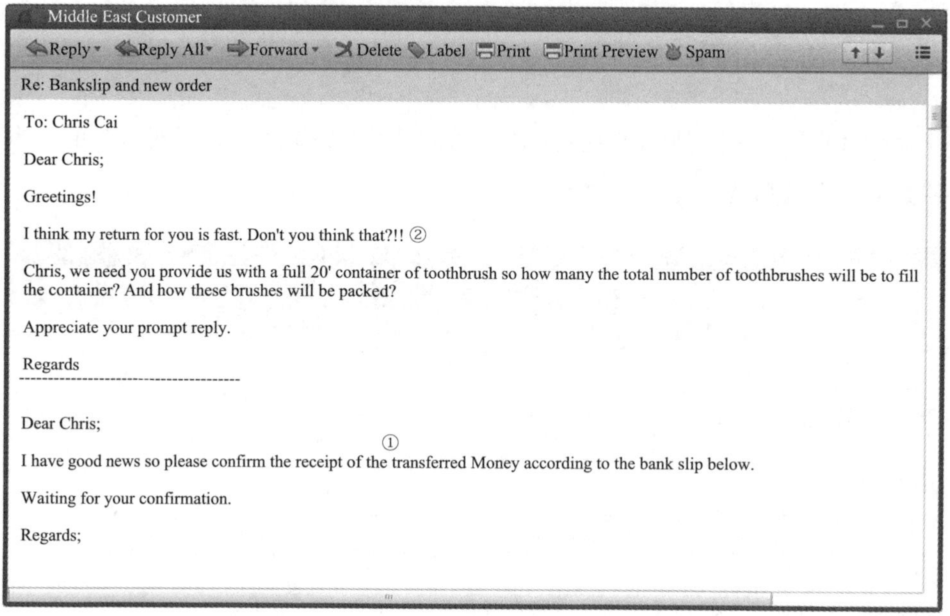
Middle East Customer

Reply · Reply All · Forward · Delete · Label · Print · Print Preview · Spam

Re: Bankslip and new order

To: Chris Cai

Dear Chris;

Greetings!

I think my return for you is fast. Don't you think that?!! ②

Chris, we need you provide us with a full 20' container of toothbrush so how many the total number of toothbrushes will be to fill the container? And how these brushes will be packed?

Appreciate your prompt reply.

Regards

Dear Chris;

①

I have good news so please confirm the receipt of the transferred Money according to the bank slip below.

Waiting for your confirmation.

Regards;

图 4－73

序号②中体现出客户自己也很兴奋，“我觉得我的返单有点快，你觉得呢”？

第五节　友谊的魅力——与一位 76 岁高龄买家合作的难忘经历

一、询盘价值分析

图 4－74 是一封很有价值的询盘，大致浏览后我发现客户的要求很详细，而且称呼和署名都书写得很工整，值得我细细地去品味这封询盘。

This message was sent to you only
Registered Location and Message Origin：UNITED STATES
Message IP：172. 251. 81. *

Dear Chris Cai，you got a message：

Dark **Toothbrush** 09 Aug 2015 21：17

Toothbrush
Quantity Needed：50，000 Piece/s

Dear Mr. Cai，①
Can you print a name，phone number，and a six-letter word on the handle? ②
I would like twelve different colors of toothbrushes. ③
The quality of brush bristles should last 2 to 3 months. I would like a soft bristle suitable for kids and teenagers. ④
The brush is 6 and 1/4 inches，weight of 0. 03 ounces. ⑤
I have a custom broker in California. ⑥
Respectfully,
Dark⑦

图 4 – 74

和 Razor 的案例不一样的是，这封询盘客户在序号①中直接以 Dear Mr. Cai 作为称谓，看来客户是很仔细地研究了我所发布的产品，确认了产品的拥有者以后，才以最正式的方式向我发了一封询盘。

序号②客户详细地列出了第一个要求，牙刷柄上要做印刷，印刷的内容也很详细，一个名字、电话号码、6 个字母。

序号③指出牙刷需要 12 种不同的颜色。

序号④要求牙刷的刷毛质量最起码能保证 2 ~ 3 个月，因为牙刷是给儿童和青少年用的，所以要用最软的刷毛，这也就间接地告知了我产品的使用人群。

序号⑤标明牙刷的长度为 6. 25inches（英寸），重量在 0. 03ounces（盎司）。

序号⑥客户说他在加州有一个代理。客户对于牙刷的长度和重量都有很详细的要求，我暂时判断客户应该是一个行业内经验丰富的买家。

序号⑦签名中很直接地附上 Dark。

这一封询盘的内容很详细，包括产品、使用人群、印刷、颜色、尺寸和重量。可以说它是一封价值极高的询盘，看起来应该是很容易拿下的，但是后面的故事其实很曲折。

二、报价

我把客户的询盘信息整理之后，总结出了几个比较重要的点。这几个信息点关系到我能否直接获得客户的回复，这几个点包含要推荐一款符合客户的尺寸和重量要求，又能印刷，能提供不同颜色，适合青少年使用的产品。在整理完这些信息以后，我开始在脑海里进行匹配，哪些款号会符合客户的要求，又能在美国市场受欢迎。于是我做了如图 4－75 的回复。

Cross-Generation friends

Reply · Reply All · Forward · Delete · Label · Print · Print Preview · Spam

Re: Children Toothbrush

— Original Message —

From: Chris Cai
Date: 08-10 13: 47
Subject: children toothbrush
To: Dark

Dear Dark,

Thanks for you inquiry of our mini toothbrush, I'm Chris from #ABC company, very glad to being at your service.

We are a .... [Company introduction]

Regarding to your interested kids toothbrush #ABC, please find the quotation as following:
Item No.: #ABC
size: 15.8cm (6.25inch) ①
[Price details]
Payment: 30% down payment in advance, 70% against B/L copy.
Leading time; 25-30days after order confirmed.

Re: Logo printing. ②

Logo printing is available, but we are not sure if the printing area is big enough to print your "name, phone number and six letter word",so we need your artwork of the logo to check the availability.

Re: Twelve different colors, ③
Normally for our MOQ 30,000pcs, we can produce 4 different colors toothbrushes, would you please advise us how many toothbrush will you need? looking forward to your confirmation.

Re: Quality of bristles. ④
It's no problem to last for 2-3 months for the bristles, our bristles using 6mil Nylon 610 bristles, it's soft bristles and just suitable for the kids and teenagers.

Please check the information, if any further question you can feel free to contact me, thanks.

You can also talk with me online, my Skype id is: Ymoren_chris.

Best Regards

Chris Cai

图 4－75

序号①我告诉客户我找了一个款式 ABC，这个款式完全符合客户对于产品尺寸、印刷，以及适用年龄的要求，并单独把 Size 列了一行，注意这个就是客户需要的尺寸。

因为客户在他邮件的第一行就明确地提出要印刷名字、电话、单词，但是牙刷的刷柄既然要适用于青少年，那么印刷的面积就不会很大，这个就要和客户协商了，因此我在序号②告知客户我需要他最后确定印刷的内容，进而判断这款产品是否完全符合客户的印刷要求。

紧接着就是客户的 12 种颜色的需求，一般情况下，起订量 30 000 支的情况下可以做 4 种颜色，但是客户并没有明确他最后会采购多少支产品，所以我在序号③主动地询问客户需求数量来确定是否可以做 12 种颜色。

客户担心刷毛的质量问题，我在序号④告诉他使用 2～3 个月是完全没有问题的，并根据他使用年龄的信息列出应该使用哪种刷毛。

三、客户主动电话沟通

我收到并分析询盘后，认为询盘质量比较好，所以在第一时间做了报价。当天中午我就收到客户从美国打来的长途电话。客户的声音比较深沉，从我接听电话起，他就开始不断地说话，比较有意思的是，客户似乎并不需要我对他电话中的问题进行回复，由于是国际长途电话，在通话的时候，声音传递会有一些延迟，所以，客户在不断地问一些关于产品的问题的时候，我几次说“please listen to me.”试图插上话，他只是顿了顿，然后继续问他的问题。他说他以前在中国广州待了很长时间，很喜欢中国的文化，也很尊敬中国人，让我把我们公司的地址通过邮件发给他，然后针对产品客户提出了两个他比较关心的问题，一个是牙刷刷柄需要印刷，另外一个是颜色尽可能多做一些，让我推荐几个款式，所以我针对客户的电话，做了如图 4－76 的回复。

客户的电话内容基本上是想到什么就说什么，所以我整理了一下，按照他电话里的沟通顺序写了这一封邮件。开头序号①中我就写上了我们公司的地址。

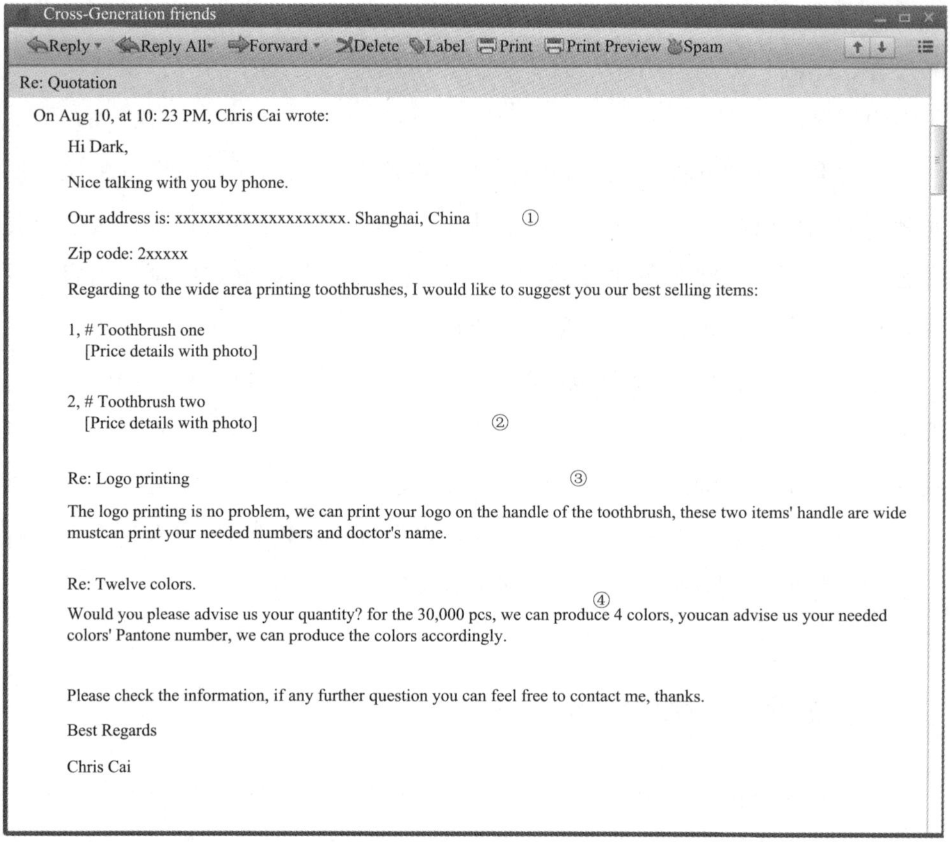
Cross-Generation friends

Reply ▾ Reply All ▾ Forward ▾ Delete Label Print Print Preview Spam

Re: Quotation

On Aug 10, at 10: 23 PM, Chris Cai wrote:

Hi Dark,

Nice talking with you by phone.

Our address is: xxxxxxxxxxxxxxxxxxxx. Shanghai, China ①

Zip code: 2xxxxx

Regarding to the wide area printing toothbrushes, I would like to suggest you our best selling items:

1, # Toothbrush one
[Price details with photo]

2, # Toothbrush two
[Price details with photo] ②

Re: Logo printing ③

The logo printing is no problem, we can print your logo on the handle of the toothbrush, these two items' handle are wide mustcan print your needed numbers and doctor's name.

Re: Twelve colors. ④

Would you please advise us your quantity? for the 30,000 pcs, we can produce 4 colors, youcan advise us your needed colors' Pantone number, we can produce the colors accordingly.

Please check the information, if any further question you can feel free to contact me, thanks.

Best Regards

Chris Cai

图 4－76

针对客户的要求，我在序号②中推荐了两个款式，这两个款式都方便客户印刷而且在美国市场卖得比较好。

Logo 的问题客户在电话中一直在强调，说需要在刷柄上做印刷，于是，我在序号③再一次跟客户解释了一下这个问题。

序号④我告诉客户关于牙刷颜色的配色，我需要他确定最终数量才能帮他确定能做多少种配色，在客户还没有确定他最终数量之前，我是无法确定可以做多少种颜色的。

我报价以后，客户很出乎意料地直接给出了他的目标价，如图 4－77。

客户看到我做的推荐以后，在序号①中很直接地告诉我，他的目标价是 $ 0.50/pc，如果没有这个价格的产品，他买不了更贵的牙刷。

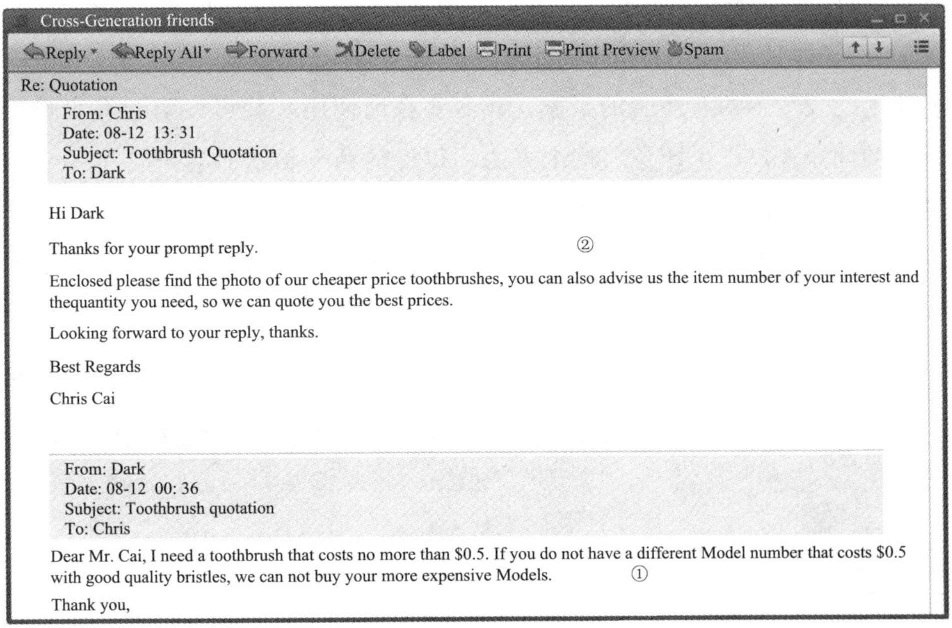

图 4－77

客户这封很直接的邮件让我无法揣测他此时此刻的想法，原因如下。

（1）从客户对于产品的要求这么详细来看，客户应该对牙刷产品有很深入的了解，而且也来过中国，所以应该对国内产品的价格有一定的了解，客户把价格压在＄0.50/pc 是远远低于我们常规产品的价格的。

（2）客户对于产品的要求很详细说明他有预算，超过了这个范围，他可能无法接受。

（3）我猜测客户对于在中国找到这个价格的产品很有信心。当然客户的信心也是有理由的，国内确实能找到这样价格的工厂，而且很多，但是符合美国市场要求的不多。

在我们常规的产品无法做到客户的价格的时候，我并没有放弃，而是找工厂要了 4 款出货比较多而且款式比较小清新的产品。这几款产品我们没有报价，但是客户正好也没有确定数量，所以为了让沟通效率更高一些，我直接把 4 个款式放在一起拍了一张照片，分别标上了 4 个款式的款号，我的本意是客户先确定款号，然后我再根据款号报价。

同时，为了解决我的一个疑虑，我用了比较直接的“cheaper price toothbrushes”，而且我把图片名也命名为“cheaper price toothbrush”，对于一个在价格上比较敏感的有经验的买家，我需要在前期用一些可以引起客户强烈反应的词让客户产生印象，这个方法用得好的话会给这种客户留下一个印象，这家公司做得比较多的产品应该是高质量的产品，而实际情况就是如此。我只是在这个关键点上用“廉价”稍微试探一下客户，果然试探出了结果。

图 4－78 是客户回复我的邮件，我们谈判时人民币兑美元贬值，客户在

Cross-Generation friends

Reply▾ Reply All▾ Forward▾ Delete Label Print Print Preview Spam

Re: Toothbrush quotation

From: Dark
Date: 08-14 13: 26
Subject: Toothbrush quotation
To: Chris

Dear mr. Cai,
The Yuan has substantially depreciated against the Dollar. Does this prevent you from selling a brush type I request? ①
My customer ONLY wants to spend $0.50 per brush. Do you have a brush at this PRICE to sell me ??? ②
You did not answer my Price question. !!!! ③
Thank you Dark.
Sent from my iPad

From: Chris
Date: 08-14 14: 17
Subject: Toothbrush Quotation
To: Dark

Hi Dark

Thanks for your email.

I have sent you the cheap price toothbrush photos in my last email, the price of these toothbrushes are cheaper.

Is there any item will be interested of you? if so, please advise us your needed quantity for me to quote you the best prices.

Looking forward to your reply, thanks. ④

Best Regards

Chris Cai

From: Dark
Date: 08-16 04: 24
Subject: Re: Quotation
To: Chris

Hi Chris,

I did not get the picture, product number, or price. ⑤
What quality level are the bristiles?
Please resend this information.

Respectfully.

Dark

图 4－78

邮件的开头借用汇率问题谈价格，果然是一个老手，但是对于这种劳动力密集型的产品，汇率变化时我们通常不会马上调整价格，因为我们无法保证1～2个月出货后，汇率不变。

序号②、③客户更加直接地说他的客户只愿意花 $ 0.50/pc 买牙刷，问我们是否有这样的牙刷。两句话用了三个问号和三个感叹号，完全表达出客户心中的不满。

其实，客户对于我推荐的廉价的款式视而不见，转向汇率、目标价等问题已经说明我的试探有效果了，客户并不是只关心价格，而是希望在保证品质的基础上找到一款符合他的价格预期的款式。客户的意思我们试探出来了，接下来就可以更好地把控了。

面对客户的不满情绪时，我也会和许多人一样略微紧张，但是这封邮件中客户的这个反应是我在上一封邮件中就预料到的，所以客户的反应越强烈，我的判断就越准确，他并不是只在乎价格，而只是在压价，在谈判初期就给我定下价格区间。

我不愿意就这么跟着客户走，所以我在序号④中仍然让客户回到我上一封邮件发的产品图片上。通常情况下，对于汇率的问题我会做一个很理性的回复，但是在这个时候，凭借对客户心理的把控，我并没有在汇率（价格）上过多地进行谈判，而是告诉客户，先选款号，再定数量，最后报价格。

序号⑤客户说他没有收到图片和价格等信息，但是他关心刷毛的质量，完全证实了我的判断，同时我也相信客户愿意跟着我的步骤走。

四、选中款式

客户始终不愿意告诉我他预计采购的数量，所以我就按照起订量将之前罗列的款式报价给客户，并告诉他刷毛是适合儿童用的高品质刷毛。客户做了如图4－79有价值的回复。

Cross-Generation friends

Reply Reply All Forward Delete Label Print Print Preview Spam

Re: Quotation

Hi Dark,

Thanks for your calling. ⑦

I have double checked the #123, there is rubber wrapped on the handle (red part on thehandle), upon our printing technology, we can not print the words or the rubber materials now. ⑧

So this item is not your desired one I think, but if there is no any else item in my last photo interested of you, please find several other cheap items in attachment, the handles have enough space to print.

You can advise us of the numbers, after we can quote you the prices based on 60,000pcs accordingly. ⑨

For the payment method, we can accept the T/T (bank wire transfer), 30% down payment in advance, 70% against B/L copy, the production time is 30 days after your order confirmed, the shipping time to Long Beach port is 15days, so totally it will take45days to your Long beach port. ⑩

Looking forward to your reply, thanks.

Best Regards

Chris Cai

— Original Message —

From: Dark
Date: 08-20 13: 05
Subject: Please send samples of #123 610 nylon bristles ①
To: Chris

Dear Mr Cai,

My Address is - xxxxxxxxxx, California 90xxxxx

Please Quote price for 60,000 pieces. 12 colors, each wrapped in a cellophane. ②

I have a customs Broker in Southern California. ABC company.

I will have a printer do graphic LETTERS on the sample brushes, and mail this prototypeback to you. ③

These toothbrush will be sold to a veterinarian, the out side of the shipping Boxes should have dogs and Cat pictures on the out side of the boxes. ④

These brushes will be shipped to Long Beach California. ⑤

From the time of placing the deposit, how long is the manufacture time , plus time to ship, before arriving at the Long Beach? ⑥

Respectfully,

Dark

Sent from my iPad,

< attachment: cheap toothbrush 2. jpg >

图 4－79

从序号①可以看出客户的标题直接是“Please send samples of #123 610 nylon bristles”。这说明客户选中了款式，想让我们发样品。

序号②客户告诉我数量、颜色要求，以及包装方式。

序号③表明客户的想法是看到样品以后，根据样品尺寸打印他想要的内容并回寄给我作为参考。

序号④客户告诉我牙刷是卖给兽医的，外箱需要印刷动物图案。这里的卖给兽医，并不是代表牙刷是给宠物用的，有可能是兽医用来送给他们的客户做礼品用的。

序号⑤、⑥交代了目的港，询问交货的时间。

在收到这封邮件以后我才感觉到客户开始认可我了，或者是开始尊重我了。每一句话的信息已经开始往订单谈判上发展了，所以，我认为前面几轮的沟通只是成熟买手和卖手之间的一个试探。

当天中午客户又打来电话，主要原因是那段时间天津港口发生大爆炸，他打电话进行问候，我在序号⑦中表示感谢。这次沟通过程中比较明显的变化是客户开始愿意停下来听我说话了。

虽然客户认定了款式，但是那个款式无法印刷，当时我推荐款式的重心主要在价格，因为在当时那个情况，价格谈不拢，关注印刷是没有意义的。虽然比较可惜，但是我觉得问题不会很大，我在序号⑧中将无法印刷的原因解释给客户以后，把可以印刷的款式拍照发给了客户。

序号⑨按照客户的60 000支的采购量重新报价，让客户再做选择。

序号⑩中我如实地把付款方式以及交期报给客户。

五、快递费的谈判

在我告知客户他所选款式无法印刷并推荐其他款式给他后，客户也非常理解，回复的邮件如图4－80所示。

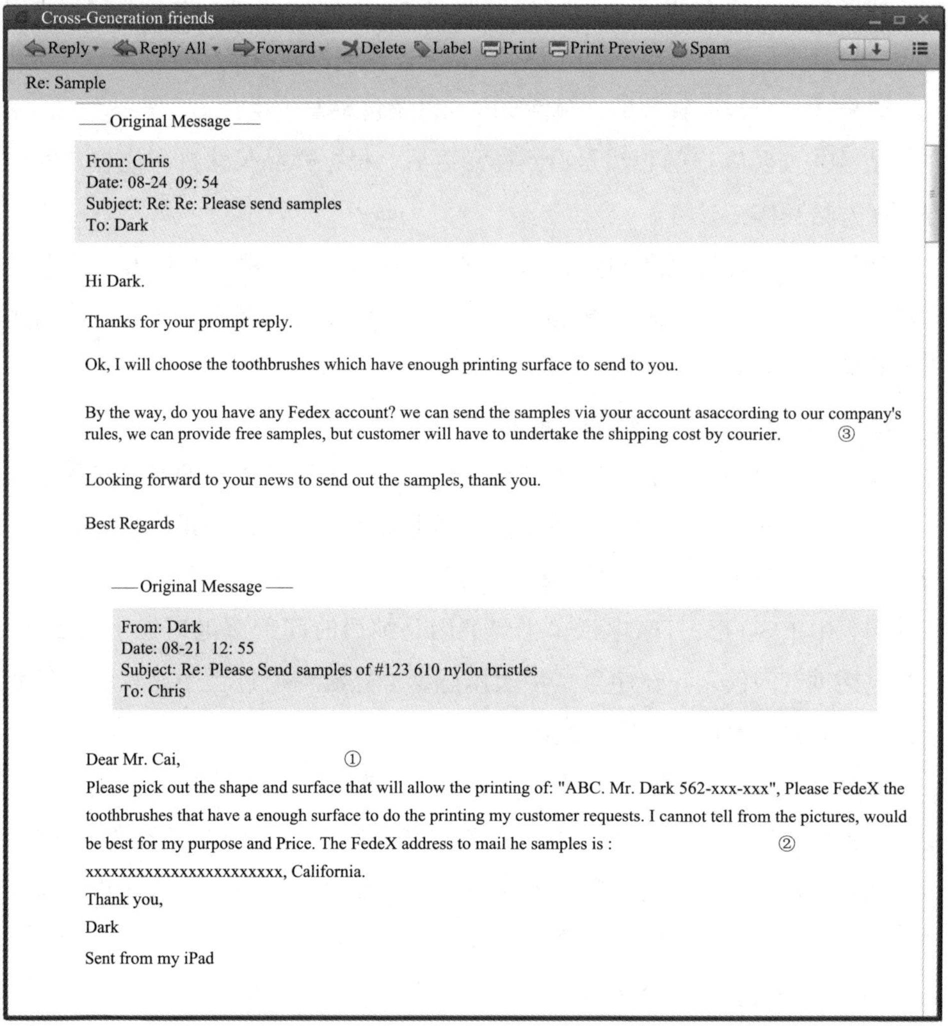
Cross-Generation friends

Reply ▾ Reply All ▾ Forward ▾ Delete Label Print Print Preview Spam

Re: Sample

—— Original Message ——

From: Chris
Date: 08-24 09: 54
Subject: Re: Re: Please send samples
To: Dark

Hi Dark.

Thanks for your prompt reply.

Ok, I will choose the toothbrushes which have enough printing surface to send to you.

By the way, do you have any Fedex account? we can send the samples via your account asaccording to our company's rules, we can provide free samples, but customer will have to undertake the shipping cost by courier. ③

Looking forward to your news to send out the samples, thank you.

Best Regards

—— Original Message ——

From: Dark
Date: 08-21 12: 55
Subject: Re: Please Send samples of #123 610 nylon bristles
To: Chris

Dear Mr. Cai, ①
Please pick out the shape and surface that will allow the printing of: "ABC. Mr. Dark 562-xxx-xxx", Please FedeX the toothbrushes that have a enough surface to do the printing my customer requests. I cannot tell from the pictures, would be best for my purpose and Price. The FedeX address to mail he samples is : ②
xxxxxxxxxxxxxxxxxxxxxxxx, California.
Thank you,
Dark
Sent from my iPad

图 4 – 80

序号①中客户说可以选一些把“ABC. Mr. Dark562 – × × × – × × ×”的内容印在牙刷上的款式。

序号②他请我用 Fedex 把新选择的可以印刷的牙刷样品发到他提供的地址。

我的回复邮件中序号③我还是按照惯例，向客户收取了快递费。

于是就有了图 4 – 81 显示的客户不愿意提前付快递费的问题。

Cross-Generation friends

Reply Reply All Forward Delete Label Print Print Preview Spam

Re: Sample

— Original Message —

From: Dark
Date: 08-24: 22: 31
Subject: Re: Samples
To: Chris

Thank you for your responses to my request. 1 will forward $50 to your company, with acredit after I pay for my order.

Respectfully.
Dark

— On Aug 2, Chris Cai wrote —
Hi Dark.

Thanks for your prompt reply.

I personally would like to credit this cost, but according to our company's rules, we can provide the free samples, but customer have to undertake the shipping cost by courier, 50usd will be enough to send to your hand by Fedex, we will refund this fees to you on your final order.

Is it possible that you can pay us this cost by Western Union? our Western Union informationis as following:

[Western Union]

Once the payment arrived, we will send out the samples immediately, if any question you canfeel free to contact me, thanks.

Best Regards
Chris Cai

From: Dark
Date: 08-24 13: 57
Subject: Re: Samples
To: Chris

I will pay for Fedex cost.
When I place my order and deposit, I would expect to credit me this cost.

Thank you
Dark

图 4－81

六、主动申请免快递费

客户对于快递费的意思很明确，让我们先记在账上，然后在最后的订单中一起支付。

在我晓之以理动之以情的解释以后，客户仍然坚持后付快递费，所以我决定主动地申请免付快递费。

当时老板的意思是客户不是很可靠，坚持要把快递费收过来。凭着我对客户的了解，我敢肯定客户是有足够的诚意的，只是我不愿意在这个时候去向老板保证客户的诚意，因为这个保证很无力。最后在我一再坚持下，老板同意了免费寄快递。

申请下免费寄快递后，我给客户回复了邮件，如图 4－82 所示。我直接在邮件的序号①的位置告诉客户我跟老板商量过了可以先安排寄快递。

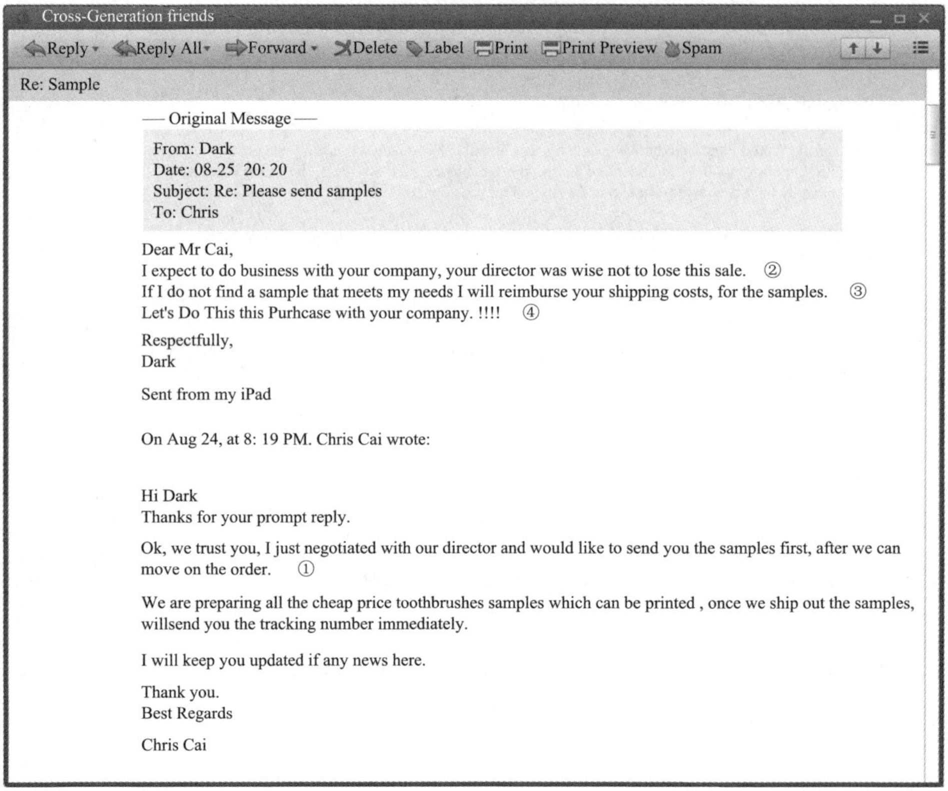

Cross-Generation friends

Reply Reply All Forward Delete Label Print Print Preview Spam

Re: Sample

— Original Message —

From: Dark
Date: 08-25 20: 20
Subject: Re: Please send samples
To: Chris

Dear Mr Cai,
I expect to do business with your company, your director was wise not to lose this sale. ②
If I do not find a sample that meets my needs I will reimburse your shipping costs, for the samples. ③
Let's Do This this Purhcase with your company. !!!! ④

Respectfully,
Dark

Sent from my iPad

On Aug 24, at 8: 19 PM. Chris Cai wrote:

Hi Dark
Thanks for your prompt reply.

Ok, we trust you, I just negotiated with our director and would like to send you the samples first, after we can move on the order. ①

We are preparing all the cheap price toothbrushes samples which can be printed , once we ship out the samples, willsend you the tracking number immediately.

I will keep you updated if any news here.

Thank you.
Best Regards

Chris Cai

图 4－82

序号②这一句话适合给所有的老板看，外贸业务员用自己的努力和坚持好不容易赢得了客户的信任，却要在最关键的时候因为样品费的问题让客户失去耐心是得不偿失的，也是让业务员备受打击的。老板需要更相信自己的员工，而我们作为销售员，要在自己认为对的地方坚持己见，一旦犹豫了，就会错过机会。

客户毕竟是一个经验丰富的买家，在我告诉客户跟老板沟通过愿意免费寄样品以后，客户马上意识到了我的处境，他在他的邮件中序号③告诉我如果他觉得我们的产品不合适，他会付给我们样品费的。

序号④客户很兴奋地说很期待和我们合作。

我到现在也不太确定这封邮件会不会是买家专门写给我老板看的。不过我在看到这封邮件的时候很感动，每个人都是从新手做到老手，都经历过新手的艰难，但是再艰难，这条路上还是有完全理解我们，愿意陪我们一起渡过难关的客户。正是这样的客户让我们仍然充满希望地在这条路上前行。

七、收到样品以及样品反馈

我准备了 13 款不同款式的牙刷发给客户，其中有满足他目标价 $0.50/pc 的，也有超过这个价格范围的。因为我感觉客户应该可以接受比 $0.50/pc更高的价格。客户收到样品以后很开心，回复了图 4－83 的邮件。

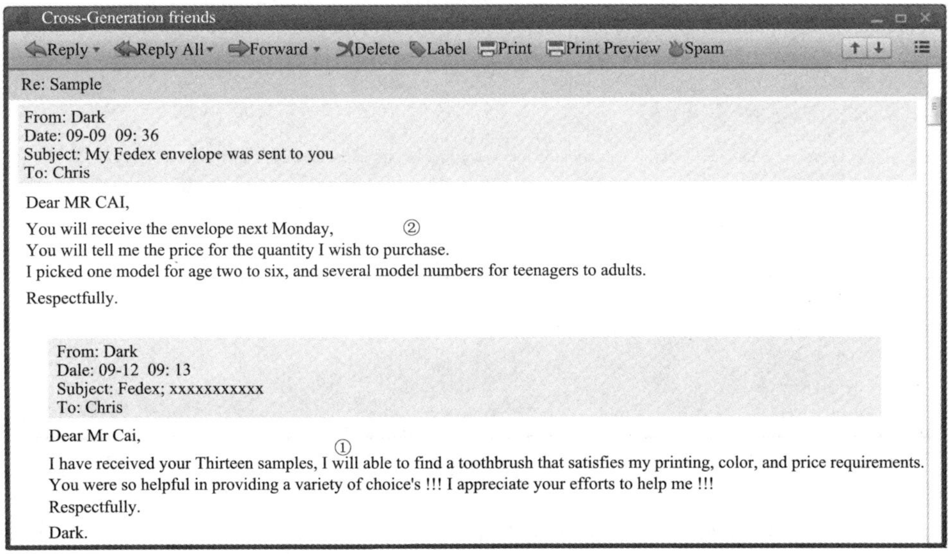
Cross-Generation friends

Reply Reply All Forward Delete Label Print Print Preview Spam

Re: Sample

From: Dark
Date: 09-09 09: 36
Subject: My Fedex envelope was sent to you
To: Chris

Dear MR CAI,

You will receive the envelope next Monday, ②
You will tell me the price for the quantity I wish to purchase.
I picked one model for age two to six, and several model numbers for teenagers to adults.

Respectfully.

From: Dark
Dale: 09-12 09: 13
Subject: Fedex; xxxxxxxxxxx
To: Chris

Dear Mr Cai,

①
I have received your Thirteen samples, I will able to find a toothbrush that satisfies my printing, color, and price requirements.
You were so helpful in providing a variety of choice's !!! I appreciate your efforts to help me !!!
Respectfully.

Dark.

图 4－83

序号①客户说他收到了 13 款样品，找到了一款在价格、颜色和印刷上能满足他的要求的产品，并感谢我发了很多颜色供他选择。

又一次出乎我的意料的是客户把我的 13 款样品进行了逐一的比较，然后选择了一款适合儿童的牙刷和几款适合成人的牙刷在序号②的位置发回给了我。

这是最令我印象深刻的样品反馈。

客户用 Fedex 把我发的 13 款牙刷发了回来，将 13 款牙刷的款式用一张 A4 纸罗列出来，并在他认可的款式上打√，不认可的款式打×，在挑选的 2 个款式旁边用专门的字体打印出他想印刷的电话和公司名。这是我见过的最认真的反馈。同时，客户也寄了一张卡片，用最亲切的手写文字来表示他的感谢。

我在图 4－84 回复给客户的邮件中序号①的位置由衷地感谢客户的卡片，并表示它让我记忆深刻。

Cross-Generation friends

Reply▾ Reply All▾ Forward▾ Delete Label Print Print Preview Spam

Re: Quotation

—— Original Message ——

From: Chris Cai
Date: 09-11 17: 42
Subject: Re: Quotation/Prices
To: Dark

Hi Dark.

Good day.

①

I received your Fedex today, thanks a lot for your beautiful card, it's impressive and I appreciate for this gift, thank you!

Regarding the kids toothbrush #001 of your interest, the flower design is just showing this area can be printed, this design just can be removed and your needed name and telephone number can be printed, I tried my best today to quote you the net cost to FOB shanghai US$0.83/pc based on 60,000pcs. ②

For the adult toothbrush #004, we can quote to you FOB shanghai US$0.85/pc based on 60,000pcs in opp bag package. ③

Sincerely expecting to start our business with you soon, if any further question please feel free to contact me, thank you.

Best Regards
Chris Cai

图 4－84

序号②、③我按照客户选择的 2 个款式进行报价，那款儿童用的牙刷本身有印刷就是供客户参考印刷效果的，所以我做了一个解释，告诉他目前印刷的地方就是印刷的区域。客户选择的款式的价格都超过了他的目标价，所以我直接核算了一个最低价报给客户，相对于＄0.50/pc这个价格还是相当高的。

八、确定价格

客户让我帮忙按照他提供的数字和字母做一个设计在刷柄上，便于他确认一下是否可行。

我自己按照客户的要求PS了一个设计图给他。客户做了如图4－85所示的回复。

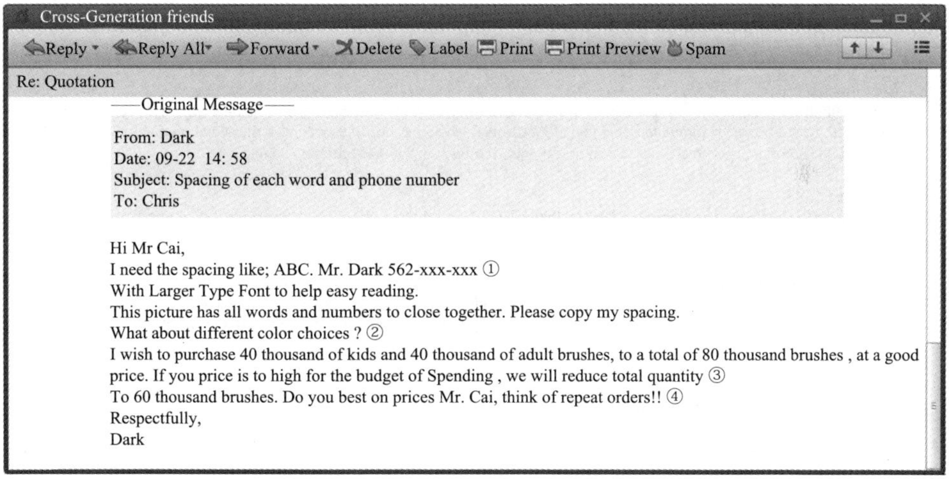
Cross-Generation friends

Reply Reply All Forward Delete Label Print Print Preview Spam

Re: Quotation

——Original Message——

From: Dark
Date: 09-22 14: 58
Subject: Spacing of each word and phone number
To: Chris

Hi Mr Cai,
I need the spacing like; ABC. Mr. Dark 562-xxx-xxx ①
With Larger Type Font to help easy reading.
This picture has all words and numbers to close together. Please copy my spacing.
What about different color choices ? ②
I wish to purchase 40 thousand of kids and 40 thousand of adult brushes, to a total of 80 thousand brushes , at a good price. If you price is to high for the budget of Spending , we will reduce total quantity ③
To 60 thousand brushes. Do you best on prices Mr. Cai, think of repeat orders!! ④
Respectfully,
Dark

图4－85

序号①中客户将印刷的间隔在邮件里写给我，让我直接复制到设计里面去，并希望字体更大一些。

序号②中客户还是很关心颜色配比问题，能够做多少颜色是他一直都很关注的问题。

序号③客户说他打算2个款式都要，每种款式都会要40 000支，但是如果价格不合适的话只能降低数量到60 000支了。

序号④客户表示希望我从返单角度考虑一下，给他一个好的价格。

其实从客户对于这几个问题的排序就可以看出，价格已经不是他最关心的问题了，他最关心的问题是印刷和颜色配比。而至于价格，之前的报价应该是符合客户心理预期的，他只是希望我能够给他一个最实惠的价格。

针对客户的心理，我做了如图 4－86 的回复。

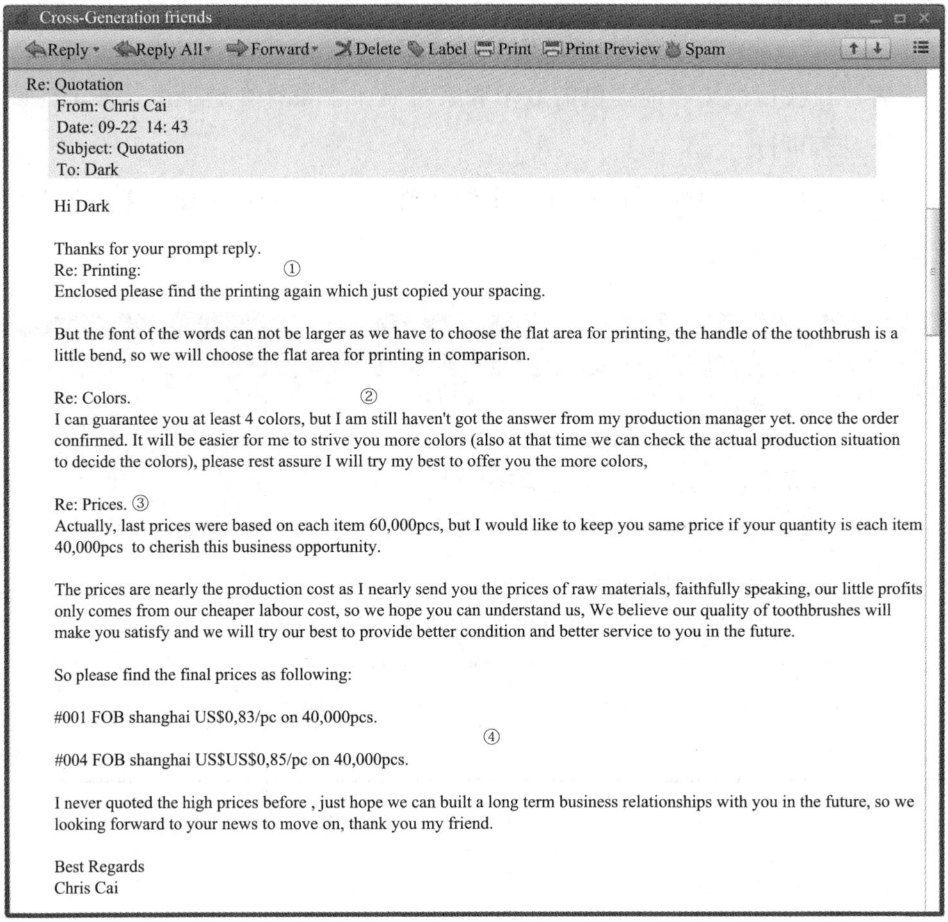

Cross-Generation friends

Reply · Reply All · Forward · Delete · Label · Print · Print Preview · Spam

Re: Quotation

From: Chris Cai
Date: 09-22 14: 43
Subject: Quotation
To: Dark

Hi Dark

Thanks for your prompt reply.
Re: Printing: ①
Enclosed please find the printing again which just copied your spacing.

But the font of the words can not be larger as we have to choose the flat area for printing, the handle of the toothbrush is a little bend, so we will choose the flat area for printing in comparison.

Re: Colors. ②
I can guarantee you at least 4 colors, but I am still haven't got the answer from my production manager yet. once the order confirmed. It will be easier for me to strive you more colors (also at that time we can check the actual production situation to decide the colors), please rest assure I will try my best to offer you the more colors,

Re: Prices. ③
Actually, last prices were based on each item 60,000pcs, but I would like to keep you same price if your quantity is each item 40,000pcs to cherish this business opportunity.

The prices are nearly the production cost as I nearly send you the prices of raw materials, faithfully speaking, our little profits only comes from our cheaper labour cost, so we hope you can understand us, We believe our quality of toothbrushes will make you satisfy and we will try our best to provide better condition and better service to you in the future.

So please find the final prices as following:

#001 FOB shanghai US$0,83/pc on 40,000pcs. ④

#004 FOB shanghai USUS0,85/pc on 40,000pcs.

I never quoted the high prices before , just hope we can built a long term business relationships with you in the future, so we looking forward to your news to move on, thank you my friend.

Best Regards
Chris Cai

图 4－86

客户关注印刷，我就在序号①中从印刷开始突破，我按照客户的字体间隔重新做了一个设计给他，并解释由于打印区域有限，所以字体不能再变大了。

颜色的问题，工厂肯定是不愿意做 12 种颜色的，所以我在序号②中只能向客户保证每个款式做 4 种颜色，也就意味着总共做 8 种颜色，同时我也比较大胆地直接告诉客户如果订单确定的话，我比较容易争取到更多的颜色。

这种大胆的言辞我是很少在邮件里面说的，但是具体的情况需要具体对待，客户是一个经验丰富的买家，所以我用这样比较大胆的说法，反而容易让客户感受到我的诚意和用心。

关于价格的解释，我在序号③中告诉客户之前的报价是按照每个款式 60 000 支来报的，现在如果数量是 80 000 支，那每种款式只有 40 000 支，实际上数量是减少了，如果价格再低的话，真的是很难做，所以我打算维持 60 000 支的价格给他。

九、接受价格确定订单

果然和我判断的一样，客户接受了价格并确认了订单。

从图 4－87 的邮件内容可以看出客户认可了设计，接受了价格并让我发 PI。告诉我："I am very happy your President is visiting the United States, and will discuss the successful cooperation of the two major economic powers. We need to work together for the prosperity of a peaceful, long-term relationship. "。

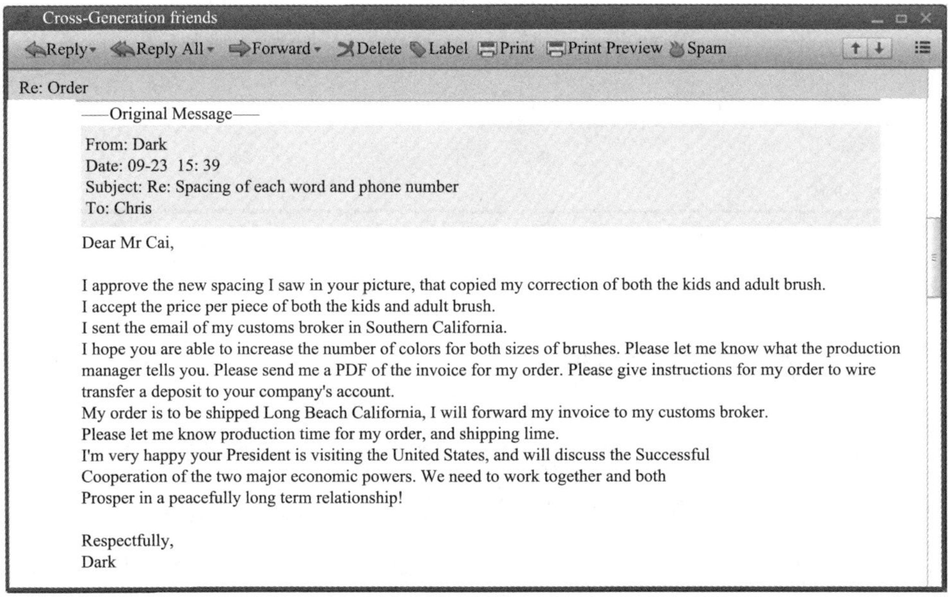
Cross-Generation friends

Reply Reply All Forward Delete Label Print Print Preview Spam

Re: Order

——Original Message——

From: Dark
Date: 09-23 15: 39
Subject: Re: Spacing of each word and phone number
To: Chris

Dear Mr Cai,

I approve the new spacing I saw in your picture, that copied my correction of both the kids and adult brush.
I accept the price per piece of both the kids and adult brush.
I sent the email of my customs broker in Southern California.
I hope you are able to increase the number of colors for both sizes of brushes. Please let me know what the production manager tells you. Please send me a PDF of the invoice for my order. Please give instructions for my order to wire transfer a deposit to your company's account.
My order is to be shipped Long Beach California, I will forward my invoice to my customs broker.
Please let me know production time for my order, and shipping lime.
I'm very happy your President is visiting the United States, and will discuss the Successful
Cooperation of the two major economic powers. We need to work together and both
Prosper in a peacefully long term relationship!

Respectfully,
Dark

图 4－87

所以我马上给客户做了如图4－88的回复。

Cross-Generation friends

Reply ▾ Reply All ▾ Forward ▾ Delete Label Print Print Preview Spam

Re: Order

From: Chris
Date: 09-23 17: 03
Subject: Re: Re: Order
To: Dark

Hi Dark

Glad to hear from you again.

I am very happy to hear the prints are satisfied by you and excited to hear our price are accepted by you, I will do my best to provide better service to you in the future.

Enclosed please find the proforma invoice in PDF of your needed two items of toothbrushes, I would like to strive more colors for you and once any news will keep you updated.

Regarding to the payment instructions, you can just pay us the 30% via T/T(bank wire transfer) as down payment, once we checked this down payment will start the mass production for you and after the shipment dispatched, we will send you the B/L copy, after you can arrange the balance payment, you can find our bank information on the bottom of proforma invoice, also I list you the bank information as following:

[Bank Information here]

The leading time is 25-30days after order confirmed.

The shipping time by sea to your Long Beach port is around 15days.

I am very happy to hear your kindly words and also cared about our Chairman Xi's USA visiting, each time our Chairman visit in USA, I can feel the USA and China getting closer. We are expecting to see the biggest developed and biggest developing country in the world have great cooperation forever, because this will push this world's economic to be better.

As you said, sincerely hope we can work together and both prosper in a peacefully long term relationship!
Thank you for your great words.

Best Regards

Chris Cai

Sales Manager

图4－88

十、生意之外还有友谊

客户的预付款在“十一”期间到账，但是那个时候我正在国外，所以没来得及对预付款进行确认。待我回国上班的第一件事就是感谢客户的预付款并和工厂沟通为他尽可能多做颜色。工厂的态度很强硬，因为价格压得很低，所以颜色实在是做不了12种，每个款式最多做4种颜色，如果要做6种颜色的话，价格会增加。

我在图 4－89 的邮件中把实际情况告诉客户，也知道客户看到加价肯定会不满，所以我告诉他我还会为他争取。

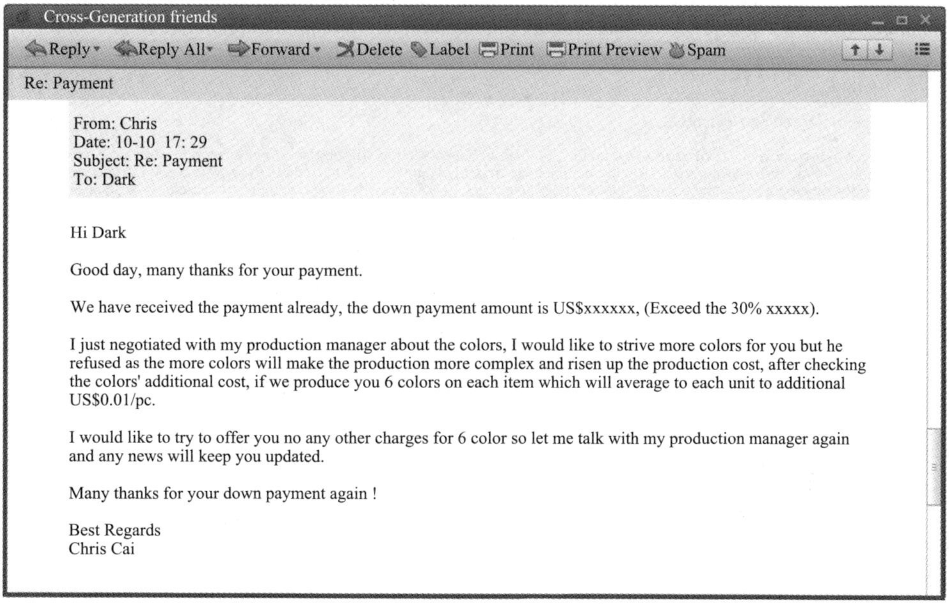
Cross-Generation friends

Reply Reply All Forward Delete Label Print Print Preview Spam

Re: Payment

From: Chris
Date: 10-10 17: 29
Subject: Re: Payment
To: Dark

Hi Dark

Good day, many thanks for your payment.

We have received the payment already, the down payment amount is US$xxxxxx, (Exceed the 30% xxxxx).

I just negotiated with my production manager about the colors, I would like to strive more colors for you but he refused as the more colors will make the production more complex and risen up the production cost, after checking the colors' additional cost, if we produce you 6 colors on each item which will average to each unit to additional US$0.01/pc.

I would like to try to offer you no any other charges for 6 color so let me talk with my production manager again and any news will keep you updated.

Many thanks for your down payment again !

Best Regards
Chris Cai

图 4－89

在我与工厂多次沟通后，如图 4－90 所示，回复了客户。

跟工厂斡旋了多次以后，价格上工厂不愿意调整，所以我在序号①中问客户能否就每款做 4 种颜色。客户的期望我是会竭尽全力去争取的，但是如果确实很难办到，我会告诉客户让客户做决定，比如在这个案例中客户就要在价格和颜色上做取舍，我判断客户肯定会放弃颜色，所以我直接跟客户确认颜色。

我仍然记得客户提到过要在外箱印刷的宠物图案，于是我在序号②中再次找客户确认他是否有一些参考建议。

客户回复的邮件中序号③的位置问到哪 4 种颜色，并问是否可以做每款 5 种颜色，正好是每种颜色做 8 000 支。客户在开始就问到 4 种颜色是哪 4 种就代表他已经默认了可以做 4 种颜色，而在后面提出他每种颜色 8 000 支的想法

Cross-Generation friends

Reply Reply All Forward Delete Label Print Print Preview Spam

Re: Colors

Dear Chris.

I have visited all the provinces in Italy, from Sud Turoll to Calabria, one Province a year for a dozen or so years. The Italian culture havewonderful Design Sense, enjoy Life "La Doice vita", the Sweet Life. I love Opera. We have heard opera in La Scala, and Sam Carlo in Naples Bravo Chris. Travelling is an educational adventure, you feel a sense of ancient History. ⑦

Hi Dark

Thanks for your prompt reply.

We will use our regular colors to speed up the production, but each mold will produce 4 pcs a batch, so even add one another color, the procedure will be more complex, as we will clean the machine and put the new one color again, so we need your support to do the 4 colors for each item, thank you in advance, I will send you the regular colors as soon as I have.

Ok, I will search the dog and cat pictures online to make a artwork for you, after finished will show you the shipping mark to check.

We will try our best to speed up the production and for now we hope to confirm the color's problem soon.

Yes, our National day holiday was quite long to 9 days as we were in abroad (ltaly) for travelling, which take another 2 days on the way to Italy, I shared a photo in Liguria for you. (That's why I replied your email late) ⑥

Thank you.

Hi Chris,

What are the four colors you provide? Any ③ chance for five colors (8,000 each is 40,000.) for both Sizes ?
You can find dog and Cat pictures on line. ④
On the outside of the cases put for Veterinarian Use Only and name.
Customs lets the Order pass through easier.
Could you speed up the production of the brushes so I can have them delivered to Long Beach by November 10th?
Your holiday and It's length of time was a surprise to me.⑤
Respectfully,
Dark

Hi Dark.

Good day.

I've tried my best to strive for you 6 colors on each item but failed, could we just do the each ① item 4 colors?

Besides, as I remember that you will need the outer carton to be printed with dogs and Cat pictures, do you have any artwork at hand for us to print? ②

I also attached a shipping mark sample for you to show you our regular prints on the shipping mark for you reference.

Looking forward to your reply, thanks.
Best Regards
Chris Cai

图 4－90

也是想再看看我可不可以再争取一下，但是我确实是尽力了。

序号④中客户说让我在网上搜索猫和狗的卡通图案，于是我自己在网上找了一些宠物的图案，PS 在唛头上供客户确认。

客户对于交期比较看重，所以在序号⑤中让我们加快速度生产，同时对于我们放了这么长时间的假感到吃惊。

因为“十一”期间我去了意大利，所以我在序号⑥中很直接地告诉他，我去意大利了，来回在路上耗费了 2 天的时间，并在邮件里附了 2 张意大利五渔村的照片发给客户。

没想到客户在意大利的每个城市都待过很长时间，而且对意大利的文化非常了解。他在序号⑦中和我分享了他对意大利的印象、看法和热爱。生意的问题迎刃而解，随之而来的是我们的深入了解，惺惺相惜。

十一、最美的结局

客户收到大货以后非常高兴，很兴奋地告诉我 11 月是他 76 岁的生日。听到这个消息的时候我震惊了，76 岁还在继续工作，坚持奋斗，确实是一个很值得尊敬的客户。为了对我表示感谢，客户说要送给我一份礼物。我收到以后发现是足足 2 磅重的加州椰枣。

收到礼物后，同事都说，只见到我们给客户送礼物，从没见过客户给我们送礼物的，并且快递费应该也不少。

回想从询盘开始到订单完成，我与客户的沟通出现了很多困难，付出了很多心血，但是客户用他自己的方式告诉我们，任何的付出都会有回报，虽然过程会很艰辛，但结果会像椰枣一样甜。

外贸就是这样，永远可以学习不同的文化、不同的生活方式、不同的生活态度，从而更清晰地认识自己的人生目标。